Anleitung

zur

Bildung öffentlicher Genossenschaften zur Ent- und Bewässerung von Grundstücken für Zwecke der Landeskultur

in den Provinzen

Ostpreußen, Westpreußen, Brandenburg, Posen, Schlesien, Sachsen, Rheinprovinz und Westfalen mit Ausnahme des Kreises Siegen

nebst

den in Betracht kommenden Gesetzen und Ministerialerlassen.

Zugleich

ein kurzes Handbuch des landwirthschaftlichen Wasserrechts für Jedermann.

Von

Dr. jur. Bernhard Weddige,
Regierungsrath und Landeskulturdezernent bei der Regierung in Koblenz.

Berlin und **Leipzig.**
Verlag von J. Guttentag.
(D. Collin).
1887.

Vorwort.

Wenngleich die vorliegende Arbeit zunächst nur für diejenigen Gebietstheile der Monarchie bestimmt ist, welche im Wesentlichen den Bestand der letzteren vor dem Jahre 1866 gebildet haben, und wenngleich sie demgemäß auch nur von diesem Standpunkte aus das in Frage zu ziehende Wasserrecht berücksichtigt hat, so dürfte dennoch ihre erfolgreiche Benutzung in den neu erworbenen Landestheilen keine besonderen Schwierigkeiten bereiten können. Denn der Schwerpunkt des Werkchens liegt in der Anleitung zur Bildung öffentlicher Wassergenossenschaften zur Ent- und Bewässerung von Grundstücken für Zwecke der Landeskultur auf Grund des Wassergenossenschaftsgesetzes vom 1. April 1879 und in den hierfür erlassenen Bestimmungen, während die Aufnahme der in Betracht kommenden wasserrechtlichen Gesetzgebung hauptsächlich zur Bequemlichkeit des Verwaltungsbeamten bezw. des Kommissars stattgefunden hat, welcher bei den auswärtigen Geschäften sehr häufig das Bedürfniß zu einer schleunigen Orientirung nach dieser Richtung hin empfinden wird, — eine Annehmlichkeit, welche freilich beim Gebrauch dieses Werkchens in den zuletzt genannten Landestheilen vermißt werden wird. Von dem obigen Gesichtspunkte aus sind auch die hierauf bezüglichen Ausführungen in dem Texte der Anleitung selbst aufzufassen, welche selbstverständlich — was hier jedoch noch ausdrücklich hervorgehoben werden soll — nur in Verbindung mit dem Texte der in Frage kommenden Gesetze ein vollständiges Bild des geltenden Rechts geben können.

Schließlich bitte ich, dieser Arbeit, welche im Drange der Amtsgeschäfte zur Entstehung gekommen ist, eine wohlwollende Beurtheilung wegen gewiß mancher sich hieraus ergebenden Mängel zu Theil werden zu lassen.

Koblenz, im Juli 1886.

Der Verfasser.

Verzeichniß der Anlagen.

Erklärung der Abkürzungen.

C.P.O. = Civilprozeßordnung für das Deutsche Reich vom 30. Januar 1877.

G. 80 = Gesetz, betreffend das Verfahren in Auseinandersetzungsangelegenheiten vom 18. Februar 1880.

L.V.G. = Gesetz über die allgemeine Landesverwaltung vom 30. Juli 1883.

V. 17 = Verordnung vom 20. Juni 1817 wegen Organisation der Generalkommissionen und der Revisionskollegien zur Regulirung der gutsherrlichen und bäuerlichen Verhältnisse, ingleichen wegen des Geschäftsbetriebes bei diesen Behörden.

W.G. = Gesetz vom 1. April 1879, betreffend die Bildung von Wassergenossenschaften.

Z.G. = Gesetz über die Zuständigkeit der Verwaltungs- und Verwaltungsgerichtsbehörden vom 1. August 1883.

Anleitung

zur Bildung öffentlicher Genossenschaften zur Ent- oder Bewässerung von Grundstücken für Zwecke der Landeskultur.

Einleitung.

Das Gesetz vom 1. April 1879, betreffend die Bildung von Wassergenossenschaften (vergl. das Gesetz über die allgemeine Landesverwaltung vom 30. Juli 1883 und das Gesetz über die Zuständigkeit der Verwaltungs- und Verwaltungsgerichtsbehörden vom 1. August 1883), regelt die Normen, unter welchen *fortan allein* ein *genossenschaftliches* Zusammenwirken bei Ausführung *wasserwirthschaftlicher* Unternehmungen erfolgen kann — mit Ausnahme jedoch der Bedeichungen und solcher Entwässerungsanlagen, welche von Deichverbänden als Zubehörungen der ersteren ausgeführt werden (§ 2 W.G.). Anl. 17. Anl. 19. Anl. 20.

Nach *dieser* Richtung hin hat demzufolge eine Aenderung der bestehenden Gesetzgebung stattgefunden; insbesondere ist in dem Geltungsgebiete des Gesetzes über die Benutzung der Privatflüsse vom 28. Februar 1843 — auf welches Gebiet, soweit es mit demjenigen des Wassergenossenschaftsgesetzes zusammenfällt, aus praktischen Gründen die vorliegende Arbeit beschränkt werden soll — der Abschnitt III dieses Gesetzes, sowie der Art. 2 des Gesetzes vom 11. Mai 1853, betreffend u. a. die Bildung von Genossenschaften zu Entwässerungsanlagen, aufgehoben worden. Dahingegen ist das *gesammte* übrige Wasserrecht in Kraft geblieben. Namentlich ist in letzterer Anl. 1—10 einschließl. 12, 14, 15 u. 18.

Beziehung, um das zugleich beispielweise anzuführen, zu beachten, daß die Genossenschaften sich von anderen Meliorationsunternehmern in keiner Hinsicht unterscheiden, und daß sie insbesondere auch, wenngleich ihre Bildung unter Mitwirkung und durch Beschluß der Staatsbehörden erfolgt, ebenso wie jeder andere Unternehmer in den geeigneten Fällen die Vermittelung der Polizeibehörde in Anspruch nehmen müssen, wenn sie sich Sicherheit über etwaige Widerspruchsrechte und Entschädigungsansprüche verschaffen wollen. Auch sind die zur Ausführung der obengenannten, nunmehr aufgehobenen, Gesetzesvorschriften ihrer Zeit ergangene Ministerialvorschriften, soweit dieselben mit dem neuen Wassergenossenschaftsgesetz nicht in Widerspruch stehen, keineswegs außer Anwendung gekommen. Dieses gilt vor allen von der unterm 10. Oktober 1857 erlassenen Anweisung für die
Anl. 13. Bildung von Ent- und Bewässerungsgenossenschaften auf Grund der Gesetze vom 28. Februar 1843 und 11. Mai
Anl. 16. 1853, sowie von der Anweisung für die Ausführung der technischen Vorarbeiten bei Landesmeliorationen vom 15. August 1872.

Während nun die aufgehobenen Gesetzesbestimmungen nur die Bildung von Genossenschaften zur Ent- oder Bewässerung der Grundstücke zum Gegenstande hatten, und im Uebrigen ihre wenigen Vorschriften auf die nothwendigsten Voraussetzungen der Genossenschaftsbildung beschränkten, sind in dem neuen Wassergenossenschaftsgesetze nicht nur die wasserwirthschaftlichen Unternehmungen ihrer Zahl nach (§ 1 W.G.), sowie bezüglich der Arten ihrer genossenschaftlichen Gestaltung (§§ 11 ff., 45 ff., 65 ff. W.G.) vermehrt, sondern es ist auch der Kreis der sonstigen Bestimmungen, besonders über die Bildung, Verwaltung, Beaufsichtigung u. s. w. der Genossenschaften selbst erheblich erweitert worden. Entsprechend dem Zwecke der vorliegenden Arbeit als einer Anleitung zur Bildung öffentlicher Genossenschaften zur Ent- oder Bewässerung von Grundstücken für Zwecke der Landeskultur haben selbstverständlich für dieselbe jedoch nur diejenigen Vorschriften Bedeutung, welche sich auf die Bildung dieser, für die große Verwaltungspraxis nach wie vor wichtigsten Wassergenossenschaften beziehen.

Meliorationsthätigkeit der ordentlichen Verwaltungsbehörden.

Die ordentlichen Verwaltungsbehörden haben in ihren Dienstbezirken von Amtswegen Meliorationsunternehmungen anzuregen und nach Möglichkeit zu unterstützen. Die Art dieser Anregungen und Unterstützungen kann sich selbstverständlich nur nach den besonderen örtlichen Verhältnissen richten; es lassen sich hierfür keine allgemeinen Regeln aufstellen — es seien diese denn zugleich diejenigen über die Pflichten des Kommissars, welche sich, wie unten noch näher erörtert werden wird, in gewisser Beziehung mit denen der ordentlichen Verwaltungsbehörden decken.

Im Uebrigen wird ein Beamter, dem die Förderung des wirthschaftlichen Wohls der landbautreibenden Bevölkerung des seiner Verwaltnng anvertrauten Bezirks wirklich am Herzen liegt, genügende Gelegenheit zur praktischen Anwendung der Meliorationstechnik finden.

Antrag auf Bildung einer Genossenschaft und Ernennung eines Kommissars.

Die hierauf gerichteten Bestrebungen müssen — und auf diesen Punkt kommt es im Interesse ihrer sach- und gesetzmäßigen Gestaltung wesentlich an — baldmöglichst einen vorläufigen Abschluß in dem Antrage der Meliorationsinteressenten oder der Regierung bezw. des Landraths bezw. des Gemeindevorstands auf Bildung einer öffentlichen Genossenschaft (§ 72 W.G. und § 94 Z.G.) und Ernennung eines Kommissars für die Leitung des Verfahrens (§ 77 W.G.) finden. Daß auch der von den Meliorationsinteressenten zu stellende Antrag zur Abschneidung späterer Weiterungen schriftlich und mit den eigenhändigen Unterschriften derselben versehen sein muß, soll nur der Vollständigkeit halber hier erwähnt werden.

Als materielle Grundlage eines jeden Antrags dient das Vorhandensein eines öffentlichen oder gemeinwirthschaftlichen Nutzens (§ 45 W.G.), als formelle entweder die Beibringung des meliorationstechnischen Materials (§ 74 W.G.) oder die Erklärung, daß Antragsteller das Letztere nicht beschaffen könne oder wolle (§ 75 W.G.). Im letzteren Falle ist der fragliche Antrag zugleich auf die Erweiterung des Kommissorium um die Aufgabe zur Beschaffung des zur Begründung des Antrags auf Bildung der Genossenschaft erforderlichen Materials zu richten (§ 75 W.G.). Der Antrag ist im Geltungsgebiet des Zuständigkeitsgesetzes an den Regierungs-Präsidenten, sonst jedoch, sowie in den Fällen, wo das zukünftige Genossenschaftsgebiet die Grenzen des Regierungsbezirks überschreitet, an den Oberpräsidenten zu richten, in deren betreffenden Verwaltungsbezirken das Unternehmen ganz oder zum größten Theile ausgeführt werden soll (§ 73 W.G. und § 94 Z.G.).

Ernennung des Kommissars.

Nach Prüfung des Antrags erfolgt seitens der obengenannten Verwaltungsspitzen die Ernennung eines Kommissars und zwar, wie schon oben angedeutet, entweder für die Leitung des Verfahrens oder für die Beschaffung des Materials oder für beides zugleich.

Die Rechte und Pflichten des Kommissars für die Leitung des Verfahrens bestimmt im Wesentlichen das Wassergenossenschaftsgesetz. Diejenigen des Kommissars für die Beschaffung des Materials ergeben sich aus den oben gedachten Ministerialanweisungen vom 10. Oktober 1857 und vom 15. August 1872, selbstverständlich in der Abänderung aus den Vorschriften des genannten Gesetzes, sowie aus der von der General-Kommission zu Breslau für Feldmesser und Draintechniker zur Entwerfung und Ausführung von Drainplänen unterm 12. Februar 1884 herausgegebenen und mittels Ministerialerlaß vom 18. November dess. J. allgemein zur Nachachtung mitgetheilten Instruktion. Diejenigen endlich des Kommissars für die beiden Zwecke finden naturgemäß in einer Vereinigung dieser beiden Kategorien von Vorschriften ihren Inhalt und ihre Begrenzung. Was nun insbesondere noch die Ministerialanweisung vom 10. Oktober 1857 anbetrifft, so haben leicht erklärlicher Weise deren Vorschriften durch das neue Wassergenossenschaftsgesetz eine durchgreifende Wandlung erfahren. Aus diesem Grunde erschien es zweckmäßig, dieselben in ihrer jetzigen Geltungsweise möglichst vollständig in diese Abhandlung aufzunehmen. Der Abdruck des Textes derselben in den Anlagen hat daher vornehmlich den Zweck, dem Kommissar die eigene Kritik über die Frage möglich zu machen, wo und wie weit jene Aenderung stattgefunden hat. Anl. 21.

An dieser Stelle möge auch gestattet sein, noch ausdrücklich darauf hinzudeuten bezw. zu wiederholen, daß die Rechte und Pflichten des Kommissars für die Beschaffung des Materials nach Art und Umfang sich im Wesentlichen mit denen der ordentlichen Verwaltungsbehörden decken, als und insofern deren Thätigkeit einen Antrag auf Bildung einer öffentlichen Genossenschaft unter Beibringung des meliorationstechnischen Materials bezweckt.

Es ist für die genannten Behörden selbstredend lediglich eine Frage der Zweckmäßigkeit, ob sie einen in der obigen Art (§§ 45 und 74 W.G.) begründeten Antrag auf Bildung einer Genossenschaft und Ernennung eines Kommissars zur Leitung des Verfahrens als Ziel ihrer Thätigkeit setzen, oder ob sie denselben durch die Aufnahme der gleichzeitigen Bitte um Ernennung eines Kommissars zur Beschaffung des meliorationstechnischen Materials erweitern wollen. In Zweifelsfällen wird ein also erweiterter Antrag den Vorzug verdienen, und zwar schon um deswillen, weil hiermit die Frage, ob und in welchem Umfange eine zustimmende Mehrheit vorhanden ist, am raschesten und zuverlässigsten — worauf es zur Ersparung von Mühe und Kosten ankommt — zur Entscheidung gebracht werden kann.

Der Kommissar für die Beichaffung des Materials und die Leitung des Verfahrens.

Es soll daher ein solches Kommissorium als das gewöhnliche den nachstehenden Erörterungen zu Grunde gelegt werden.

Die Aufgaben eines solchen Kommissars lassen sich im Wesentlichen folgendermaßen zusammenfassen:

Denkschrift.

Der Kommissar hat nach Rücksprache mit den Antragstellern, sowie den sonstigen einflußreichen und sachkundigen mitbetheiligten Grundbesitzern, wo mehrere Ortschaften betheiligt sind, auch erforderlichenfalls mit deren zu diesem Zweck zu wählenden Deputirten, und mit Hülfe eines Baubeamten oder Kulturtechnikers die zur näheren Beurtheilung der Aufgabe erforderlichen Materialien zu sammeln, und in einer kurz und übersichtlich gehaltenen Denkschrift zusammenzustellen. Diese ist bestimmt, um als Grundlage für die Bildung der Genossenschaft, und insbesondere für die meliorationstechnischen Vorarbeiten zu dienen; sie muß daher namentlich enthalten:

1. Die Größe und Beschaffenheit der in den Verband zu ziehenden Flächen.

Es ist zweckmäßig, das Verbandsgebiet so groß als möglich zu nehmen, einmal weil die Ausführungskosten größerer Meliorationsflächen pro Hektar verhältnißmäßig bedeutend geringer sind, dann auch weil die Generalkosten der Verwaltung bei kleinen wie bei großen Genossenschaften annähernd dieselben bleiben, mithin pro Hektar bei letzteren sich ebenfalls verhältnißmäßig niedriger stellen. Auf der andern Seite hat der Kommissar aber auch die Frage in sorgfältige Erwägung zu nehmen, ob die Heranziehung aller Flächen, welche meliorationstechnisch an sich wohl möglich sein würde, wegen der demnächstigen Erzielnng der Mehrheit nach Fläche und Katastralreinertrag (§ 80 W.G.) im gegebenen Falle angezeigt erscheint. Eine sachgemäße Lösung dieser beiden Fragen ist von der größten Wichtigkeit. Man muß bei derselben immer davon ausgehen, daß mit dem Grundbesitz der Zustimmenden, welcher als erste Grundlage für die Projektserweiterungsversuche dienen mag, in der Regel ein fast ebenso großer der Widersprechenden majorisirt werden kann. Ein geschickter und sachkundiger Kommissar wird das Verbandsgebiet den obigen Verhältnissen so anzupassen verstehen, daß nach beiden Richtungen hin das Möglichste erreicht wird.

Bei Beschreibung der Beschaffenheit der in Frage kommenden Flächen ist nicht nur die Kulturart — ob Wiese, Acker u. s. w. — mitzutheilen, sondern es ist auch kurz die Konstitution des Bodens, womöglich unter Berücksichtigung ihrer geognostischen Bildung, sowie auch die Höhenlage und Himmelsrichtung anzugeben.

2. **Die Uebelstände, welche durch die Melioration beseitigt werden sollen; die Wasserverhältnisse, und bei Bewässerungen die Menge und Beschaffenheit des disponiblen Wassers, sowie die kollidirenden Rechte, welche der Benutzung desselben entgegenstehen.**

Von ganz besonderer Wichtigkeit ist die Prüfung der Wasserverhältnisse. Bei allen Meliorationen, seien es nun Entwässerungen, seien es Bewässerungen, seien es Ent- und Bewässerungen, ist zunächst die Vorfluthfrage sowohl in thatsächlicher als auch in rechtlicher Hinsicht zu prüfen und zur Beantwortung zu bringen. Diese Frage liegt in der Regel nach jeder Richtung hin einfach, wenn die Abwässerung in einem solchen natürlichen oder künstlichen Recipienten stattfindet, welcher nicht nur eine zur Abführung des ihm bislang zufließenden Wassers genügende Capacität besitzt, oder bei ordnungsmäßiger Räumung — welche erforderlichenfalls an zuständiger Stelle in Antrag zu bringen ist — besitzen würde, sondern auch noch im Stande ist, ohne Beschwer das ihm in Folge der Melioration zugeführte Mehr an Wasser auf-

Vorfluth.

Bestehende Wasserläufe.

zunehmen. Da nämlich Niemand Schaden von der Einleitung des Wassers hat, so können auch keine Entschädigungsansprüche mit Erfolg geltend gemacht werden.

Räumung.

Die im § 10 des Vorfluthsgesetzes vom 15. November 1811 und im § 7 des Gesetzes über die Benutzung der Privatflüsse vom 28. Februar 1843 ausgesprochene Verpflichtung zur Räumung bezw. Auskrautung von Gräben, Wasserzügen und Privatflüssen beschränkt sich begriffsmäßig auf die Erhaltung des Bettes und der Ufer in normalem Zustand, mithin auf die Vornahme von Handlungen, welche einem Verschlammen, Verwachsen und Versanden des Bettes sowie dem Verfalle und der Verstrauchung der Ufer vorzubeugen oder, wo diese Hindernisse bereits eingetreten, dieselben wiederum zu beseitigen geeignet und erforderlich sind; insbesondere umfaßt die Räumung auch den Abstich und die Beseitigung von Anlandungen, mögen dieselben einstweilen als Erhöhungen des Bettes erscheinen oder schon über den Wasserspiegel hervorgetreten, ja sogar bereits zu Wiesenanlagen aptirt worden sein.

Neue Abwässerungsvorrichtungen.

Wenn jedoch zur Ableitung des Wassers neue Vorrichtungen zu machen sind, sei es, daß ganz neue Kanäle oder Gräben angelegt, sei es, daß bestehende Recipienten aptirt werden müssen, so liegt die Frage, namentlich auch die rechtliche Seite derselben, schon etwas schwieriger. Bei Beurtheilung der letztern ist zunächst festzuhalten, daß in Fällen des überwiegenden Landeskulturinteresses mit geringen Ausnahmen überall und immer, allerdings nur gegen volle Entschädigung, die Gestattung jener Vorrichtungen verlangt werden kann.

Bezüglich der oben gedachten Ausnahmen ist zunächst zu bemerken, daß im Geltungsgebiete des Vorfluthgesetzes vom 15. November 1811 für einen Grundbesitzer im Allgemeinen nur dann die Berechtigung der Wasserabführung über fremdes Eigenthum besteht, wenn es für ihn nicht thunlich ist, das Wasser durch Veranstaltung auf eigenem Grund und Boden abzuführen — sei es, daß dies in technischen Schwierigkeiten, sei es, daß es in einem ganz unverhältnißmäßigen Kostenaufwand, oder in sonst hervortretenden, im einzelnen Falle auf ihre Erheblichkeit zu prüfenden, Nachtheilen seinen Grund hat. Auch in den Geltungsgebieten des Gesetzes vom 14. Juni 1859 wegen Beschaffung der Vorfluth in den Bezirken des Appellationsgerichtshofes zu Köln und des Justizsenats zu Ehrenbreitstein und des Vorfluthgesetzes für Neuvorpommern und Rügen vom 9. Februar 1867 darf die Entwässerungsanlage nur an der Stelle des belasteten Grundstücks ausgeführt werden, wo sie dem Eigenthümer desselben, unbeschadet ihres Zwecks, am wenigsten lästig ist. Im weiteren gehen die Ausnahmen zunächst dahin, daß der Eigenthümer in dem Geltungsgebiete der beiden zuletzt genannten Gesetze die Anlegung von Wasserleitungen durch Gebäude nebst den damit in Verbindung stehenden Hofräumen gar nicht, durch Gärten und eingeschlossene Parkanlagen nur dann zu dulden braucht, wenn die Leitungen in bedeckten Kanälen oder Röhren bestehen, es sei denn, daß es sich blos um eine Erweiterung und Vertiefung vorhandener offener Gräben und Flüsse handelt. Endlich darf in dem Gebiete des Gesetzes vom 14. Juni 1859 einer vorhandenen gewerblichen Anlage durch derartige Vorrichtungen das Wasser nicht in soweit entzogen werden, daß der Betrieb des Werks in dem bisherigen Umfange unmöglich wird. Eine Abänderung der gewerblichen Anlage, wodurch ihr Betrieb in dem bisherigen Umfange in anderer Weise möglich wird, muß sich jedoch der Besitzer gefallen lassen.

Bei Bewässerungen ist zunächst die Frage nach der hinreichenden Menge und Güte des Wassers einer sorgfältigen Prüfung zu unterziehen. Bewässerungen.

Die erste Frage ist im Wesentlichen eine hydrotechnische, welche von einem zuverlässigen Kulturtechniker, erforderlichen Falls Wasserbautechniker zu untersuchen Wassermenge.

und zur Beantwortung zu bringen ist. Hierbei ist bezüglich der Ableitungen aus Privatflüssen — solche aus öffentlichen Flüssen werden nur in seltensten Fällen vorkommen und bedürfen stets einer besondern staatlichen Genehmigung — die Verpflichtung des Uferbesitzers, abgesehen von dem Verbot des Rückstaus, der Ueberschwemmung und Versumpfung, zu beachten, daß das abgeleitete Wasser in das ursprüngliche Bett des Flusses zurückgeleitet werden muß, bevor dieses das Ufer eines fremden Grundstücks berührt. Die Erfüllung dieser Verpflichtung ist nämlich dann oft von besonderer Schwierigkeit, wenn auf dem andern Ufer fremde Grundstücke liegen. Im Allgemeinen braucht der Uferbesitzer die fragliche Zurückleitung des Wassers erst in dem Punkte vorzunehmen, wo an der Seite der geschehenen Ableitung sein Eigenthum an dem Ufer aufhört. Beginnt auf dem gegenüberliegenden Ufer vor diesem Punkte ein fremdes Grundstück, so muß dem Besitzer desselben die Hälfte desjenigen Wassers zur Disposition bleiben, welches vorhanden sein würde, wenn die Zurückleitung unmittelbar vor dem Punkte erfolgt wäre, an welchem das gegenüberliegende fremde Grundstück beginnt.

Es wird daher zweckmäßig in allen diesen Fällen das Verbandsgebiet wo möglich auf die Grundstücke des jenseitigen Ufers auszudehnen sein.

Güte des Wassers.

Die Frage nach der Güte des Wassers ist eine landwirthschaftlich technische, und müssen, falls der Kommissar nicht selbst im Stande sein sollte, sich ein sicheres Urtheil zu bilden, landwirthschaftliche Sachverständige und nöthigenfalls auch, namentlich beim Vorhandensein von Abgangwässern aus Bergwerken, sowie aus sonstigen gewerblichen Etablissements, Agrikulturchemiker zu Rathe gezogen werden. In letzterer Beziehung ist nach einer dem Verfasser persönlich gemachten Mittheilung des Herrn Professor Dr. König zu Münster i. W. im Wesentlichen das Nachfolgende zu beachten.

Industrielle Abgangwässer.

Abgangwässer aus Bierbrauereien, Brennereien, Stärke-, Papier- und Zuckerfabriken, sowie aus Schlächtereien sind, wenn sie keine besonderen Ingredienzien, wie Säuren und Alkalilaugen enthalten, für die Berieselung der Wiesen sehr geeignet und wirken düngend, während sie freilich wegen ihres fauligen Charakters, mitunter der Fischerei schädlich sind. Dasselbe kann auch vielfach von den Abgängen aus Gerbereien gelten; jedoch enthalten diese, wie auch die Abgangwässer aus Färbereien mitunter Arsen, welches auch für Pflanzen sehr giftig wirkt. Industrielle Abgangwässer, welche wie z. B. diejenigen aus Drahtziehereien, Schwefelkiesgruben, Verzinkereien, Silberbeizereien, Kupferlaugereien u. s. w. freie Schwefelsäure bezw. freie Salzsäure enthalten, sind unter allen Umständen als direkt giftig für die Berieselung zu verwerfen. Dasselbe gilt von Abgängen aus Bleichereien, welche Chlorkalk enthalten. Abgangwässer mit einem Gehalt an Eisenvitriol und Zinkvitriol, wie z. B. aus Drahtziehereien, Schwefelkiesgruben, Zinkblendegruben, einigen Steinkohlengruben u. s. w. wirken einerseits direkt schädlich für die Pflanzen, andererseits indirekt, indem sie bei der Berieselung den Boden seiner wichtigsten Pflanzennährstoffe mit der Zeit berauben. Zinkvitriol und Chlorkalk wirken schon in den äußerst geringen Mengen von 30 bis 50, und Eisenvitriol von 100 mg pro Liter an mit der Zeit schädlich. In derselben Weise wirken größere Mengen Kochsalz in einem Wasser, wie es z. B. durchweg als Grubenwasser der Steinkohlenzechen vorkommt. Ein Wasser, welches mehr als 1 g Kochsalz pro Liter enthält, darf nicht mehr zur Berieselung benutzt werden. Auch Chlorkalium und Chlormagnesium, die in den Abgängen aus Kalisalzbergwerken, Soolbädern, Salzsiedereien, Chlorkalkfabriken u. s. w. vorkommen, machen ebenfalls in größeren Mengen ein Wasser zu Berieselungen schädlich, jedoch nicht in dem Maaße, wie das Kochsalz.

Meliorationstechnische Seite der industriellen Abgangwässer.

Wenn keine derartige Abgangwässer vorkommen,

dürfte in den weitaus meisten Fällen erfahrenen Kulturtechnikern auch schon ein hinreichend zuverlässiges Urtheil über die Güte des Wassers zuzutrauen sein.

Auf alle Fälle hat sich der Kommissar über diese Frage unter Darlegung der thatsächlichen Erscheinungen, welche einen Rückschluß auf die Beschaffenheit des Wassers gestatten, in irgend einer Weise gutachtlich zu äußern bezw. Gutachten vorzulegen.

Rechtliche Seite der industriellen Abgangwässer und der Wasserzuleitungen überhaupt.

Was nun die rechtliche Seite der Zuleitung der obengedachten Abgangwässer, wie überhaupt jeden dem Privatflusse nicht auf natürlichem Wege zufließenden Wassers angeht, so hat die neueste Rechtsprechung des Reichsgerichts in dem unterm 2. Juni 1886 in Sachen K. c/a V. Nr. V 334/85 ergangenen Urtheile den Grundsatz aufgestellt, daß der unterhalb liegende Uferbesitzer sich diejenigen Zuleitungen — vorliegenden Falls von Fabriken und Kolonien —, mögen sie in einer bloßen Vermehrung des Wasservorraths oder in der Beimengung fremder Stoffe bestehen, gefallen lassen muß, welche das Maß des Regelmäßigen, Gemeinüblichen nicht überschreiten, selbst wenn dadurch die absolute Verwendbarkeit des ihm zufließenden Wassers zu jedem beliebigen Gebrauche irgendwie beeinträchtigt wird (— und insofern erleidet die Aeußerung in dem Erkenntnisse des Reichsgerichts vom 21. April 1880, daß der Unterlieger reines und brauchbares Wasser zu beanspruchen habe, Entsch. Band II, S. 210, eine Modifikation —); daß dagegen der unterliegende jeder dieses Maß überschreitenden Zuleitung als einem Eingriffe in sein Eigenthum zu widersprechen befugt ist. Daß eine über das Gemeinübliche hinausgehende Zuleitung von Wasser oder von fremden Stoffen, wenn schon keine direkt nachweisbare Beschädigung, so doch eine über das, was als naturgemäße Folge des Zusammenlebens der Menschen anzusehen ist, hinausgehende, somit ungebührliche Belästigung des unterliegenden Uferbesitzers mit sich bringt, also eine Verletzung des Eigenthumsrechts dieses Letztern ist, muß der Regel nach ohne Weiteres angenommen werden. Für den Ausnahmefall würde dem Oberliegenden der Nachweis frei bleiben, daß seine, wenn auch ungebräuchliche Zuleitung den Unterliegenden nicht, oder nicht anders wie der ganz gemeinübliche Gebrauch des Flusses belästige, daß also der Unterliegende von seinem Widerspruchsrechte ohne jede wirkliche Verletzung eigener Interessen, d. h. zur Chikane des Oberliegenden (vergl. Allgem. Landrecht Th. I, Tit. 8, § 28) Gebrauch machen wollte. [1])

Mit diesen dem Privatrechte angehörenden rechtlichen Beziehungen des Oberliegers und Unterliegers haben, um das hier noch besonders zu erwähnen, die in den §§ 3 bis 6 des Gesetzes über die Benutzung der Privatflüsse vom 28. Februar 1843 ausgesprochenen Verbote der Zuführung fremder Stoffe aus Rücksichten des Gemeinwohls, welche von der Polizeibehörde zu handhaben sind, nichts zu thun.

Von ganz besonderer Schwierigkeit kann die Beantwortung der Frage wegen der kollidirenden Rechte werden, welche der Benutzung des Wassers entgegenstehen. Es kommen hierbei namentlich die vorhandenen Stauwerke, sei es für Wassertriebwerke, sei es für bestehende Bewässerungen in Betracht.

Das größte Hinderniß eines rationellen Wiesenbaus sind die erstgenannten Stauwerke. Sie verursachen nicht allein durch ihren eigenen Bedarf einen absoluten Verlust des oft in kaum zureichender Menge vorhandenen Wassers, sondern sie verhindern auch vielfach eine den Bewässerungszwecken entsprechende Vertheilung des zu Gebote stehenden Wassers. Erfahrungsmäßig benutzen die Mühlenbesitzer Wassertriebwerke.

---

[1]) Das Reichsgericht hat in seinem Erkenntniß des V. Senats vom 18. September 1886, welches erst nach Abschluß dieser Arbeit ergangen ist, die obigen Grundsätze ausdrücklich auf Grubenwässer aus Zechen, welche dem Allgem. Berggesetz vom 24. Juni 1865 unterliegen, angewendet. Der Herausgeber.

auch gern, namentlich wenn sie nicht selbst Müller und auf die Kundschaft der Wiesenbesitzer angewiesen sind, die Zwangslage der Meliorationsinteressentenschaft, um ihre Stauberechtigung möglichst theuer zu verwerthen. Es wird demnach eine nicht unwichtige Sorge des Kommissars sein, die Rechtsverhältnisse der etwa in Betracht kommenden Wassertriebwerke festzustellen, um für die zweckmäßig in allen Fällen mit den Triebwerksbesitzern einzuleitenden Verhandlungen eine sichere Grundlage zu haben. Hierbei sind insbesondere die nachstehenden Gesichtspunkte zu beachten.

Ein Triebwerksbesitzer, welcher das Wasser ganz oder zu einem bestimmten Theile ($^1/_4$; $^1/_3$ u. s. w.) auf Grund spezieller Rechtstitel, z. B. landesherrlicher Verleihung, Verjährung (zur Erwerbung des Rechts auf die ausschließliche Benutzung genügt im Geltungsgebiete des Allgem. Landrechts nicht für sich allein die bloße 30 Jahre lange Benutzung des ganzen Wassers, vielmehr muß gegen die sonst zur Benutzung des Wassers ebenfalls Berechtigten auch die Erwerbung eines Untersagungsrechts hinzukommen), Vertrag u. s. w., allein zu nutzen befugt ist, braucht keinen Eingriff in diese Nutzungsbefugniß zu dulden. Wenn ihm jedoch zwar nicht ein besonderes Anrecht auf einen gewissen Theil des Wassers verliehen ist, sein Betrieb jedoch in einem bestimmten Umfange durch solche Titel gesichert ist, so dürfen ihm neue Bewässerungsanlagen nicht in der Art das Wasser entziehen, daß der Betrieb in diesem Umfange beeinträchtigt wird. Ist der Betrieb thatsächlich noch nicht in dem Umfange geübt worden, in welchem die zu Grunde liegenden besonderen Berechtigungen dies gestatten, so kann gegen neue Anlagen selbst dann Widerspruch erhoben werden, wenn sie zwar den wirklichen Betrieb noch nicht stören, aber dennoch in den Bereich des dem Triebwerksbesitzer von Rechtswegen zustehenden Wassergebrauches hinüber greifen. Dagegen muß Letzterer sich andererseits wiederum mit seinem Betriebe auf den Umfang seines Rechts beschränken, wenn der wirkliche Betrieb bisher darüber hinausgegangen sein sollte. In allen diesen Fällen ist es ohne Belang, wann das Triebwerk errichtet worden ist, sobald es nur bereits bestanden hat, als die neue Bewässerungsanlage in Angriff genommen wurde.

Wenn aber einem Triebwerke in der oben angeführten Weise besondere Rechtstitel nicht zur Seite stehen, dasselbe jedoch bei Publikation des Gesetzes vom 28. Februar 1843 rechtmäßig bestanden hat, so soll ihm desungeachtet jedenfalls dasjenige Wasser verbleiben, welches zur ungestörten Fortsetzung des Betriebes erforderlich ist. Auch wird seinem Betriebe dieses Vorrecht nur für denjenigen Umfang zu Theil, welchen derselbe zu damaliger Zeit besessen hat. Hierbei entscheidet nicht blos der thatsächlich wirklich stattgefundene Gewerbebetrieb, sondern es kommt auch wesentlich die Betriebsfähigkeit der Mühle und die durch solche bedingte Leistungsfähigkeit derselben in Betracht. Ein Triebwerk, welches diesen seinen Betrieb erst später erweitert, genießt den gleichen Schutz für den Umfang seiner Erweiterung nicht, und ein Triebwerk, welches überhaupt erst später angelegt ist, kann gar keinen Widerspruch gegen neue Bewässerungsanlagen erheben, so lange sich diese in den allgemeinen gesetzlichen Grenzen halten, sollte ihm auch der fernere Betrieb völlig unmöglich gemacht werden (Vergl. Nieberding: Wasserrecht und Wasserpolizei im preußischen Staate. 1866. S. 145). Wenn es nun zur Ausführung der Bewässerungsanlage — oder zur Erhaltung bereits ausgeführter — nothwendig ist, daß der Triebwerksbesitzer von den oben erörterten Rechten Abstand nehme, so kann das in Fällen eines überwiegenden Landeskulturinteresses und unter der Verpflichtung zu vollständiger Entschädigung verlangt werden. Im französisch rechtlichen Theile der Rheinprovinz ist jedoch bei Entscheidung der Frage wegen des überwiegenden Landeskulturinteresses einer Bewässerungsanlage das Interesse vorhandener auf Triebwerken beruhender gewerblicher Anlagen in zweifelhaften Fällen über das der Bodenkultur zu stellen.

Schließlich möge noch des nicht selten vorkommenden Falls gedacht werden, wo zur besseren Benutzung eines Grundstücks, durch welches ein Mühlengraben fließt, Anlagen gemacht werden sollen, welche nicht unmittelbar, wie z. B. durch Ableitungen u. s. w., eine Veränderung des Wasserstandes in dem Mühlengraben bewirken, sondern nur mittelbar, wie z. B. durch Ausgrabung des Schlammes zur Wiesenverbesserung und dadurch bewirkte Durchsickerung des Wassers — in allen diesen Fällen liegt zufolge der Judikatur des höchsten Gerichtshofes eine sonst nach § 246 Allgem. Landrechts Th. II, Tit. 15 verbotene Entziehung des Betriebswassers nicht vor. Die Voraussetzung der letzteren muß vielmehr eine Handlung des Grundbesitzers sein, welche in einer Disposition über das Wasser besteht und auf die Benutzung desselben gerichtet ist.

Bewässerungsstauwerke.

Die Stauwerke für bereits bestehende Bewässerungsanlagen bieten weniger Schwierigkeiten. Wenn deren Besitzer keine speziellen Rechtstitel nachzuweisen vermögen, müssen diese sich die Benutzung des Wassers von anderer Seite nach Maßgabe der Bestimmungen der oben genannten Gesetze gefallen lassen. In den meisten Fällen wird jedoch eine etwaige Kollision durch Beitritt des Stauwerks- bezw. Wiesenbesitzers zu der Genossenschaft eine befriedigende Lösung finden können.

3. Die bereits vorhandenen Ent- und Bewässerungsanlagen nebst den Rechtsverhältnissen bei der Unterhaltung derselben.

Bei Wiesenmeliorationen kommt es wie schon soeben angedeutet, häufig vor, daß zu dem Verbandsgebiet Flächen hinzugezogen werden müssen, welche bereits mit Ent- oder Bewässerungsanlagen oder mit beiden versehen sind.

Hier bleibt es immer eine Frage der thatsächlichen Beurtheilung, wie es mit diesen Anlagen gehalten werden muß. Abgesehen von den wenigen, aber immerhin vorkommenden Fällen, daß die alten Anlagen absolut ihren Zwecken nicht entsprechen und auch in keiner Weise bei dem Umbau der Wiesen verwendet werden können, werden die Besitzer dieser bereits meliorirten Flächen nicht den Vortheil von den neuen Anlagen haben, wie die Besitzer der bislang ungebauten Wiesen. Hier muß eine billige Ausgleichung stattfinden. Auch hat der Kommissar dafür Sorge zu tragen, daß das Stimmverhältniß nicht zum ungebührlichen Vortheil der zuletzt gedachten Wiesenbesitzer festgesetzt werde. Dieses kann nämlich um deswillen leicht eintreten, weil der größere Vortheil eine größere Beitragspflicht zu den Genossenschaftslasten im Gefolge hat, und nach der letzteren wiederum das Stimmenverhältniß geregelt wird — es sei denn, daß eine anderweitige Vereinbarung aller Betheiligten stattfindet.

4. **Der in allgemeinen Umrissen darzustellende Plan der beabsichtigten Anlage.**

5. **Die ungefähren Kosten derselben.**

6. **Eine gutachtliche Aeußerung über die Vortheile der Anlage, sowie über das Vorhandensein eines öffentlichen oder gemeinwirthschaftlichen Nutzens.**

Rentabilitätsnachweis.

Der Rentabilitätsnachweis kann ganz kurz geführt werden. Es genügt oft schon die Angabe der Menge der bislang pro Hektar auf dem nicht entwässerten bezw. nicht zu Kunstwiesen ausgebauten Flächen gewonnenen Früchte und die muthmaßliche Schätzung des Mehrertrages nach Maßgabe der Erfahrung, sowie die unter Berücksichtigung dieser beiden Zahlengrößen zu berechnende Verzinsung des Anlagekapitals.

Oeffentlicher oder gemeinwirthschaftlicher Nutzen

Nicht so einfach erscheint die Beantwortung der andern Frage.

Der § 45 des Wassergenossenschaftsgesetzes gibt keine Definition der Begriffe des öffentlichen und gemeinwirthschaftlichen Nutzens. Doch dürften beide für die Praxis namentlich in Berücksichtigung der hierauf bezüglichen Aeußerung des Ministers für die landwirthschaftlichen Angelegenheiten in der Sitzung der Abgeordnetenhäuser vom 1. Februar 1879 genügend klar erscheinen. Dieser äußerte sich folgendermaßen:

„daß zum Begriffe des öffentlichen Interesses ein umfassenderes Unternehmen der Regel nach gehört, kann ich als richtig zugeben, obwohl unter gewissen exceptionellen Umständen auch ein kleines Unternehmen einen öffentlichen Nutzen herbeiführen kann. Was den Begriff gemeinwirthschaftlich betrifft, so soll im Allgemeinen dadurch ausgedrückt werden, daß solche Unternehmungen, die nichts für das wirthschaftliche Leben größerer oder kleinerer Kreise von Staatsangehörigen bedeuten und ausschließlich im Privatinteresse liegen, nicht geeignet sind, in der Form öffentlicher Genossenschaften begünstigt zu werden."

7. **Die Wünsche der Betheiligten.**

Die technischen Vorarbeiten.

Auf Grund des also vollständig gesammelten Materials hat die technische Bearbeitung des Meliorationsplans nach Anleitung der ministeriellen Anweisung vom 15. August 1872 bezw. der Breslauer Instruktion vom 12. Februar 1884 stattzufinden. —

An dieser Stelle möge nachrichtlich noch erwähnt werden, daß die Behörden einschließlich der Ministerialinstanz sich vielfach mit einem die obigen Punkte erschöpfenden Erläuterungsbericht (vergl. die oben genannte Anweisung und Instruktion) anstatt einer förmlichen Denkschrift begnügt haben. In diesem Falle trägt aber der Kommissar selbstverständlich die volle Verantwortung für den Inhalt dieses Erläuterungsberichts, so weit jener nicht speziell technischen Fragen zum Gegenstand hat. —

Oeffentliche Bekanntmachung wegen der Vorarbeiten.

Wenn es erforderlich erscheint, hat der Kommissar zunächst zur Sicherung gegen mögliche Störungen der Vorarbeiten einen entsprechenden Antrag nach Maßgabe der Vorschriften des § 71 des Wassergenossenschaftsgesetzes zu stellen.

Um ferner die Einleitung und den Fortgang dieser Arbeiten von der katasteramtlichen Mitwirkung möglichst unabhängig zu machen, sowie auch um die Kosten derselben nicht auch noch um die Gebühren für die Anfertigung der Katasterauszüge u. s. w. — welche nämlich nicht unter die gebührenfreien Geschäfte des § 84 des Wassergenossenschaftsgesetzes fallen — zu erhöhen, erscheint es zweckmäßig, daß nach dem Vorgange einzelner rheinländischer Regierungen die Katasterämter angewiesen werden, den betreffenden Kulturtechnikern die Katasterdokumente zur Einsichtnahme, sowie zur Entnahme von Kartenkopien und Auszügen in den Kataster-Bureaux zu gestatten. Der Kommissar wird erforderlichenfalls einen entsprechenden Antrag zu stellen haben. Katasterauszüge u. s. w.

Bei dem rein technischen Theil der in Rede stehenden Arbeiten hat der Kommissar selbstverständlich nicht mitzuwirken; doch muß er sich stets bewußt bleiben, daß im Uebrigen die ganze Verantwortung für den richtigen Betrieb der Sache in erster Linie auf ihm, als dem Kommissar zur Beschaffung des Materials, ruht. Demgemäß hat er auch, wenn die Auswahl und Annahme des Technikers ihm überlassen worden ist, zunächst dafür zu sorgen, daß mit der Anfertigung der Vorarbeiten ein tüchtiger und zuverlässiger Kulturtechniker beauftragt werde, welcher insbesondere auch im Sinne der in letzter Zeit von der Centralinstanz nicht wenig gesteigerten Anforderungen zu arbeiten versteht. Kulturtechniker. Im Zweifelsfalle ist es immer angezeigt, dieserhalb mit dem Meliorationsbaubeamten der Provinz in Unterhandlung zu treten. Der Meliorationsbeamte der Provinz. Auch ist Letzterer in den meisten Fällen wohl im Stande dem Kommissar, falls diesem mit den betreffenden Fachkreisen die Fühlung noch fehlen sollte, eine geeignete Kraft nachzuweisen. Es ist überhaupt, namentlich den noch nicht ganz erfahrenen Kommissarien zu empfehlen, die Mitwirkung des genannten Beamten zuständigen Orts stets in Antrag zu bringen, wenn und sobald sich Zweifel irgend welcher Art, jedoch selbstverständlich meliorationstechnischer Natur, erheben sollten. Diese Mitwirkung kann häufig bereits in den ersten Stadien der kommissarischen Thätigkeit, namentlich auch bei der Sammlung des Materials für die Denkschrift, sehr angezeigt erscheinen; ja, ein vorsichtiger Verwaltungsbeamter wird, besonders wenn er sich im Meliorationswesen noch keine hinreichende Erfahrungen gesammelt hat, nicht selten schon vor seiner Ernennung zum Kommissar — denn in der Regel wird der Verwaltungsbeamte, welcher die Melioration anregt, zweckmäßig zum Kommissar bestellt werden — den Rath dieses Sachverständigen zur summarischen Begutachtung seiner ersten Meliorationsideen einzuholen wissen, wozu ihm die Dienstreisen desselben genügende Gelegenheit geben werden.

Kosten der technischen Vorarbeiten und des kommissarischen Verfahrens.

Staatliche Unterstützungen.

Die Kosten der meliorationstechnischen Vorarbeiten und des kommissarischen Verfahrens sind in der Regel von der Genossenschaft zu tragen. Der Minister hat sich jedoch vorbehalten, bei Unternehmungen von erheblicher Wichtigkeit eine Beihülfe dadurch zu gewähren, daß die Kosten der kommissarischen Verhandlungen — soweit sie nicht durch unbegründete Beschwerden verursacht werden — und die Kosten der technischen Vorbereitung und Ausarbeitung des Meliorationsplans ganz oder theilweise aus der Staatskasse bestritten werden. Die Kosten der etwa nöthigen Vermessung und Bonitirung des Genossenschaftsgebiets jedoch, sowie der Anfertigung des Meliorationskatasters sind jedenfalls von den Betheiligten zu tragen. Im Uebrigen ist die Kostenfrage in den §§ 84 und 85 des Wassergenossenschaftsgesetzes geregelt und im § 77 a. a. O. dem Oberpräsident bezw. Regierungspräsident (§ 94 Z.G.) die Befugniß gegeben, einen angemessenen Kostenvorschuß von dem Antragsteller zu erfordern. Letztere Frage kann jedoch selbstverständlich nur dann praktisch werden, wenn die Kosten der Vorarbeiten und kommissarischen Verhandlungen nicht aus der Staatskasse geleistet werden. Auch möge noch darauf hingewiesen werden, daß nach einer ausdrücklichen Ministerialentscheidung die ordentlichen Verwaltungsbehörden (Landräthe u. s. w.) auch bei ertheiltem besondern Kommissorium (§§ 75 und 76 W.G.) die innerhalb ihres Dienstbezirks behufs Begründung einer Wassergenossenschaft erforderlich werdenden Reisen auf ihr Dienstaversum übernehmen müssen.

Anhörung der Provinzialverwaltung über die Nützlichkeit und Durchführbarkeit des Projekts.

Da jedoch die Meisten derartiger Meliorationsprojekte nur dann eine Aussicht auf Verwirklichung haben, wenn den Betheiligten zu ihrer Ausführung eine Unterstützung seitens der Provinzialverwaltung bewilligt wird, so ist von dem Minister zur Verhütung nutzloser Aufwendungen für Vorarbeiten angeordnet worden, daß die Organe der provinziellen Selbstverwaltung mit ihrer Ansicht über die Nützlichkeit und Durchführbarkeit der angeregten Projekte schon vor deren Ausarbeitung gehört werden sollen. Hiervon kann nur dann Abstand genommen werden, wenn es sich um einfachere Projekte handelt, bei welcher die Rentabilität der angestrebten Melioration von vornherein ersichtlich ist und die Möglichkeit der Ausführung gesichert erscheint. Die betreffenden Anträge, welche durch den Oberpräsidenten der Provinzialverwaltung zu übermitteln sind, müssen letztere, wenngleich die Prüfung und Begutachtung nur eine summarische sein soll, selbstverständlich über alles Wesentliche zu informiren geeignet sein. Hierzu kann natürlich dasjenige Material dienen, welches demnächst dem Minister bei Stellung der Anträge auf Bewilligung der in Frage stehenden Kosten vorgelegt werden muß. In dieser Beziehung ist lediglich auf die Vorschriften der Instruktion vom 15. August 1872 zu verweisen, jedoch mit dem Hinzufügen, daß bei einfacheren Sachen eine ganz kurze Beschreibung des Projekts genügen wird.

Aufstellung des Theilnehmerverzeichnisses. Hat der Kommissar in der oben erörterten Weise den Beginn der Vorarbeiten in die Wege geleitet, so ist im Wesentlichen seine direkte Betheiligung an denselben nur mehr bei Aufstellung des Theilnehmerverzeichnisses erforderlich, für welches ein Schema in den Anlagen enthalten ist. Anl. 24. Diese Arbeit ist von dem Culturtechniker vorzunehmen, wenn die Grenzen des Verbandsgebietes mit wahrscheinlicher Sicherheit als feststehend zu betrachten sind. Die gewissenhafte Prüfung und Feststellung des zeitigen Besitzstandes ist eine selbstverständliche Pflicht des Kommissars. Wo Grundbücher existiren, kann er sich diese Arbeit dadurch erleichtern, daß er durch das das Grundbuch führende Amtsgericht das meistens auf Grund des Katasters aufgestellte Theilnehmerverzeichniß verifiziren läßt. Sonst ist er in der Regel auf die Angaben des Ortsvorstandes angewiesen.

Revision des Meliorationsplans. Nach Fertigstellung der gesammten meliorationstechnischen Vorarbeiten müssen dieselben je nach besonderer Vorschrift entweder dem Oberpräsidenten bezw. Regierungspräsidenten bezw. Regierung oder auch direkt dem zuständigen Meliorationsbaubeamten der Provinz zur Revision eingereicht werden. Je nach dem Ausfall der letztern wird von zuständiger Stelle eine Anleitung zur weitern Behandlung der Sache erfolgen. In dieser Beziehung ist das Nachfolgende hervorzuheben.

Hat die Revision keine oder doch nur unwesentliche Erinnerungen im Gefolge, welche in der Regel am Rande als kurze Revisionsbemerkungen zum Ausdruck kommen, so kann der Meliorationsplan, erforderlichenfalls mit den letzteren als seinen integrirenden Bestandtheilen, den Betheiligten zur Genehmigung vorgelegt werden. Es muß alsdann der § 1 des Statuts eine dementsprechende Fassung erhalten, z. B. „— — nach Maßgabe des Meliorationsplans des Kreiswiesenbaumeisters O. zu M. vom 25. August 1885 und der Revisionsbemerkungen des Meliorationsbauinspektors N. zu T. vom 3. September desselben Jahres".

Anders liegt jedoch der Fall, wenn die Revisionsinstanz Veranlassung zu wesentlichen Ausstellungen gefunden hat. Hier muß zweckmäßig eine entsprechende Umarbeitung des Projekts stattfinden. Uebrigens muß in allen Fällen, wo der Fiskus als Interessent oder mit Staatsvorschüssen betheiligt ist, die spezielle Ausarbeitung und die Veranschlagung des Meliorationsplans vor der Abstimmungsverhandlung dem Minister für Landwirthschaft, Domänen und Forsten zur Superrevision und Genehmigung eingereicht werden. Dieses wird sich überhaupt in allen Fällen empfehlen, wo irgendwie ein Zweifel über die Genehmhaltung des Meliorationsplans in seinen wesentlichen Bestandtheilen bei der Superrevision obwaltet. Denn während der Kommissar durch eine Beschlußfassung der Betheiligten über einen entsprechenden Vollmachtsauftrag sehr wohl in der Lage ist, für eine von der Centralinstanz angeordnete Abänderung des Meliorationsplans in unwesentlichen Punkten ohne Wiederholung der ganzen Abstimmungsverhandlung Vorsorge zu treffen, bleibt bei wesentlichen Bemängelungen nichts Anderes übrig, als nochmals den ganzen bisherigen Erfolg dem oft gar unsicheren Würfelspiel der Mehrheitsbeschlüsse anzuvertrauen.

Betheiligung des Fiskus als Interessent oder mit Staatsvorschüssen.

Bezüglich der oben gedachten Staatszuschüsse ist darauf hinzuweisen, daß, nachdem in Folge des Dotationsgesetzes vom 8. Juli 1875 nunmehr alle Provinzen in Besitz von Fonds zur Selbstverwaltung gelangt sind, welche zum Theil zur Förderung von Landesmeliorationen bestimmt sind, derartige Unternehmungen, soweit dieselben nicht nach Zweck und Umfang über das provinzielle Interesse hinausgehen, durch Gewährung von Beihülfen und Darlehen aus Staatsfonds nicht mehr unterstützt werden. Für die Regulirung der Privatflüsse pflegt jedoch alljährlich eine Summe in den Staatshaushaltsetat eingestellt zu werden. Zutreffendenfalls kann dieser Fonds in Anspruch genommen werden. Es wird deshalb

Staatliche Beihülfen zur Regulirung von Privatflüssen.

bei Bearbeitung des Meliorationsprojekts zweckmäßig von vornherein eine Trennung der Kosten, welche für die Flußregulirung und derjenigen, welche für die eigentliche Melioration nothwendig sind, vorgenommen werden.

Vorbereitungen zur Abstimmungsverhandlung.

Ist nun auf die eine oder andere Weise der Meliorationsplan festgestellt worden, so hat der Kommissar die näheren Vorbereitungen zur Abstimmungsverhandlung zu treffen. Zunächst wird er bemüht sein müssen, die etwa noch ausstehenden gütlichen Abmachungen mit den Müllern und sonstigen in Betracht kommenden Gegenparteien zu einem für alle Theile befriedigenden Abschluß zu bringen, damit die hierauf bezüglichen Abmachungen in der demnächst stattfindenden Abstimmungsverhandlung zur Genehmigung vorgelegt werden können. Ist eine gütliche Einigung nicht zu erzielen gewesen, so wird in Erwägung zu nehmen sein, ob die endliche Erledigung dieser Fragen vor oder nach der Genossenschaftsbildung ins Auge gefaßt werden soll. Für die Beantwortung dieser Frage ist im Wesentlichen der Zweckmäßigkeitsgrund maßgebend, daß es vorkommendenfalls nicht angezeigt erscheinen kann, eine Summe von Arbeit und Kosten für die Erreichung eines Zwecks aufzuwenden, welcher möglicherweise, nämlich im Falle eines Mißerfolgs bei der Abstimmung der Betheiligten über die Bildung der Genossenschaft, ganz ohne praktische Bedeutung sein würde.

Ladung.

Hierauf sind die Ladungen zu der Abstimmungsverhandlung zu erlassen. Soweit das Wassergenossenschaftsgesetz nicht etwas Anderes vorschreibt, sind bei derselben die für das Verfahren in Auseinandersetzungssachen geltenden Vorschriften in Anwendung zu bringen (§ 77 W.G.). Es gelten demnach überall die Vorschriften des Gesetzes vom 18. Februar 1880, betr. das Verfahren in Auseinandersetzungsangelegenheiten — welche Vorschriften in Ausführung des § 25 des Gesetzes vom 24. Mai 1885, betr. die Zusammenlegung der Grundstücke im Geltungsgebiet des Rheinischen Rechts, vom Minister für Landwirthschaft, Domänen und Forsten unterm 5. Januar 1886 zusammengestellt sind — sodann aber außerdem noch in dem betreffenden Geltungsgebiete die Vorschriften des Gesetzes vom 19. Mai 1851, betr. das Verfahren in den nach der Gem.Th.O. zu behandelnden Theilungen und Ablösungen in den Landestheilen des linken Rheinufers. Anl. 22. Anl. 11.

Die Ladung hat stets und nur unter Androhung des Rechtsnachtheils stattzufinden, daß die Nichterscheinenden oder Nichtabstimmenden demjenigen zustimmend angesehen werden sollen, wofür die Mehrheit der abgegebenen Stimmen sich erklärt. Alle Versionen sind streng zu vermeiden; namentlich ist es als gesetzlich unzulässig anzusehen, daß nach stattgehabter Abstimmungsverhandlung, wenngleich Plan und Statut einstimmig von den Erschienenen genehmigt sein sollten, diejenigen Betheiligten, deren Ladung zu der obengenannten Verhandlung nicht vorschriftsmäßig bewirkt worden war, noch nachträgllich zu einer besonderen Verhandlung unter der Verwarnung geladen werden, daß die Nichterscheinenden oder Nichtabstimmenden demjenigen zustimmend angesehen werden sollten, wofür die Mehrheit der abgegebenen Stimmen sich bereits erklärt habe. Es ist deshalb vor dem Erlaß der Ladungen durch Kommunikation mit den örtlichen Verwaltungsbehörden sorgfältig festzustellen, ob die Adresse der nach dem Theilnehmerverzeichniß zu ladenden Betheiligten bekannt ist, damit erforderlichenfalls rechtzeitig die Zustellung durch öffentliche Bekanntmachung erfolgen kann. Ist es dennoch nicht möglich geworden, die sämmtlichen Betheiligten vorschriftsmäßig zu laden, so bleibt nichts Anderes übrig, als eine neue Ladung zu erlassen oder, falls aus irgend welchem Zweckmäßigkeitsgrunde die Abstimmungsverhandlung nichts desto weniger stattfinden soll — beispielsweise, weil die Vermuthung nicht unbegründet ist, daß die nicht vorschriftsmäßig

Geladenen dennoch erscheinen werden —, die nichterscheinenden gar nicht oder doch nicht vorschriftsmäßig Geladenen, wenn ihr Aufenthalt sonst bekannt ist, nachträglich zu einer Beitrittserklärung zu den Mehrheitsbeschlüssen zu vermögen. Gelingt diese Art und Weise der Beseitigung der gedachten Mängel nicht, so muß eine neue Ladung aller Betheiligten zur abermaligen Vornahme der Abstimmungsverhandlung erlassen werden.

Zustellung. Wegen Zustellung der Ladung im Gebiete des Gesetzes vom 18. Februar 1880 — bezüglich des Gesetzes vom 19. Mai 1851 wird lediglich auf dessen Text Bezug genommen und namentlich auf den Vorzug der Bestimmungen im § 22 a. a. O. aufmerksam gemacht, wonach die öffentliche Bekanntmachung alle Mängel der besonderen Vorladung deckt, — ist Folgendes zu bemerken:

Umlauf. Die Zustellung der Ladung erfolgt in der Regel durch Umlauf. Diese Art der Zustellung ist jedoch nur an mehrere Personen zulässig, welche in einem Gemeindebezirke wohnen. Den anderen Betheiligten wird Anl. 25. Post. die Ladung zweckmäßig durch die Post zugestellt. In diesem Falle hat der Kommissar einen mit dem Dienstsiegel verschlossenen, mit der Adresse der Person, welcher zugestellt werden soll, versehenen und mit einer Geschäftsnummer bezeichneten Briefumschlag, in welchem die zuzustellende Ladung enthalten ist, der Post mit dem Ersuchen zu übergeben, die Zustellung einem Postboten des Bestimmungsortes aufzutragen. Daß die Uebergabe der bezeichneten Art geschehen, ist von dem hierzu bestellten Beamten bezw. vom Kommissar selbst auf der Urschrift des zuzustellenden Schriftstücks oder auf einem mit demselben zu verbindenden Bogen zu bezeugen. Gemäß Verfügung des General-Postmeisters vom 24. Aug. 1879, betr. die postamtliche Behandlung der Sendungen mit Zustellungsurkunde, ist jenes Ersuchen bereits in der Uebergabe des gehörig vorbereiteten Briefes an die Postanstalt enthalten. Formulare der verschiedenen Post-Zustellungsurkunden sind bei jeder Postanstalt käuflich zu haben und können mit den sinnentsprechenden Abänderungen von dem Kommissar benutzt werden.

Ist der Aufenthalt einer Partei unbekannt, so muß die Zustellung durch öffentliche Bekanntmachung erfolgen. Die öffentliche Zustellung erfolgt durch Anheftung einer beglaubigten Abschrift der Ladung an die Gerichtstafel der Regierung bezw. der General-Kommission (§ 77 W.G.). Die Anheftung ist von dem Kommissar rechtzeitig in Antrag zu bringen. Außerdem ist der zweimalige Abdruck der Ladung im Amtsblatte, sowie der einmalige Abdruck im Deutschen Reichsanzeiger erforderlich. Die Ladung gilt dann als an dem Tage zugestellt, an welchem seit der letzten Einrückung des Auszugs in die öffentlichen Blätter ein Monat verstrichen ist. Oeffentliche Bekanntmachung.

Der Minister hat ein Normalstatut aufgestellt und unterm 7. Januar 1886 eine Instruktion zur Anwendung desselben erlassen, zu welchen nur noch die nachstehenden Bemerkungen zu machen sind. Statut. Anl. 23.

1. Zu § 1 des Normalstatuts.

In den Anlagen ist die Fassung des § 1 eines Statuts enthalten, welches die Sicherstellung der dauernden Unterhaltung bereits ausgeführter Wiesenanlagen zum Zwecke hat. Anl. 26.

2. Zu §§ 6 und 7 des Normalstatuts.

Die Vereinbarung bedarf der ausdrücklichen Zustimmung aller Betheiligten, also nicht allein der im Termine erschienenen, sondern auch der entbliebenen, und zwar trotz des in der Ladung nach Vorschrift des § 80 des Wassergenossenschaftsgesetzes angedrohten Rechtsnachtheils: daß die Nichterscheinenden oder Nichtabstimmenden demjenigen zustimmend angesehen werden sollen, wofür die Mehrheit der abgegebenen Stimmen sich erklärt —, und zwar deshalb, weil für den Abschluß einer Vereinbarung das genannte Präjudiz wirkungslos ist. Es wird nun wohl in den seltensten Fällen möglich sein, ohne erhebliche Weiterungen die ausdrückliche Zustimmung aller Betheiligten zu erlangen, und daher in den meisten Fällen nichts Anders übrig bleiben, als die Fassung der §§ 6 und 7 zu wählen, welche am Schlusse der Bemerkungen der Instruktion a. a. O. angegeben ist.

3. Zu § 12 des Normalstatuts.

Die Fassung des fraglichen Absatzes wird zweckmäßig die folgende sein können:

Die Mitglieder des Vorstandes nebst . . . Stellvertretern werden von der Generalversammlung auf . . . Jahre nach absoluter Mehrheit der abgegebenen Stimmen gewählt. Von den Repräsentanten und von deren Stellvertretern scheidet nach Ablauf der ersten . . . Jahre die Hälfte aus, und hat eine sofortige Ersatzwahl stattzufinden. Die Wahl des Vorstehers bedarf der Bestätigung der Aufsichtsbehörde."

Abstimmungsverhandlung.

Eine der Lage der Sache und den gesetzlichen Vorschriften entsprechende Leitung der Abstimmungsverhandlung ist zur Erreichung ihres Endzwecks: die Erzielung einer Mehrheit der Betheiligten für die Bildung der Genossenschaft, insbesondere auch für die Genehmigung des vorliegenden Meliorationsplans und Statutsentwurfs — von der größten Wichtigkeit. Der Kommissar muß hierbei in erster Linie berücksichtigen, daß er in den weitaus meisten Fällen nicht allein die Unkenntniß der Betheiligten, sondern auch noch eine gewisse Indolenz der ländlichen Bevölkerung zu überwinden haben wird. Er muß deshalb sein Streben darauf richten, den Erschienenen unter Vorlegung und Erläuterung der Denkschrift bezw. des Erläuterungsberichts in möglichst einfacher Sprachweise den Zweck und die Vortheile des Unternehmens auseinander zu setzen. Hierbei ist ein Eingehen auf die Provokationen einzelner Theilnehmer zur sofortigen Erörterung ihrer offenen oder durch Bemängelung einzelner Theile des Projekts verdeckten Einzelinteressen zu vermeiden, weil erfahrungsmäßig ein derartiges Eingehen vor gründlicher Klarlegung der Hauptgrundzüge des ganzen Meliorationsplans eine Menge von Widersprüchen hervorzurufen pflegt, welche manchen der Melioration an sich wohlgesinnten Betheiligten auf die Seite der Gegner führt. Derartige Wünsche und Beschwerden müssen erst später, nachdem die Erschienenen den vorgelegten Meliorationsplan im großen Ganzen gebilligt haben, durch eine kontradiktorische Erörterung unter Mitwirkung des zu der Verhandlung zweckmäßig stets zuzuziehenden Kulturtechnikers klargestellt werden. Wenn dieselben begründet erscheinen, so sind sie zu berücksichtigen bezw. zur Berücksichtigung vorzubehalten. Im andern Falle müssen sie, wenn sie den Meliorationsplan als solchen betreffen, durch Abstimmung über denselben definitiv beseitigt werden; sonst ist Folgendes zu beachten:

Ueber besondere Interessen seines Grundstücks kann jeder Besitzer Gehör verlangen. Wenn hierbei oder auch sonst die Frage nach den Voraussetzungen des Beitrittszwanges (§ 65 W.G.) praktisch werden sollte, so ist dieselbe womöglich in der Abstimmungsverhandlung zur Entscheidung zu bringen. Der Beitrittszwang richtet sich nicht allein gegen solche Grundstücke, welche direkt von den Meliorationsanlagen berührt werden, sondern er ist auch gegen alle diejenigen Widersprechenden in Anwendung zu bringen, deren Grundstücke einen unmittelbaren Antheil an dem durch die Meliorationswerke bezweckten Nutzen haben und in dieser Beziehung für die Ausführung als zweckmäßig zugehörig zu betrachten sind. Zu einer „zweckmäßigen" Ausführung gehört auch die wirthschaftlich richtige Vertheilung der Ausführungskosten auf den Gesammtumfang des Genossenschaftsgebiets. Ist der anwesende Kulturtechniker nicht in der Lage noch in der Abstimmungsverhandlung sein Gutachten über die in Betracht kommenden meliorationstechnischen Fragen abgeben zu können, weil beispielsweise noch die Zuziehung

Beitrittszwang.

eines landwirthschaftlichen Sachverständigen für nothwendig gehalten wird, so hat der Kommissar das dieserhalb Erforderliche bald zu veranlassen. Ein Schema für derartige Gutachten ist in den Anlagen enthalten. Es sind demselben gegebenenfalls die Auslassungen des landwirthschaftlichen Sachverständigen beizufügen. In den meisten Fällen wird es jedoch der Zuziehung des Letzteren kaum bedürfen, namentlich wenn der Kommissar selbst und der Kulturtechniker nicht mehr Neulinge in Meliorationssachen sind.

Anl. 27.

Auch der Inhalt des Statuts, welches in manchen Bestimmungen, z. B. in denjenigen der §§ 6, 7 und 8 dem einfachen Landmanne nicht ohne Weiteres verständlich sein wird, ist den Erschienenen nach Möglichkeit klar zu machen.

Eine genauere Anweisung für die Abstimmungsverhandlung läßt sich nicht geben. Es möge jedoch dem Kommissar das Eine dringend empfohlen werden, nämlich vor Abhaltung des Termins den Meliorationsplan, erforderlichenfalls unter Zuziehung seines Autors sorgfältig und eingehend zu studiren, und durch eine, womöglich mündliche Kommunikation mit den örtlichen Verwaltungsbehörden die Lage der Sache so genügend aufzuklären, daß er in der Abstimmungsverhandlung den etwaigen Widersprüchen einigermaßen vorbereitet entgegenzutreten in der Lage ist.

Im Uebrigen wird der naturgemäße Gang der Verhandlung, für welche der § 79 des Wassergenossenschaftsgesetzes nähere Anweisung ertheilt, sich in den meisten Fällen dahin entwickeln, daß zunächst über den Meliorationsplan abgestimmt wird, und nachdem hierüber eine Mehrheit nach dem Katastralreinertrage erzielt worden ist, die Frage gestellt wird, ob auch Grund des nunmehr genehmigten Plans mit der Bildung einer öffentlichen Wassergenossenschaft vorgegangen werden solle. Erst wenn hierfür sich eine Mehrheit nach der Fläche und dem

Katastralreinertrag gefunden hat, ist eine Abstimmung über das Statut vorzunehmen. Im Laufe der Verhandlung ist ferner die Frage wegen der Mühlen, Wasserableitungen u. s. w. zur Erörterung zu bringen, und die Art ihrer Erledigung durch Beschluß der Betheiligten festzustellen. Geeignetenfalls kann es sich empfehlen, nach dem Vorgange in dem untern 24. Februar 1879 Allerhöchst bestätigten Statut der Wiesengenossenschaft des Eschbachthals (Kreis Adenau im Regierungsbezirk Coblenz) die nachfolgende oder eine ähnliche Bestimmung in das Statut aufzunehmen: die Benutzung des p. p.-Bachs zu Zwecken der Bewässerung darf nur insoweit stattfinden, daß der Wasserbedarf der innerhalb des Meliorationsgebiets gelegenen Mühlen nach der Maßgabe des gegenwärtigen Besitzstandes nicht verkürzt wird. Zum Schluß hat die Wahl von Bevollmächtigten stattzufinden. Bei den letzten Abstimmungen entscheidet wiederum lediglich die nach dem Katastralreinertrag zu berechnende Mehrheit. Die Wahl von Bevollmächtigten hat den Zweck der Gesammtheit der Betheiligten oder, falls sich zwei Parteien (Zustimmende und Widersprechende) gegenüberstehen, jeder dieser Parteien in dem ferneren Verfahren eine Vertretung zu geben. Die Zahl der Bevollmächtigten bestimmt der Kommissar. Bevollmächtigte.

Das in den Anlagen enthaltene Protokoll über eine Abstimmungsverhandlung dürfte dem noch nicht erfahrenen Kommissar einen kleinen Anhalt für eine ordnungsmäßige Durchführung dieses Geschäftes geben können. In dem oben schon gedachten Schema eines Theilnehmerverzeichnisses ist für die wichtigste Abstimmung, nämlich diejenige über die Frage nach der Bildung der Genossenschaft überhaupt, unter der Rubrik: „Ergebniß der Abstimmung über die Genossenschaftsbildung“, so wie in der „Zusammenstellung der Abstimmungsergebnisse“ ein Vorbild zu einem ziffermäßigen Nachweis des Mehrheitsbeschlusses enthalten. Für die übrigen Abstimmungen genügt die Anl. 28.

Aufnahme des Gesammtergebnisses unter Angabe der beiden in Betracht kommenden Schlußzahlen in das Verhandlungsprotokoll.

Nachdem vom Kommissar nochmals die gesammten Akten und das Kartenmaterial einer sorgfältigen Prüfung unterzogen, insbesondere auch das Statut mit dem nach § 78 des Wassergenossenschaftsgesetzes erforderlichen Beglaubigungsvermerk versehen worden ist, sind die ersteren höheren Orts mit einem über den Gang der Vorverhandlungen orientirenden Berichte zur Vorlage zu bringen.

Anlage 1.

Schlesisches Vorfluths-Edict.[1])

Vom 20. December 1746.

Edict, wie es mit Räumung der Flüsse, Bäche, Graben, auch Anlegung der Wasser-Leitungen und Vor-Fluth in Schlesien und der Grafschafft Glatz gehalten werden soll.

Bisherige Verabsäumung die Flüsse, Bäche und Graben zu räumen.

Wir Friedrich — — Fügen hierdurch jedermänniglich zu wissen, daß Wir mißfällig wahrgenommen, wie in Unserm Souverainen Hertzogthum Schlesien und der Grafschafft Glatz auf die so nöthige Räumung der Flüsse und Bäche, und Ziehung auch Unterhaltung der Graben so wenig gehalten worden, oder doch die Räumung mit so wenigem Nutzen geschehen, daß der dadurch zu erreichende Entzweck nicht erhalten werden können.

Wenn Wir nun aus Landes-Väterlicher Vorsorge zu besserer Aufnahme des Landes, Bequemlichkeit der Commercirenden, auch Beförderung der Posten und andrer

---

[1]) Dieses Edict ist noch in soweit in Geltung, als es nicht durch spätere Gesetze, namentlich durch das Allgemeine Landrecht und das Vorfluthsgesetz vom 15. November 1811 aufgehoben worden ist. Es müssen daher insbesondere die Gräben, Bäche und Flüsse, sofern es die Polizeibehörde für erforderlich erachtet, von den Grundbesitzern, über deren Grunde sie gehen, geräumt werden. Der § 9 dieses Edicts ist durch § 10 des oben genannten Vorfluthsgesetzes aufgehoben worden. — Vergl. Anl. 2 und 6.

Reisenden nöthig finden, durch dieses öffentliche Edict gewisse Maaß-Regeln hierunter vorzuschreiben; Als setzen, ordnen und befehlen Wir kraft dieses

Alle Moräste, Brüche, sollen Uhrbar gemacht werden.

1. Daß in Unserm Souverainen Hertzogthum Schlesien und der Grafschafft Glatz alle Löcher, Moraste, Bachen, Brüche und Niedrigungen, es mögen dieselben zu Unsern Aemtern und Domainen immediate, oder denen Güthern Unserer Vasallen, Städte und Unterthanen gehören, wo das Wasser zum Verderb des Ackerbaues, der Wiesen, Hütungen und davon abhangenden Viehzucht, stehen bleibet, und nicht abfliessen kan, auf die bestmöglichste Weise nutz und uhrbar gemacht werden sollen.

Vermittelst tüchtiger Wasser-Leitungen und Graben.

2. Wie aber dieses nicht anders geschehen kan, als durch tüchtige Wasser-Leitungen und Graben, also sollen auch zu Ausführung dergleichen Werke erfahrene Ingenieurs, oder wenigstens verständige Teich-Gräber, gebraucht werden, und wenn es die Importantz der Sache erfordert, Unsere Schlesische Krieges- und Domainen-Cammern einem oder Zwey das Wercks verständigen aus ihren Mitteln die Untersuchung und Regulirung der anzulegenden Wasser-Leitungen committiren, welchen, wenn es nöthig, auch jemand von Seiten Unsers Forst-Amtes zugegeben werden soll. Immassen denn

Die alten Graben 2c. sind aufzuräumen,

3. Zu Erhaltung dieses Entzwecks nicht allein alle und jede bereits befindliche nützliche alte Graben, Wasser-Leitungen, Bäche und Flüsse tüchtig aufgeräumet, von Holtz, Rohr, Kraut, Laub, Schlamm und dergleichen gereiniget, sondern auch

und wo es nöthig, neue zu verfertigen.

4. Wo es nöthig gefunden wird, neue Graben angefertiget werden sollen, damit das Wasser solchergestalt in die Ströhme zu Beförderung des Mahl-Wercks seinen Abfluß haben, die vorhin überschwemmte Gründe aber zu nutzbaren Ländereyen, Wiesen und Hütungen gemacht werden mögen. Zu welchem Ende

Was die unterwerts liegende Grund-Herrschafften und Unterthanen hierbey zu beobachten haben.

5. Alle unterwerts liegende Grund-Herrschafften und deren Unterthanen schuldig sind, dem oberwerts liegenden, wenn das Wasser von desselben Grund und Boden anders nicht abzuleiten ist, nach einer vorhergegangenen von Unserer Cammer veranlaßten Untersuchung und Beurtheilung, ob dem Publico und denen oberwerts belegenen ein mehrerer uud grösserem Nutzen, als den unterwerts belegenen Schaden dadurch zuwachse, entweder durch Oeffnung und Räumung der alten, oder auch Anlegung und Ziehung neuer Graben, welche so viel möglich, ohne Ansehung des Bodens in gerader Linie zu machen sind, falls es kein Grentz-Graben ist, welcher nicht verändert werden kan, die Vorfluth zu machen, und wenn der unterwerts liegende gleich davon keinen sonderlichen Nutzen hat, seinen Nachbarn solchergestalt vom übrigen Wasser zu befreyen.

Wie die Inundationes der Gründe durch Auffspannung der Mühlen-Wässer zu verhüten.

6. Wo die Gründe durch Auffspannung der Mühlen-Wässer inundiret werden, und das Wasser solchergestalt in seinem Abfluß gehemmet werden muß, sind die Eigenthümer derer Mühlen, wenn letztere beybehalten werden wollen, verbunden, den Fluß oder Mühlen-Bach, soweit selbiger ein-

gespannet wird, auch dem Befinden nach 100. und mehr Ruthen lang höher auf beyden Seiten in Dämme einzuschliessen, und binnenwerts der Dämme, wie es die Situation und die Umstände erheischen, einen Haupt- auch kleine Neben-Grabens anzulegen, welche Grabens 15. bis 20. Ruthen vom Haupt-Damm, wenn es aber nur ein Neben-Damm ist, wenigstens 10. Ruthen davon zu ziehen sind, damit solchergestalt durch die Dämme das Austreten des Wassers auf die anstossende Gegenden verhindert, und durch die Binnen-Grabens das Grund- und Quell-Wasser bis unter die Mühlen-Gefälle abgeleitet werde.

Wie breit und tief die Graben anzulegen.

7. Ueberhaupt sind alle Graben so breit und tief, als eines jeden Orts Situation und die Quantität des dadurch abzuführenden Wassers es erfordert, anzulegen; Regulariter aber soll ein Haupt-Graben 12. Fuß Rheinländisch breit, ein Wasser-Leitungs-Graben 4. Fuß, ein ordinairer Wasser-Graben 6. Fuß, und ein gemeiner Feld-Graben 4. Fuß breit, in der Tieffe aber jederzeit nach der Höhe des Terrains, so daß das Wasser seinen Abfluß haben kan, gemacht, und die beyden Seiten der Graben so doßiret werden, daß nach der Tieffe des Grabens auf jeden Fuß Tieffe zu beyden Seiten wenigstens 1/2 Fuß Doßirung gegeben werde, nemlich wenn ein Graben 1. Fuß tieffer wird, muß er oben 1. Fuß breiter als unten im Boden, wenn er 2. Fuß tieff ist, oben 2. Fuß breiter als unten im Boden, und so weiter seyn, die aus denen Grabens ausgeworffene Erde muß 3. Fuß vom Ufer der Graben ausgeworffen und planiret werden, damit solche nicht vom Regen oder vom Vieh wieder in dem Graben abschiessen oder getreten werden könne; Zu dem Ende auch und zu Erhaltung der Communication derer Dörffer und Vieh-Trifften, wo es nöthig, Brücken über die Graben zu legen und zu unterhalten sind. Auf denen Borden oder Ufern derer Flüsse, und bereits gemachten Haupt-Graben, soll

das befindliche Holz oder Strauch, als durch dessen abfallendes Laub und einhangende Aeste der Abfluß des Wassers gehemmet wird, und zwar bey denen Flüssen 6. und bey denen Haupt-Graben 3. Ellen weit, so viel möglich nach und nach davon weggehauen, ausgerottet und fortgeschafft, bey denen neu zu machenden Graben aber keine Bäume als nach obiger Distantz von denen Ufern angesetzt werden.

Wie die Vorfluth am füglichsten und nützlichsten zu machen.

8. Damit auch von der oberwerts liegenden Grund-Herrschafft oder Gemeinde von ihren unterwerts liegenden Nachbarn die Verschaffung der Vorfluth gesucht wird, letztere nicht übereilet, erstere auch nicht zur Ungebühr aufgehalten werde; So ordnen und befehlen Wir, daß derjenige, so die Vorfluth verlangt, solches seinen Nachbarn 6. Monathe vorher anzeigen, und ihn um Räumung der alten, oder Ziehung neuer Graben requiriren, und der unterwerts liegende binnen solcher Zeit das nöthige zu Verschaffung der Vorfluth zu veranstalten verbunden seyn solle. Im Fall aber die Interessenten nicht einig werden können, wo und wie solches am füglichsten zu bewerckstelligen, so sollen Unsere Cammern es untersuchen und anweisen lassen, wie die Vorfluth am füglichsten und nützlichsten zu machen sey.

Wie oft die Graben zu räumen. — Solches soll durch eiserne Schlot-Hacken geschehen.

9. Wenn nun solchergestalt die Graben und Bäche in Stand gesetzt werden, so müssen selbige jährlich und zwar die Haupt-Graben zweymahl als im May und October, die andern aber wenigstens einmahl von allem eingefallenen Laub, aufgewachsenen Grase, Rohr, Schilf, und Wurtzeln aus dem Grunde gereiniget und geräumet werden, anderer Gestalt die Graben-Arbeit nicht anders als von gar kurtzem Nutzen seyn kan, falls sich nun bei

der vorzunehmenden Visitation finden solte, daß die Graben nicht nach dieser Vorschrift geräumet worden; So haben diejenigen, denen solches obgelegen, zu gewärtigen, daß die Räumung sogleich durch Verding mit Fremden gemacht, und die Kosten von ihnen beygetrieben werden. Zu Erspahrung der Kosten und Mühe bey sothanen Räumungen des Grabens haben Unsere rc. Cammern so genannte eiserne Schlot-Hacken machen lassen, mit welchen ein Mensch täglich 20. 30. und mehr Ruthen graben vom Unkraut und Schlamm reinigen kan; Dieser Art Schlot-Hacken können Unsere Vasallen und Gemeinden gleichfalls zu obigem Behuf sich bedienen, und sind die Proben davon bey Unsern rc. Cammern zu befinden, auch die zu dergleichen Arbeit bei denen Cammern bestellte Ingenieurs beordert, gegen Erlegung des Werthes die erforderten Proben machen zu lassen. Und wie Wir

Diese Einrichtung hat die Verbesserung der Landes-Wirthschafft zum Endzweck. Die Säumigen ersetzen den Schaden.

10. Bey dieser Verordnung Unser einziges Augenmerck auf die allgemeine Verbesserung der Landes-Wirthschafft und Aufnahme des gemeinen Bestens gerichtet seyn lassen; So befehlen Wir annoch ausser demjenigen, was im vorigen §.§. festgesetzet, daß diejenigen, so in Räumung derer alten Ziehung derer nöthigen neuen Graben und Unterhaltung derselben sich säumig bezeiget, und durch Zuschlämmung und Verstopfung der Graben, denen benachbarten in ihren Fundis Schaden zugefüget haben, nach vorheriger Erkänntniß von Unserer rc. Cammer solchen zu ersetzen gehalten seyn sollen.

Das Verzäunen der Graben wird bei Strafe verbothen.

11. Ferner müssen die Fischer sich nicht unterstehen, wie bisher vielfältig geschehen, das Wasser in denen

Graben zu verzäunen, oder mit Holtz abzusetzen, und dadurch in seinem Abfluß aufzuhalten; Widrigenfalls dieselben im ersten Contraventions-Fall mit 5. Rthlr., im zweyten mit 10. Rthlr. und fortwährenden Ungehorsam mit empfindlicher Leibes-Strafe belegt werden sollen.

Die Königl. Bau-Meister sollen gegen Diäten bey dieser Arbeit aßistiren.

12. Zu Facilitirung der Räumungen und Vermeidung der Beschwerden über zu grossen Unkosten, befehlen Wir, daß wenn einer oder der andere Unserer Schlesischen Vasallen oder Unterthanen um die Räumung mit Nutzen anzufangen, bei Unsern Cammern deßhalb Ansuchung thut, demselben dazu ein geschickter Bau-Meister, Ingenieur, oder Teichgräber accordiret werden solle, welcher in Beyseyn der Grund-Herrschafft und anderer benachbarter Interessenten die röthige Anweisung geben soll, wie die Räumung oder Ziehung der Gräben oder Dämme mit Nutzen und möglichster Menage anzulegen und auszuführen sey, welchen Bau-Verständigen der Eigenthümer ein mehreres nicht zu bezahlen hat, als Wir in dergleichen Fällen bey Unsern Aemtern an Diäten bezahlen lassen.

Wir befehlen Unsern Schlesischen Landes-Collegiis, Land-Räthen und sämmtlichen Vasallen, und Magisträten und Unterthanen so gnädig als ernstlich über diese Unsere Verordnung genau zu halten und derselben in allen Stücken zu ihren eigenen und allgemeinen Besten nachzuleben. Und damit solche zu Jedermanns Wissenschaft komme, soll dieses Edict, wie gebräuchlich, publiciret und überall öffentlich angeschlagen werden.

Anlage 2.

Allgemeines Landrecht. [1] [2]

Th. I, Tit. 8.

Einschränkungen des Eigenthümers bei Gräben und Wasserleitungen.

§ 96.

Wasserleitungen und andere Wasserbaue an öffentlichen Orten und Flüssen müssen unter Aufsicht der Landespolizei geführt werden.

§ 97.

Besonders darf Niemand an öffentlichen Flüssen, wenngleich auf seinem Eigenthume, Schleußen, Wehre, Dämme und Brücken anlegen oder ändern, ohne daß zuvor die Nachbarn vernommen, und die Einwilligung des Staats beigebracht worden.

§ 98.

Die übrigen Einschränkungen der Rechte des Eigenthümers, in Rücksicht der öffentlichen Ströme, Hafen und Meeresufer, sind in dem Titel von den Regalien des Staats bestimmt.

§ 99.

Auch in den Privatflüssen darf, zum Nachtheile der Nachbarn und Uferbewohner, durch Hemmung des Ablaufs derselben nichts unternommen oder verändert werden.

---

[1]) Das Allgemeine Landrecht gilt in allen hier in Betracht kommenden Landestheilen, ausgenommen Neu-Vorpommern und Rügen, sowie die Rheinprovinz, und bezüglich der letzteren wiederum mit Ausnahme der Landkreise Essen, Rees und Mühlheim a. d. Ruhr, sowie der Stadtkreise Essen und Duisburg.

[2]) Vergl. Anl. 20.

§ 100.

Vielmehr ist der Regel nach ein Jeder die über sein Eigenthum gehenden Gräben und Canäle, wodurch das Wasser seinen ordentlichen und gewöhnlichen Ablauf hat, zu unterhalten verbunden.

§ 101.

Sind es Scheidegräben, so muß in der Regel die Unterhaltung von den beiderseitigen Nachbarn bis zur Mitte des Grabens geschehen.

Einschränkungen des Eigenthums zum Besten des Nachbarn, in Ansehung der Vorfluth.

§ 102.

Gegen das außerhalb der ordentlichen Canäle und Gräben wild ablaufende Wasser ist ein jeder Eigenthümer seine Grundstücke zu decken wohl befugt.

§ 103.

Kann jedoch der oberhalb liegende Besitzer dergleichen Wasser durch die auf seinem Grunde und Boden zu machenden Veranstaltungen nicht abführen: so ist der unterhalb liegende Nachbar selbiges anzunehmen, und also dem obern die Vorfluth zu gestatten, verbunden.

§ 104.

Die unterhalb liegenden Besitzer sind aber dazu nicht verpflichtet, sobald es einem unter ihnen durch natürliche Hindernisse unmöglich wird, das solchergestalt anzunehmende Wasser weiter abzuleiten.

§ 105.

Doch kann auch in diesem Falle der Staat die unterhalb liegenden Nachbarn zur Gestattung der Vorfluth anhalten, wenn die Vortheile des oberhalb gelegenen Besitzers den Schaden der untern beträchtlich überwiegen, und Ersterer den Letzteren diesen ganzen Schaden vollständig zu vergüten bereit und vermögend ist.

§ 106.

Ist zur Verschaffung der Vorfluth die Ziehung eines neuen Grabens nothwendig, so müssen diejenigen, welche Nutzen davon haben, nach Verhältniß desselben zu den Kosten gemeinschaftlich beitragen.

§ 107.

Hat der, auf dessen Grund und Boden der Graben gezogen wird, davon keinen Vortheil, so ist er zur Anlegung so wenig als zur Unterhaltung desselben, etwas beizutragen verbunden.

§ 108.

Vielmehr muß ihm der dadurch erlittene Schade, mit Inbegriff der durch Ziehung des neuen Grabens verloren gehenden Erdfläche, nach der Würdigung vereideter Sachverständigen ersetzt werden.

§ 109.

Auch die neuen Brücken, welche über dergleichen Graben angelegt und unterhalten werden müssen, fallen denjenigen zur Last, zu deren Besten der Graben gezogen worden.

§ 110.

Doch muß der Eigenthümer, wenn er auch zur Mitunterhaltung des Grabens oder der Brücken nicht selbst verpflichtet ist, die daran sich ereignenden Beschädigungen, sobald er sie wahrnimmt, den Interessenten anzeigen.

§ 111.

Wenn nach geschehener Anzeige die Interessenten die erforderliche Reparatur nicht zeitig genug besorgen können oder wollen, so ist der Eigenthümer dieselbe, zur Abwendung des für ihn zu besorgenden Schadens, auf ihre Kosten zu veranstalten wohl befugt.

§ 112.

Dagegen soll aber auch der Eigenthümer, welcher dergleichen Graben oder Brücken, durch sich selbst oder durch die Seinigen, vorsätzlich oder aus grober Unvorsichtigkeit beschädigt, nicht nur zum vollständigen Schadensersatz angehalten, sondern auch doppelt so strenge, als ein Fremder bestraft werden.

§ 113.

Ist zur Verschaffung der Vorfluth nicht die Ziehung eines neuen, sondern nur die Verbreitung oder Vertiefung eines schon vorhandenen Grabens erforderlich, so finden wegen der Kosten dieser Anlage die §§ 106—109 gegebenen Vorschriften Anwendung.

§ 114.

Die Unterhaltung des verbreiteten Grabens aber liegt demjenigen ob, welcher den alten Graben zu unterhalten hatte.

§ 115.

Doch muß bei Bestimmung der nach § 108 dem Eigenthümer zu leistenden Entschädigung, auch auf die mehreren ihm in der Folge zur Last fallenden Unterhaltungskosten billige Rücksicht genommen werden.

§ 116.

Was von der Verbreitung eines Grabens verordnet ist, gilt auch von der Verlängerung der darüber gelegten Brücken.

§ 117.

Zur Ableitung der Teiche oder stehenden Seen ist

Niemand die Ziehung neuer Gräben über sein Eigenthum wider seinen Willen zu gestatten verpflichtet. [1])

Th. II, Tit. 15.

Von Strömen, Hafen und Meeresufern.

Begriff.

§ 38.

Die Nutzungen solcher Ströme, die von Natur schiffbar sind, gehören zu den Regalien des Staats.

§ 39.

Privatflüsse können, zum Nachtheil der bisherigen Eigenthümer, in schiffbare Ströme nicht verwandelt werden.

§ 40.

Findet der Staat die Schiffbarmachung eines Privatflusses dem gemeinen Besten zuträglich: so muß er den bisherigen Eigenthümern, für die dadurch verlorenen Nutzungen und vermehrten Lasten, vollständige Schadloshaltung anweisen.

§ 41.

Uebrigens gehen durch die Schiffbarmachung eines Privatflusses die Eigenthumsrechte, so weit dieselben mit der nunmehrigen Bestimmung des Flusses bestehen können, noch nicht verloren.

§ 42.

Der Staat kann zwar den Eigenthümer eines auch nicht schiffbaren Privatflusses nöthigen, den Gebrauch desselben zum Holzflößen zu gestatten.

---

[1]) Die obigen Vorschriften sind durch das Vorfluthsgesetz vom 15. November 1811 — Anl. 6 — im Allgemeinen nicht aufgehoben, sondern noch insoweit in Geltung verblieben, als sie mit demselben vereinbar, und durch dieses oder durch andere spätere Gesetze nicht ausdrücklich abgeändert worden sind.

§ 43.

Er muß aber auch für die vollständige Entschädigung eines solchen Eigenthümers sorgen.

Wasserleitungen.

§ 46.

Wasserleitungen dürfen aus öffentlichen Strömen, ohne besondere Erlaubniß des Staats, nicht geführt, noch Wasch- oder Badehäuser daran, ohne dergleichen Erlaubniß, angelegt werden.

Brücken.

§ 54.

Brücken über Privatflüsse, welche bloß, oder doch hauptsächlich, zum Uebergange der Reisenden bestimmt sind, müssen von denjenigen, welchen die Besserung des Weges obliegt, unterhalten werden.

Mühlen an Privatflüssen und Windmühlen.

§ 233.

Mühlen an Privatflüssen, ingleichen Windmühlen, mag zwar in Provinzen, wo nicht das Gegentheil durch besondere Gesetze oder Verfassungen bestimmt ist, jeder Eigenthümer auf seinem Grunde und Boden anlegen.

§ 234.

Er ist aber dazu nur in so fern berechtigt, als es ohne Schmälerung der Befugnisse eines Dritten geschehen kann.

Was Rechtens sei, bei Anlegung neuer oder Veränderung alter Mühlen.

§ 235.

Es muß daher jeder Mühlenberechtigte ohne Unterschied, welcher eine neue Mühle bauen; oder eine eingegangene wieder herstellen; oder sie an einen anderen Ort verlegen; oder in eine andere Gattung verwandeln; oder mit mehreren Gängen versehen will, sich bei der Landespolizei-Instanz melden, derselben den Plan der beabsichtigten Einrichtung anzeigen, und die weitere Anweisung derselben erwarten.

§ 236.

Die Landespolizei-Instanz muß, ehe sie die Approbation ertheilt, die benachbarten Mühlenberechtigten und Andere, welchen durch den neuen Bau oder durch die Abänderung Schaden erwachsen könnte, darüber vernehmen.

§ 238.

Auch ist ein neuer Mühlenbau in so fern unzulässig, als dadurch den schon vorhandenen Mühlen das zu ihrem Betriebe erforderliche Wasser entzogen, oder selbiges zu ihrem Nachtheil zurückgestaut wird.

§ 239.

Wer aus einem dieser gesetzmäßigen Gründe einem neuen Mühlenbaue widerspricht, dem soll Gehör darüber, im ordentlichen Wege Rechtens, verstattet werden.

Polizeigesetze in Mühlensachen.

§ 243.

Erhöhungen des Fachbaumes, und Veränderungen des Sicherpfahls können nicht anders, als unter Aufsicht der Landespolizei, mit Zuziehung der benachbarten Interessenten, und nur so weit es diesen unschädlich ist, vorgenommen werden.

§ 244.

Dagegen sind bewegliche Aufsätze auf dem Fachbaum bei kleinem Wasser so lange erlaubt, als den ober- oder unterhalb liegenden Nachbarn, sowohl Müllern als Grundbesitzern, daraus kein Nachtheil entsteht.

§ 246.

Einer schon vorhandenen Mühle darf ein Nachbar, durch dessen Grundstücke das zu ihrem Betriebe nöthige Wasser fließt, dasselbe nicht entziehen. (Th. I, Tit. 22, § 3.)

Anlage 3.

Rheinisches Ruralgesetz.[1] [2]

Vom 28. September — 6. Oktober 1791.

II. Tit. Von der Feldpolizei.

Art. 15. Niemand kann das Gut seines Nachbarn überschwemmen, noch ihm das Wasser freierdings auf eine schädliche Art zuleiten (transmettre), bei Strafe der Ersetzung des Schadens, und einer Geldbuße, so nicht höher als der Werth der Entschädigung sein kann.

Art. 16. Die Eigenthümer und Pächter der gebauten oder zu bauenden Mühlen und Werke, sollen für allen Schaden zu stehen haben, so das Wasser den Straßen oder benachbarten Gütern, durch die übermäßige Erhöhung des Wehrs (déversoir), oder auf eine andere Weise verursachen könnte. Sie sollen verbunden sein, das Wasser in einer gewissen Höhe zu halten, die Niemand schaden möge, und welche von dem Departements-Direktorium,

---

[1]) Dieses Gesetz gilt in der ganzen Rheinprovinz mit Ausnahme der Kreise Neuwied und Wetzlar, des östlich vom Rhein gelegenen Theils des Kreises Coblenz, des links der Sieg gelegenen Theils des Kreises Altenkirchen, ferner der Landkreise Essen, Rees und Mülheim a. d. Ruhr, sowie der Stadtkreise Essen und Duisburg.

[2]) Vergl. Anl. 20.

auf das Gutachten des Distrikts, anzugeben ist. Im Fall darwider gehandelt würde, so soll die Strafe von so viel sein, als sich die Entschädigung belaufen wird.

Art. 17. Es ist Jedermann verboten, die Gräben auszufüllen — —.

Anlage 4.

Loi relative au curage des canaux et rivières non navigables et à l'entretien des digues qui y correspondent,[1]) 14 flor. XI (4. Mai 1803. v. Dan. IV. 464.).

Art. Ier. Il sera pourvu au curage des canaux et rivières non navigables, et à l'entretien des digues et ouvrages d'art qui y correspondent, de la manière prescrite par les anciens réglemens, ou d'après les usages locaux.

II. Lorsque l'application des réglemens ou l'exécution du mode consacré par l'usage éprouvera des difficultés, ou lorsque des changemens survenus exigeront des dispositions nouvelles, il y sera pourvu par le Gouvernement dans un réglement d'administration publique, rendu sur la proposition du préfet du département, de manière que la quotité de la contribution de chaque imposé soit toujours relative au degré d'intérêt qu'il aura aux travaux qui devront s'effectuer.

III. Les rôles de répartition des sommes nécessaires au paiement des travaux d'entretien, réparation ou reconstruction, seront dressés sous la surveillance du préfet, rendus exécutoires par lui, et le recouvrement s'en opérera de la même manière que celui des contributions publiques.

---

[1]) Wegen des Geltungsgebietes dieses Gesetzes ist das in Anm. 1 Anl. 3 Gesagte maßgebend.

4. Toutes les contestations relatives au recouvrement de ces rôles, aux réclamations des individus imposés et à la confection des travaux, seront portées devant le conseil de préfecture, sauf le recours au Gouvernement, qui décidera en conseil d'état.

Anlage 5.

Bürgerliches Gesetzbuch.[1]

(Code Napoléon.)

§ 538.

Die Wege, Heerstraßen und Straßen, welche der Staat unterhält, die Ströme und Flüsse, welche schiffbar oder flößbar sind, die Ufer und Seeküsten, dasjenige, was das Meer angeschwemmt oder verlassen hat, die Häfen, Buchten und Rheden, und überhaupt alle Theile des Staatsgebietes, welche nicht Privateigenthum sein können, werden als zum Staatseigenthum gehörig betrachtet.

§ 556.

Anschwemmungen und Vergrößerungen, die sich nach und nach und unmerklich an Grundstücken bilden, welche an einem Strome oder Flusse angrenzen, heißen: Alluvion. — Diese Alluvion gereicht dem angrenzenden Eigenthümer zum Vortheile, es mag nun der Fluß oder Strom schiffbar oder flößbar sein oder nicht, unter der Verpflichtung, in dem ersten Falle, einen Fußsteig oder Leinpfad, den Verordnungen gemäß, frei zu lassen.

§ 640.

Die tiefer liegenden Grundstücke müssen von den höher liegenden das Wasser aufnehmen, welches nach seinem

[1]) Wegen des Geltungsgebietes dieses Gesetzes ist das in Anm. 1 Anl. 3 Gesagte maßgebend.

natürlichen Laufe, und ohne daß Menschenhände etwas dazu beitragen, davon abfließt. — Der Eigenthümer des unterhalb liegenden Grundstückes darf keinen Damm aufwerfen, der diesen Abfluß verhindert. — Der Eigenthümer des oberhalb liegenden Grundstückes darf nichts unternehmen, was die Servitut des unterhalb liegenden Grundstückes erschwert.

§ 641.

Wer eine Quelle auf seinem Grundstücke hat, kann sich derselben nach Willkür bedienen, vorbehaltlich des Rechtes, welches der Eigenthümer des unterhalb liegenden Grundstückes durch einen Titel oder durch Verjährung etwa erworben hat.

§ 642.

Die Verjährung wird in diesem Falle nur begründet durch einen dreißigjährigen ununterbrochenen Besitz, von dem Zeitpunkte an gerechnet, wo der Eigenthümer des unterhalb liegenden Grundstückes ins Auge fallende Anlagen gemacht und vollendet hat, die dazu bestimmt sind, den Fall und Lauf des Wassers auf sein Eigenthum zu erleichtern.

§ 643.

Der Eigenthümer der Quelle darf den Lauf derselben nicht verändern, wenn sie den Einwohnern einer Gemeinde, eines Dorfes oder eines Weilers das ihnen nöthige Wasser verschafft; haben indessen die Einwohner den Gebrauch derselben nicht erworben oder verjährt, so kann der Eigenthümer eine Entschädigung verlangen, welche durch Sachverständige bestimmt wird.

§ 644.

Derjenige, dessen Eigenthum an einem fließenden Wasser liegt, welches nicht in dem Art. 538 in dem Titel: von der Eintheilung der Sachen, als zu dem Staatseigenthum gehörig erklärt ist, kann sich desselben, da, wo es vorbei fließt, zur Bewässerung seiner Grundstücke bedienen. — Derjenige, über dessen Grundstück dieses Wasser fließt, kann sich sogar desselben in dem Zwischenraume, den es daselbst durchläuft, bedienen, jedoch unter der Verpflichtung, es da, wo es sein Grundstück verläßt, seinem gewöhnlichen Laufe wieder zu überlassen.

Anlage 6.

Gesetz wegen des Wasserstaues bei Mühlen, und Verschaffung von Vorfluth (Vorfluthgesetz).[1] [2]

Vom 15ten November 1811.

G.S. 1811. S. 352.

Wir Friedrich Wilhelm — —

Thun kund und fügen hiermit zu wissen: Die Nachtheile, welche durch das Anstauen des Wassers bei den Mühlen, und das zeitige Verfahren bei Anordnung der Vorfluth für die Landschaft entstehen, veranlassen Uns folgende nähere Bestimmungen darüber zu erlassen.

§ 1.

Bei den Mühlen, oder andern durch Wehre oder Schleusen veranlaßten Störungen, wo der Wasserstand noch nicht durch einen unter polizeilicher Aufsicht gesetzten Merkpfahl bestimmt ist, muß jeder Besitzer derselben sich die Setzung eines Merkpfahls auf Antrag und Kosten derer, die dabei interessirt sind, gefallen lassen.

---

[1] Das Geltungsgebiet dieses Gesetzes fällt mit demjenigen des Allgem. Landrechts — Anl. 2 — zusammen. Für Schlesien ist zu bemerken, daß die besonderen Vorschriften des Schlesischen Vorfluths-Edicts vom 20. Dezember 1746 — Anl. 1 — vorgehen.

[2] Vergl. Anl. 20.

§ 2.

Diese Setzung kann nur durch sachverständige Commissarien der Provinzialpolizeibehörden unter Zuziehung des Gerichts, welchem die Mühle unterworfen ist, vollzogen werden.

§ 3.

An dem Merkpfahle muß sowohl der im Sommer, als der im Winter zulässige höchste Wasserstand ganz deutlich kennbar bezeichnet, auch die Höhe davon mit dem Fachbaum der Mahl- und Freischleuse, und mit einem nahe gelegenen unverrückbaren Gegenstande durch Nivellement verglichen, und zu Protokoll verschrieben werden. Im umgekehrten Falle, wenn ein Müller die Verpflichtung hat, zur Erhaltung der Schiffbarkeit eines Gewässers, das Oberwasser seiner Mühle auf einer bestimmten Höhe zu erhalten, soll in Absicht der Setzung der Merkpfähle für den niedrigsten zulässigen Wasserstand auf eine ähnliche Weise verfahren werden.

§ 4.

Ist die Höhe des Wasserstandes durch rechtskräftige Urtheile oder nach dem Einverständnisse aller Interessenten auf eine andere Art deutlich bestimmt, so hat es dabei sein Bewenden, und müssen die Commissarien den Merkpfahl danach setzen.

§ 5.

Sind aber die Interessenten darüber uneinig, ob die Höhe des Wasserstandes durch gültige Verträge, Verleihungen oder rechtverjährten Besitz bestimmt sey, so muß die Sache zur gerichtlichen Erörterung verwiesen, das Verfahren jedoch nach Anleitung der allgemeinen Gerichtsordnung Th. I. Tit. 42. §. 35. ꝛc. vorzüglich beschleunigt werden.[1]) Findet es sich hiebei, daß keine

[1]) Vergl. § 67, Abs. 2 Z.G. — Anl. 20.

klaren Bestimmungen des Wasserstandes vorgelegt werden können; so setzen die Commissarien denselben dergestalt fest, daß dabei das gegenseitige Interesse der Bodenkultur und des Müllers oder sonstigen Stauberechtigten möglichst vereinigt werde, und gegen eine Festsetzung auf diesem Grunde finden keine Beschwerden bei den Gerichten, sondern Rekurs an die oberen Polizeibehörden statt.

§ 6.

Der Provinzialpolizeibehörde bleibt jedoch unbenommen, während der Dauer der erwähnten gerichtlichen Erörterung interimistisch einen Wasserstand festsetzen zu lassen, welchen der Müller oder sonstige Stauberechtigte so lange halten muß, bis ein anderes durch die definitive Entscheidung festgesetzt ist.

§ 7.

Von welchem Tage ab und bis zu welchem Tage hin, blos der niedrigere Sommerwasserstand gehalten werden darf, bestimmen zunächst Verträge und rechtliche Erkenntnisse, wenn diese vorhanden sind, nächst diesen die Provinzialgesetze. Ist keine solche Bestimmung vorhanden, so liegt den Commissarien ob, von wann ab und bis wohin nur der Sommerwasserstand gehalten werden dürfe, nach den örtlichen Verhältnissen festzusetzen. Auf jeden Fall muß in dem über die Verhandlung aufzunehmenden Protokolle ausdrücklich vermerkt seyn, von wann ab und bis wohin der Sommerwasserstand gehalten werden soll.

§ 8.

Kein Besitzer von Mühlen oder andern Stauungsanlagen darf den Wasserstand über die durch den Merkpfahl festgesetzte Höhe aufstauen. Sobald das Wasser über diese Höhe wächst, muß er durch Oeffnung der Schleusen, Gerinne und Grundstöcke, Abnehmung der beweglichen Aufsätze auf den Fachbäumen oder Ueberfällen, überhaupt Wegräumung aller blos zeitlichen

Hindernisse den Abfluß desselben unentgeltlich sogleich und unausgesetzt so lange befördern, bis das Wasser wieder auf die, durch den Merkpfahl bestimmte Höhe herabgefallen ist.

§ 9.

Versäumt er dies, so ist nicht allein die örtliche Polizeibehörde verpflichtet, auf Antrag der Interessenten, die vorerwähnte Oeffnung, Abnehmung und Wegräumung auf Gefahr und Kosten des Mühlenbesitzers ohne Anstand vornehmen zu lassen, sondern er hat auch in jedem Falle, außer dem Ersatze alles durch die widerrechtliche Stauung verursachten Schadens, zwanzig bis funfzig Thaler Polizeistrafe verwirkt.

§ 10.

Wem die Unterhaltung eines Grabens oder Wasserabzuges obliegt, der kann zu dessen Auskrautung oder Räumung polizeilich angehalten werden, sobald aus der Vernachlässigung derselben, oder aus Mangel an der erforderlichen Tiefe, Nachtheil für die Besitzer anderer Grundstücke oder nutzbarer Anlagen, oder auch für die Gesundheit der Anwohner entstehet. Die Bestimmung, wann und wie die Auskrautung oder Räumung bewirkt werden soll, gehört blos zur Cognition der Polizeibehörden, und jeder Unterhaltungspflichtige muß sich derselben unbedingt unterwerfen.

§ 11.

Die Mühlenbesitzer und alle, welche sonst den Abfluß eines Gewässers anzuhalten berechtigt sind, sollen verpflichtet seyn, den freien Lauf desselben, nach Bestimmung der Provinzialpolizeibehörde, ganz oder zum Theil wieder herzustellen, sobald daraus ein offenbar überwiegender Vortheil für die Bodenkultur oder Schifffahrt entsteht und diejenigen, welche für ihre Kultur- oder Schiffahrtsanlagen des Wasserabflusses bedürfen, ihnen eine vollständige Entschädigung herzugeben bereit und vermögend sind.

§ 12.

Diese Verpflichtung kann selbst bis auf gänzliche Wegräumung von Wassermühlen ausgedehnt werden, sobald nach polizeilichem Ermessen der Zweck anders nicht zu erreichen ist, der Müller aber vollständig entschädigt, auch der Gegend Ersatz für ihr Interesse bei Erhaltung der Mühle geleistet werden kann.

§ 13.

Auch da, wo keine künstlichen Hindernisse des Abflusses vorhanden sind, kann jeder Grundbesitzer verlangen, daß ihm Abwässerungsgraben durch fremden Boden zu ziehen gestattet werde, sobald die vorerwähnten Bedingungen statt finden.

§ 14.

Selbst zu Ablassung von Teichen und stehenden Seen, kann unter gedachten Bedingungen (§. 11.) die Gestattung der Vorfluth erfordert werden, und wird in so weit eine Ausnahme von dem entgegenstehenden Gesetz, Allg. Landrecht Th. I. Tit. 8. §. 117. nachgegeben.

§ 15.

Besitzer von Grundstücken, welche sich des auf ihren Ländereien stehenden Wassers entledigen wollen, und deshalb nicht gütlich mit den zur Stauung Berechtigten oder andern Grundbesitzern einigen können, müssen von ihrem Vorhaben der Provinzialpolizeibehörde Anzeige machen, nachweisen, welchen Vortheil sie von dem Ablassen des Wassers erwarten, und darthun, daß sie bereite Mittel haben, die wahrscheinliche Entschädigung ohne Verzug zu bezahlen.

§ 16.

Auf diesen Antrag wird sogleich eine Lokaluntersuchung durch sachkundige Commissarien verfügt, welche ausmitteln:

a) wodurch der Zweck des Grundbesitzers am leichtesten erreicht werden könne?
b) ob durch die beabsichtigte Entwässerung nicht andere Grundbesitzer leiden, oder ein Nachtheil davon für die Schiffahrt oder öffentlichen Anlagen zu besorgen sey?

§ 17.

Die letztere Untersuchung muß auch für den Fall statt finden, wenn beide Theile über die Ablassung gütlich einverstanden sind.

§ 18.

Auf den Grund dieser Untersuchung bestimmt die Provinzialpolizeibehörde, ob die Ablassung des Wassers überhaupt statt finden könne, und unter welchen Modalitäten sie ausgeführt werden müsse.

§ 19.

Wollen die Interessenten sich dieser Bestimmung nicht unterwerfen, so findet dagegen keine gerichtliche Klage, sondern nur Berufung auf die höhere Polizeibehörde statt.

§ 20.

Jedoch kann über den Umfang der Rechte, welche jede Parthei zur Ausgleichung bringt, durch diesen polizeilichen Entwässerungsplan niemals etwas bestimmt werden, sondern es muß, wenn der Wasserstand streitig ist, derselbe nach §§. 1. bis 5. festgesetzt, jede andere streitige Befugniß aber zur richterlichen Entscheidung verwiesen werden.

§ 21.

Wird die Ausführung des Entwässerungsplans genehmigt; so wird durch schiedsrichterliches Ermessen sowohl der Betrag der Entschädigung ausgemittelt, als auch die Entwässerung selbst nach dem genehmigten Plane zur Vollziehung gebracht.

§ 22.

Zu dem Ende wählen die Stauungsberechtigten oder die Inhaber der Grundstücke, die Vorfluth gewähren sollen, einen Schiedsrichter, der, oder die Grundbesitzer, welche auf die Entwässerung antragen, auch einen, und die Provinzialpolizeibehörden einen Obmann.

§ 23.

Diese drei Personen werden von der Provinzialpolizeibehörde authorisirt, auf den Grund der nach absoluter Stimmenmehrheit von ihnen gefaßten Beschlüsse sowohl die Entschädigung zu bestimmen, als auch die Vollziehung der Entwässerung selbst anzuordnen. Zugleich haben sie die künftige Unterhaltung der neu angelegten Abzugsgraben näher zu bestimmen, wobei der Grundsatz anzuwenden ist, daß der oder diejenigen, welche in einem bestimmten Verhältniß Vortheil von der neuen Anlage haben, auch in eben dem Verhältniß zur Unterhaltung derselben verpflichtet sind.

§ 24.

Von ihrer Entscheidung findet keine Appellation statt.

§ 25.

In sofern ihnen jedoch klar nachgewiesen werden kann, daß sie ihre Befugniß überschritten haben, ist die Provinzialpolizeibehörde befugt und verpflichtet, ihr Verfahren zu kassiren, den Partheien ihre Ansprüche auf Schadensersatz an sie vorzubehalten, und die Wahl von neuen Schiedsrichtern zu veranlassen.

§ 26.

Eine solche Ueberschreitung der Befugnisse findet jedoch nur statt, wenn die Schiedsrichter entweder von dem durch die Regierungen genehmigten Entwässerungsplan abweichen, oder für solche Rechte, welche noch unter den Partheien streitig sind, Entschädigungen aussetzen.

§ 27.

Will der Stauungsberechtigte sich nicht dazu verstehen, einen Schiedsrichter zu wählen, oder verzögert er die Wahl über vier Wochen, nachdem ihm die Aufforderung dazu insinuirt worden ist, so ernennt der Landrath oder sonstige Polizeidirigent des Kreises den Schiedsrichter statt seiner.

§ 28.

Zu Schiedsrichtern können nur unbescholtene dispositionsfähige sachkundige Männer gewählt werden.

§ 29.

Auch nur solche, die als Zeugen für und wider die Partei en und übrigen Schiedsrichter mit voller Kraft vor Gericht könnten zugelassen werden.

§ 30.

Wer zum Schiedsrichter gewählt ist, darf die Wahl nicht ablehnen; es sei denn, daß er solche Entschuldigungsgründe für sich anführen könnte, welche ihn von der Uebernahme einer mit Administration verbundenen Vormundschaft nach Allg. Landrecht Th. 2. Tit. 18. §. 208., 209., 212., 213., befreien würden.

§ 31.

Findet außer dem Interesse der Stauungsberechtigten, oder der Inhaber der Grundstücke, die Vorfluth gewähren sollen, noch ein besonderes Interesse, z. B. wegen Fischerei, Viehtränke ꝛc., gegen die Entwässerung statt, so wählen diejenigen, welche ein besonderes Interesse haben, ebenfalls einen Schiedsrichter.

§ 32.

Dieser verhandelt mit dem Schiedsrichter der Gegenparthei und dem Obmann besonders über das gedachte Interesse, und das Resultat ihrer Verhandlungen wird nachmals in den allgemeinen Rezeß über die ganze Verhandlung aufgenommen.

§ 33.

Den Schiedsrichtern steht nicht nur die Vergütung ihrer baaren Auslagen, sondern auch ein Diätensatz zu, welchen die Provinzialpolizeibehörde den Umständen nach festsetzt.

§ 34.

Sämmtliche Kosten tragen diejenigen, auf deren Antrag die Entwässerung erfolgt.

Wir befehlen Unsern Landes-Collegien, Polizei- und Justiz-Offizianten, und sämmtlichen getreuen Unterthanen sich nach dieser Vorschrift zu achten.

Anlage 7.

Rheinisches Ressort-Reglement.[1] [2]

Vom 20. Juli 1818.

§ 2.

Die Regierungen entscheiden:

3) in Angelegenheiten des Wasserstauens und der dem Eigenthümer oder Pächter einer Mühle zu verschaffenden Vorfluth, mit Rücksicht auf das gegenseitige Interesse der Bodenkultur und des Müllers oder anderer Stauberechtigten;

4) die Regierungen bestimmen gleichfalls die Höhe des Wasserstandes, insofern dieser Gegenstand nicht durch Vergleiche, Verträge oder sonst auf eine unwiderrufliche Art bestimmt ist.

---

[1]) Das Ressort-Reglement gilt in der ganzen Rheinprovinz mit Ausnahme der Landkreise Essen, Rees und Mülheim a. d. Ruhr, sowie der Stadtkreise Essen und Duisburg.

[2]) Vergl. Anl. 20.

Anlage 8.

Gesetz über die Benutzung der Privatflüsse.[1] [2]

Vom 28. Februar 1843.

G.S. 1843. S. 41.

Wir Friedrich Wilhelm, — — haben Uns bewogen gefunden, die gesetzlichen Vorschriften über die Benutzung der Privatflüsse, mit besonderer Rücksicht auf die Erfahrungen, welche in neuerer Zeit über die Verwendung des fließenden Wassers zur Verbesserung der Bodenkultur gemacht worden sind, einer Revision zu unterwerfen, und verordnen demnach auf den Antrag Unsers Staatsministeriums, nach Anhörung Unserer getreuen Stände und nach erfordertem Gutachten einer aus Mitgliedern des Staatsraths ernannten Kommission, für den ganzen Umfang der Monarchie, mit Ausnahme der Landestheile, welche zum Bezirke des Appellations-Gerichtshofes zu Cöln gehören, was folgt:

Erster Abschnitt. Benutzung der Privatflüsse überhaupt.

§ 1.

Jeder Uferbesitzer an Privatflüssen (Quellen, Bächen oder Fließen, so wie Seen, welche einen Abfluß haben) ist, sofern nicht Jemand das ausschließliche Eigenthum des Flusses hat, oder Provinzialgesetze, Lokalstatuten oder spezielle Rechtstitel eine Ausnahme begründen, berechtigt, das an seinem Grundstücke vorüberfließende Wasser unter den in den §§. 13. u. f. enthaltenen näheren Bestimmungen zu seinem besonderen Vortheile zu benutzen.

---

[1]) Dieses Gesetz gilt in allen hier in Betracht kommenden Landestheilen der preußischen Monarchie, in dem französisch-rechtlichen Gebiete der Rheinprovinz — Vergl. Anm. 1 Anl. 3 — jedoch mit der in der Verordnung vom 9. Januar 1845 vorgesehenen Modifikation — vergl. Anl. 9.

[2]) Vergl. Anl. 20.

Jedoch verbleibt es in Ansehung der Benutzung des Wassers zu Mühlen und anderen Triebwerken, so wie auch in Ansehung der Fischerei-Berechtigung und der Vorfluth bei den bestehenden gesetzlichen Vorschriften, soweit diese durch gegenwärtiges Gesetz nicht ausdrücklich abgeändert sind.

§ 2.

Wo öffentliche Plätze oder Wege das Ufer eines Privatflusses bilden, ist der Gebrauch des Wassers zum Trinken und Schöpfen, so wie zum Tränken des Viehes einem Jeden gestattet, sofern es, nach Entscheidung der Orts-Polizeibehörde, ohne Gefahr für die Beschädigung des Ufers geschehen kann.

§ 3.

Das zum Betriebe von Färbereien, Gerbereien, Walken und ähnlichen Anlagen benutzte Wasser darf keinem Flusse zugeleitet werden, wenn dadurch der Bedarf der Umgegend an reinem Wasser beeinträchtigt oder eine erhebliche Belästigung des Publikums verursacht wird.

Die Entscheidung hierüber steht der Polizeibehörde zu.

§ 4.

Des Einwerfens und Einwälzens von losen Steinen, Erde und anderen Materialien in Flüsse muß ein Jeder sich enthalten. Eine Ausnahme hiervon findet Statt, wenn solche zum Behuf einer Anlage am Ufer nothwendig ist, und daraus nach dem Urtheile der Polizeibehörde kein Hinderniß für den freien Abfluß des Wassers und keiner der im §. 3. bezeichneten Uebelstände entsteht.

§ 5.

Das Einkarren und Einschwemmen von Sand und Erde zur Anlage von Wiesen (das sogenannte Wiesenbrechen) ist nur in den Fällen gestattet, wo solches für die Vorfluth, für die Schiffbarkeit öffentlicher Flüsse und für die unterhalb liegenden Uferbesitzer unschädlich ist.

§ 6.

Die Anlegung von Flachs- und Hanfröthen kann von der Polizeibehörde untersagt werden, wenn solche die Heilsamkeit der Luft beeinträchtigt oder zu den im §. 4. erwähnten Nachtheilen Anlaß giebt.

§ 7.

Die Uferbesitzer sind, wo nicht Provinzialgesetze, Lokal-Statuten, ununterbrochene Gewohnheiten oder spezielle Rechtstitel ein Anderes bestimmen, zur Räumung des Flusses insoweit verpflichtet, als es zur Beschaffung der Vorfluth nothwendig ist.

Die Polizeibehörde ist ermächtigt, diejenigen, welchen die Räumung obliegt, hierzu anzuhalten. Entsteht über diese Verpflichtung Streit unter den Betheiligten, so ist die Räumung einstweilen, unter Vorbehalt richterlicher Entscheidung, nach Maaßgabe des Besitzstandes, und wenn auch dieser nicht feststeht, von den Uferbesitzern zu bewirken.

§ 8.

Die Eigenthümer eines Privatflusses, so wie die Uferbesitzer, Stauungs- oder Leitungs-Berechtigten können nur durch landesherrliche Entscheidung verpflichtet werden, den Gebrauch des Flusses zum Holzflößen einem Jeden zu gestatten.

§ 9.

Ist eine solche Entscheidung (§. 8.) ergangen, so müssen

a) die Eigenthümer des Flusses, so wie die Uferbesitzer den zum Einwerfen und Ausziehen der Hölzer unentbehrlichen Gebrauch der Ufer an den polizeilich bestimmten Stellen, so wie den Zutritt zu den Ufern, soweit dieser zur Beaufsichtigung und Fortschaffung der treibenden Hölzer erforderlich ist, gestatten, und

b) die Besitzer von Stauwerken den zum Treiben der Hölzer erforderlichen Wasserzug gewähren.

Für den hieraus, so wie für den aus Verunreinigung des Flußbettes und aus Beschädigungen der Ufer, Uferdeckwerke, Brücken und sonstigen Anlagen durch die treibenden Hölzer entstehenden Schaden ist vom Staate volle Entschädigung zu leisten.

§ 10.

Die näheren Anordnungen darüber:

1) in welchem Umfange der Mitgebrauch der Ufer zum Behuf der Flößerei zu gestatten ist, und welche Einrichtungen zur Erhaltung des Wasserzuges zu treffen sind,
2) welches Verfahren bei der Flößerei, namentlich auch mit Rücksicht auf die stattfindenden Ueberrieselungen zu beobachten, und
3) welche Abgabe von den Flößenden zu entrichten ist,

sind von dem Ministerium durch besondere Reglements festzusetzen.

§ 11.

Die Flößerei-Abgabe (§. 10. Nr. 3.) soll nach der Menge des geflößten Holzes abgemessen und auf keinen höhern Betrag festgestellt werden, als zur Entschädigung der Eigenthümer und Nutzungs-Berechtigten (§. 9.) und zur Deckung der Aufsichts- und Hebekosten erforderlich ist.

§ 12.

Wo nach Provinzialgesetzen, Lokalstatuten oder besonderen Herkommen das Flößen auf einem Privatflusse einem Jeden freisteht, ist dasselbe polizeilicher Aufsicht unterworfen, und es kann darüber durch besondere Reglements nach Vorschrift des §. 10. nähere Anordnung getroffen werden. Wenn diese Anordnungen den Eigenthümern oder Nutzungsberechtigten neue Verpflichtungen auferlegen, so gebührt denselben dafür nach Vorschrift des §. 9. Entschädigung. Die Einführung neuer, sowie die Erhöhung bestehender Flößerei-Abgaben, darf nur mit

Genehmigung des Ministeriums erfolgen, und sind dabei die Bestimmungen des §. 11. zu beachten.

Zweiter Abschnitt. Nähere Bestimmungen der Rechte der Uferbesitzer.

§ 13.

Das dem Uferbesitzer nach §. 1. zustehende Recht zur Benutzung des vorüberfließenden Wassers unterliegt der Beschränkung, daß

1) kein Rückstau über die Grenzen des eigenen Grundstücks hinaus und keine Ueberschwemmung oder Versumpfung fremder Grundstücke verursacht werden darf, und
2) das abgeleitete Wasser in das ursprüngliche Bett des Flusses zurückgeleitet werden muß, bevor dieser das Ufer eines fremden Grundstücks berührt.

Sind mehrere an einander grenzende Uferbesitzer über eine Anlage einverstanden, so werden die Grundstücke derselben, bei Anwendung der vorstehenden Beschränkungen, als ein einziges Grundstück angesehen.

§ 14.

Gehören die gegenüber liegenden Ufer verschiedenen Besitzern, so hat ein jeder von beiden ein Recht auf Benutzung der Hälfte des Wassers. (§. 27.)

§ 15.

Wenn bei Ausführung einer Bewässerungs-Anlage ein öffentliches Interesse, wie das der Schiffahrt 2c. gefährdet, oder den unterhalb liegenden Einwohnern der nothwendige Bedarf an Wasser auf eine Weise entzogen würde, daß daraus ein Nothstand für ihre Wirthschaft zu besorgen wäre, so ist die Regierung nach vollständiger, unter Zuziehung der Betheiligten erfolgter Erörterung befugt, die Ableitung des Wassers in geeigneter Weise zu beschränken.

§ 16.

Gegen Anlagen, welche der Uferbesitzer zur Benutzung des Wassers in Gemäßheit des ihm nach §§. 1. und 13. zustehenden Rechts unternimmt, kommt den Besitzern der bei Publikation des gegenwärtigen Gesetzes rechtmäßig bestehenden Mühlen und anderen Triebwerke ein Widerspruchsrecht zu, wenn dadurch

a) ein auf speziellere Rechtstitel beruhendes Recht zur ausschließlichen Benutzung des ganzen Wassers oder eines bestimmten Theils desselben ($^1/_4$, $^1/_3$ ꝛc.) beeinträchtigt, oder
b) das zum Betriebe in dem bisherigen Umfange nothwendige Wasser entzogen wird.

Wer künftig ein Triebwerk anlegt oder erweitert, ohne ein ausdrücklich verliehenes Recht zu haben, soll deshalb zu einem solchen Widerspruche nicht berechtigt seyn.

§ 17.

Wenn in dem Falle des §. 16. Litt. b.

1) der Uferbesitzer nachweist, daß der Betrieb in dem bisherigen Umfange das Maaß der dem Inhaber des Triebwerks zustehenden Berechtigung überschreitet, oder
2) der Inhaber des Triebwerks nachweist, daß ihm vermöge eines speziellen Rechtstitels die Befugniß zusteht, den Betrieb über den bisherigen Umfang auszudehnen,

so ist bei Prüfung des Widerspruchsrechts derjenige Umfang des Betriebes zum Grunde zu legen, welcher durch das Maaß der Berechtigung begründet ist.

§ 18.

Fischerei-Berechtigte sollen zu einem Widerspruche gegen Bewässerungs-Anlagen fortan nicht weiter berechtigt seyn, sondern nur auf Ersatz des ihnen daraus entstehenden Schadens Anspruch haben.

§ 19.

Einer polizeilichen Erlaubniß bedarf der Uferbesitzer zu solchen Anlagen nicht; er ist dagegen befugt, die Vermittelung der Polizeibehörde in Anspruch zu nehmen,

1) wenn er sich darüber Sicherheit verschaffen will, welche Widerspruchsrechte oder Entschädigungs-Ansprüche in Beziehung auf die von ihm beabsichtigten oder schon getroffenen Verfügungen
   a) über das zu Bewässerungen zu verwendende Wasser,
   b) über die zu bewässernden ihm zugehörigen Grundstücke,
   c) über denjenigen Theil, sowohl eigener als fremder Grundstücke, welcher zu den Wasserleitungen dienen soll,

   stattfinden;
2) wenn er zur Ausführung neuer, oder zur Erhaltung bereits ausgeführter Bewässerungen verlangt, daß ein Anderer ihm ein Recht einräume, oder sich die Einschränkung eines Rechtes gefallen lasse, welches einen Widerspruch gegen die Anlage begründen würde.

§ 20.

Wer die Vermittelung der Polizeibehörde zu dem in §. 19. Nr. 1. bezeichneten Zwecke in Anspruch nimmt, muß eine öffentliche Bekanntmachung über die Bewässerungs-Anlage unter Einreichung eines vollständigen Situationsplanes, und der etwa erforderlichen Nivellements bei dem Landrathe, in dessen Kreise das zu bewässernde Grundstück belegen ist, in Antrag bringen.

Ist das Grundstück in mehreren Kreisen gelegen, so bestimmt die vorgesetzte Behörde den Landrath, welcher das Verfahren zu leiten hat.

§ 21.

Die Bekanntmachung erfolgt:

1) durch die Amtsblätter der Regierungen, durch deren Bezirk der Fluß seinen Lauf nimmt und die Bewässerungs-Anlage sich erstreckt, zu drei verschiedenen Malen;
2) durch das Kreisblatt des Kreises, sofern ein solches Blatt vorhanden ist, ebenfalls zu dreien Malen;
3) in der Gemeine, in deren Bezirk das zu bewässernde Grundstück liegt, so wie in den zunächst angrenzenden Gemeinen durch Anschlag an der Gemeine-Stätte, oder in der örtlich sonst hergebrachten Publikationsweise.

Sie enthält mit Hinweisung auf den im Geschäftslokale des Landraths zur Einsicht ausgelegten Plan die Aufforderung:

etwanige Widerspruchsrechte und Entschädigungs-Ansprüche binnen 3 Monaten vom Tage des Erscheinens des ersten Amtsblattes an gerechnet, bei dem Landrathe anzumelden.

Die Aufforderung geschieht mit der Verwarnung, daß diejenigen, welche sich binnen der bestimmten Frist nicht gemeldet haben,

in Beziehung auf das zur Bewässerung zu verwendende Wasser sowohl ihres Widerspruchsrechts als des Anspruches auf Entschädigung verlustig gehen,

und

in Beziehung auf das zu bewässernde oder zu den Wasserleitungen zu benutzende Terrain ihr Widerspruchsrecht gegen die Anlage verlieren, und nur einen Anspruch auf Entschädigung behalten.

§ 22.

Nach Ablauf der Anmeldungsfrist (§. 21.) sind der Regierung die Verhandlungen einzureichen. Diese faßt, wenn sie die vorgeschriebenen Förmlichkeiten beobachtet findet, einen Bescheid ab, in welchem sie denjenigen, die sich gemeldet haben, ihre Rechte namentlich vorbehält, alle Andern aber mit ihren bei Erlaß des Bescheides bestehenden Rechten präkludirt.

Eine Ausfertigung des Präklusionsbescheides ist dem Provokanten zuzustellen, welcher sämmtliche Kosten des Verfahrens zu tragen hat.

Gegen diese Präklusion kann ein Restitutionsgesuch, binnen zehntägiger Frist, bei der Regierung angebracht werden.

§ 23.

In den Fällen, in welchen über die Existenz oder den Umfang eines Rechtes, auf welches ein Widerspruch oder ein Entschädigungs-Anspruch gegründet wird, Streit entsteht, findet der Rechtsweg statt.

Ist dagegen nur die Frage zu erörtern, ob durch die Bewässerungs-Anlage einem zur Zeit der Publikation dieses Gesetzes bestehenden Triebwerke das zum Betriebe in dem bisherigen Umfange erforderliche Wasser entzogen werde (§. 16. Litt. b.), so steht die Entscheidung, mit Ausschluß des Rechtsweges, der Regierung zu, unter Vorbehalt des Rekurses an das Ministerium des Innern, welcher binnen einer präklusivischen Frist von sechs Wochen nach Bekanntmachung des Bescheides einzulegen ist.

§ 24.

Zu den im §. 19. Nr. 2. bezeichneten Zwecken kann die Vermittelung der Polizeibehörde nur in Anspruch genommen werden in Fällen eines überwiegenden Landeskultur-Interesse und unter der Verpflichtung zu vollständiger Entschädigung.

§ 25.

Unter diesen Bedingungen (§. 24.) kann der Unternehmer einer Bewässerungsanlage verlangen, daß ihm

1) zu den erforderlichen Wasserleitungen, insofern er solche auf seinem eigenen Grundstücke nicht herstellen kann, auf fremden Grundstücken eine Servitut eingeräumt,
2) die Benutzung des jenseitigen Ufers zum Anschlusse eines Stauwerks, so wie
3) eine Ausnahme von der im §. 13. Nr. 1. vorgeschriebenen Beschränkung gestattet werde, und daß
4) der Besitzer eines Triebwerks sich eine Beschränkung des ihm zustehenden Rechts auf Benutzung des Wassers (§§. 16. 17.) gefallen lasse.

Unter gleichen Bedingungen (§ 24) kann der Uferbesitzer verlangen, daß ihm

5) gestattet werde, sein Recht auf Benutzung des Wassers in der §§. 1. und 13. bezeichneten Ausdehnung desselben einem unmittelbar an das Grundstück des Uferbesitzers angrenzenden Grundbesitzer abzutreten.

§ 26.

In dem Falle des §. 25. zu 1. steht dem Eigenthümer des Grundstückes frei:

a) sich bei der Anlage und Benutzung der Wasserleitungen gegen verhältnißmäßige Uebernahme der Kosten zu betheiligen, in welchem Falle dann bei Feststellung des Bewässerungsplanes (§. 42.) auch auf sein Interesse zum Zwecke der Bewässerung Rücksicht zu nehmen ist; oder
b) anstatt Einräumung einer Servitut, das Eigenthum des zu den Wasserleitungen erforderlichen Bodens dem Unternehmer der Anlage abzutreten, welcher dasselbe zu übernehmen verpflichtet ist. Wenn das ganze Grundstück des Provokaten, oder ein Theil desselben nach Anlage der Wasserleitungen von ihm nicht mehr zweckmäßig benutzt werden kann, so ist er befugt, das ganze Grund-

stück, oder den betreffenden Theil, dessen Umfang die Regierung zu bestimmen hat, dem Provokanten ebenfalls als Eigenthum abzutreten.

Der Grund-Eigenthümer, welcher von diesen Rechten (a. und b.) Gebrauch machen will, muß sich darüber in einer präklusivischen Frist von drei Monaten nach Mittheilung des Antrages des Unternehmers erklären.

§ 27.

In dem Falle des §. 25. Nr. 2. hat der Besitzer des jenseitigen Ufers die Wahl zwischen vollständiger Entschädigung oder Mitbenutzung des aufgestauten Wassers zur Hälfte. Wählt er ersteres oder erklärt er sich binnen drei Monaten nicht, so verliert er das Recht auf Mitbenutzung des Wassers; wählt er letzteres, so muß er die Hälfte der Kosten des Stauwerkes übernehmen.

§ 28.

Wenn ein vom Unternehmer der Bewässerungs-Anlage beabsichtigter Rückstau (§. 25. Nr. 3.) von der Art ist, daß dadurch die Entwässerungsfähigkeit der oberhalb liegenden Ländereien eines Dritten beeinträchtigt wird, so soll bei Beantwortung der Frage, ob ein überwiegendes Landeskultur-Interesse bei der Anlage obwaltet, das Interesse der Entwässerung in zweifelhaften Fällen über das der Bewässerung gestellt werden.

§ 29.

Wenn in dem Falle des §. 25. Nr. 3. durch die Bewässerungs-Anlage die Versumpfung eines fremden Grundstücks veranlaßt wird, so ist der Eigenthümer befugt, statt seines Anspruches auf vollständige Entschädigung (§. 45.) das Eigenthum des ganzen versumpften Grundstücks oder desjenigen Theiles, der durch die Versumpfung betroffen wird, dem Unternehmer der Anlage abzutreten, welcher dasselbe zu übernehmen verbunden ist.

§ 30.

Anträge zu den im §. 25. bezeichneten Zwecken sind an die Vermittelungs-Kommission zu richten, welche in jedem Kreise eingesetzt werden und unter Vorsitz des Landraths aus Grundbesitzern der verschiedenen die Kreisversammlung bildenden Stände, so wie aus einer angemessenen Zahl von Sachverständigen bestehen soll. Ueber die Zusammensetzung der Kommission hat die Regierung für jeden Kreis auf den Vorschlag der Kreisversammlung das Nähere festzusetzen. Die Mitglieder werden von der Kreisversammlung erwählt und von der Regierung bestätigt.

§ 31.

Die Anträge (§. 30.) müssen mit einem Situationsplane, den erforderlichen Nivellements und einem sachverständigen Gutachten begleitet seyn, und zugleich die Erklärung enthalten, daß der Provokant bereit sey, die Kosten der von den Behörden für nothwendig erachteten Ermittelungen zu tragen und auf Verlangen vorzuschießen, ingleichen die Provokaten vollständig zu entschädigen.

§ 32.

Die Kreis-Vermittelungskommission prüft den Antrag an Ort und Stelle unter Zuziehung der Betheiligten, und stellt demnach die Vorfrage (§. 24.) fest:

ob wirklich ein überwiegendes Landeskultur-Interesse vorwalte?

Gegen die Entscheidung der Kommission steht dem Provokanten so wie dem Provokaten binnen sechs Wochen präklusivischer Frist der Rekurs an die Regierung und wenn die Entscheidung derselben von der Vermittelungs-Kommission abweicht, in derselben Frist der Rekurs an das Ministerium des Innern offen.

§ 33.

Ist auf diese Weise das Vorwalten eines überwiegenden Landeskultur-Interesse festgestellt, so ernennt die Regierung Kommissarien, welche unter Mitwirkung des Landraths, die einzelnen Gegenstände des Antrages, so wie die dagegen erhobenen Widersprüche prüfen.

§ 34.

Wird zu den Wasserleitungen die Benutzung von fremdem Grund und Boden verlangt (§. 25. Nr. 1.), so haben die Kommissarien ihre Prüfung besonders darauf zu richten:

ob, und in welcher Ausdehnung die Führung der Wasserleitung über den fremden Grund und Boden zu der Anlage nothwendig sey?

welche Brücken, Ueberfahrten, Einfriedigungen 2c. eingerichtet und unterhalten werden müssen, um den Eigenthümer gegen Nachtheile in Benutzung des ihm verbleibenden Grundstücks zu sichern?

§ 35.

Wird die Benutzung des jenseitigen Ufers zum Anschluß eines Stauwerkes verlangt (§. 25. Nr. 2.), so ist der Ort zu ermitteln, welcher dem Provokaten am wenigsten nachtheilig und doch zweckentsprechend ist.

§ 36.

Wird eine Beschränkung des Rechts verlangt, welches Besitzern von Triebwerken auf Benutzung des Wassers zusteht (§. 25. Nr. 4.), so ist zu prüfen: in welchem Maaße die Beschränkung erfolgen müsse, um die Erreichung des beabsichtigten Zweckes zu sichern.

§ 37.

Ist über die Frage zu entscheiden:

ob durch die Bewässerungs-Anlage einem Triebwerke das Wasser entzogen werde, dessen der Besitzer bedarf, um sein Gewerbe in dem bisherigen Umfange (§. 16. b.) oder in dem Umfange seiner Berechtigung (§. 17.) auszuüben,

so ist von dem Grundsatz auszugehen, daß der Besitzer des Triebwerks nicht genöthigt werden kann, sich eine Abänderung des innern Triebwerks gefallen zu lassen, daß er aber eine zweckmäßige Einrichtung der Stauwerke, des Gerinnes und des Wasserrades auf Kosten der Provokanten sich gefallen lassen muß. Bei Prüfung der gedachten Frage ist jederzeit eine solche zweckmäßige Einrichtung zu unterstellen, und darnach die Entscheidung zu treffen.

Der Provokant ist verbunden, die erwähnte Einrichtung auf seine Kosten zu bewirken, auch den Provokaten wegen des Verlustes zu entschädigen, der durch die Hemmung seines Gewerbebetriebes während der Dauer der Einrichtungsarbeiten verursacht wird. Die bei der neuen Einrichtung gegen den früheren Zustand mehr entstehenden Unterhaltungskosten hat der Provokant als eine jährliche Rente an den Besitzer des Triebwerks zu zahlen und für ihre regelmäßige Zahlung Sicherheit zu leisten.

§ 38.

Die Kommissarien sind befugt, die zur Ausführung ihres Auftrages nöthigen Ermittelungen, Vermessungen, Nivellements &c. zu veranlassen. Können diese Vorarbeiten nicht bewirkt werden, ohne fremde Grundstücke zu betreten, so müssen deren Eigenthümer sich solches gegen Vergütung des ihnen dadurch entstehenden Schadens gefallen lassen.

§ 39.

Die Kommissarien haben sich die gütliche Beilegung der Streitpunkte möglichst angelegen seyn zu lassen.

§ 40.

Sie entwerfen demnächst mit Rücksicht auf das Ergebniß der Prüfung über die erhobenen Widersprüche und das von ihnen wahrzunehmende öffentliche Interesse den Plan zur Ausführung und Benutzung der Anlage, legen solchen den Partheien zur Erklärung vor, und überreichen ihn der Regierung mittelst gutachtlichen Berichts, in welchem alle Streitpunkte einzeln vorzutragen sind.

§ 41.

Der Plan muß in Hinsicht auf die Art der Ausführung, der Anlagen und deren Benutzung, so wie in Hinsicht auf die zur Ueberwachung derselben nöthigen Maaßregeln alles dasjenige feststellen, was im besonderen, wie im öffentlichen Interesse erforderlich ist.

§ 42.

Die Regierung hat auf Grund der kommissarischen Verhandlungen über die Genehmigung der Anträge (§. 30.) und über die Zulässigkeit der erhobenen Widersprüche zu entscheiden, und die Bedingungen der Ausführung und Benutzung festzustellen.

§ 43.

In dem Beschlusse (§. 42.) ist eine Frist festzusetzen, binnen welcher die Anlage von dem Unternehmer bei Verlust seines Rechts ausgeführt seyn muß.

§ 44.

Der Beschluß, welchem der von den Kommissarien vorgelegte Plan (§. 40.) so weit solcher genehmigt worden, beizufügen ist, wird sowohl dem Provokanten, als auch dem Provokaten bekannt gemacht. Jedem Theile steht dagegen der Rekurs an das Ministerium des Innern binnen sechs Wochen präklusivischer Frist nach Bekanntmachung des Beschlusses offen.

§ 45.

Nachdem definitiv entschieden worden, in welchem Umfange die Einräumung oder Einschränkung eines Rechts zu Gunsten einer Bewässerungs-Anlage stattfinden soll, läßt die Regierung die dafür zu leistende vollständige Entschädigung durch drei von ihr zu ernennende Taxatoren unter Zuziehung sämmtlicher Betheiligten ermitteln, und setzt solche unter Zuschlagung von 25 Prozent des ermittelten Betrages durch einen Beschluß fest, welcher den Betheiligten bekannt zu machen ist.

Die Kosten dieser Abschätzung hat der Unternehmer der Bewässerungs-Anlage allein zu tragen.

§ 46.

Wenn der Provokat nach den Grundsätzen der §§. 26. und 29. Land abtritt, so ist er befugt, da, wo es den örtlichen Verhältnissen nach zulässig ist, aus dem Grundbesitze des Provokanten eine Landabfindung zu fordern, deren Werth der nach §. 45. festgestellten Entschädigungssumme gleich kommt. Sofern die Bewässerungs-Anlage nicht zur Ausführung kommt, oder späterhin wieder eingeht, kann der Provokat das von ihm abgetretene Land gegen Rückgabe der erhaltenen Entschädigung wieder zurückfordern.

§ 47.

Dem Berechtigten steht, wenn er sich durch die von der Regierung festgestellte Entschädigung (§§. 45. und 46.) nicht für befriedigt hält, binnen sechs Wochen nach Bekanntmachung des Beschlusses der Rekurs an das Revisions-Kollegium frei. Dasselbe stellt nach Revision der Abschätzung, wobei anderweitige Ermittelungen gestattet sind, die Entschädigung mit Ausschließung jedes weiteren Rechtsmittels, so wie des Rechtsweges definitiv nach den Grundsätzen der §§. 45. und 46. fest.

Dem Unternehmer der Bewässerungs-Anlage ist kein Rekurs gestattet.

Aus Neuvorpommern und Rügen gehen die Rekurse an das Revisions-Kollegium zu Stettin.

§ 48.

In der Rekursschrift muß der Mehrbetrag der Entschädigungssumme oder Landabfindung, welchen der Berechtigte fordert, bestimmt ausgedrückt seyn.

Wird dem Berechtigten keine höhere Entschädigung als die von der Regierung festgesetzte (§§ 45, 46) zuerkannt, so hat derselbe sämmtliche Kosten der Rekurs-Instanz zu tragen.

Erstreitet er den ganzen geforderten Mehrbetrag, so fallen diese Kosten sämmtlich dem Unternehmer der Bewässerungs-Anlage zur Last.

Wenn der Berechtigte zwar nicht den ganzen geforderten Betrag, aber doch mehr, als ihm von der Regierung zugebilligt worden, erstreitet, so findet zwischen beiden Theilen eine verhältnißmäßige Vertheilung der Kosten statt.

§ 49.

Dem Unternehmer der Bewässerungs-Anlage steht frei, von deren Ausführung auch nach bereits erfolgter definitiver Feststellung der Entschädigungs-Summe abzustehen; er muß aber in diesem Falle auch diejenigen Kosten übernehmen, welche dem Provokaten zur Last gestellt worden sind.

§ 50.

Die Einziehung und Auszahlung oder gerichtliche Deposition der festgestellten Entschädigungssumme liegt der Regierung ob.

§ 51.

Sämmtliche Verhandlungen, welche durch das nach Vorschrift des §. 19. Nr. 1. und 2. eingeleitete Verfahren, imgleichen durch das Verfahren zur Ermittelung der Entschädigung (§§. 45. 46.) und durch die Einziehung und Auszahlung oder Deposition der Entschädigungsgelder (§. 50.) veranlaßt werden, sind gebühren- und stempelfrei, und es werden nur die baaren Auslagen in Ansatz gebracht; in Prozessen (§. 23.) und in der Rekurs-Instanz wegen Festsetzung der Entschädigung (§. 47.) sind jedoch Gebühren und Stempel zu entrichten.

§ 52.

Die Ausführung der Bewässerungsanlage darf erst nach geschehener Zahlung oder Deposition der Entschädigungssumme erfolgen, im Falle der Berufung an das Revisionskollegium (§. 47.) kann jedoch die Regierung die vorläufige Ausführung gestatten, wenn der Unternehmer für den von der Regierung festgesetzten Betrag (§. 45.) Kaution leistet.

§ 53.

Ist über ein auf speziellem Titel beruhendes Widerspruchsrecht ein Prozeß entstanden (§. 23.), so kann die Ausführung der Anlage von der Regierung vorläufig gestattet werden, wenn der Unternehmer für Schaden und Kosten Kaution leistet. Ueber die Zulänglichkeit der Kaution hat die Regierung, nach Vernehmung des Widersprechenden, zu entscheiden.

§ 54.

Der Unternehmer der Anlage kann in dem Falle des §. 53., um vor der Ausführung den Betrag der etwa zu leistenden Entschädigung übersehen zu können, darauf antragen, daß die Entschädigungssumme nach Vorschrift der §§ 45 u. f. im Voraus ermittelt und festgestellt werde.

§ 55.

Die Vorschriften der §§. 45. und 46. finden auch Anwendung auf die den Fischereiberechtigten zu leistende Entschädigung (§. 18.), die Ausführung der Anlage soll jedoch von der Feststellung dieser Entschädigung niemals abhängig seyn.

Anlage 9.

Verordnung, betreffend die Einführung des Gesetzes vom 28. Februar 1843. über die Benutzung der Privatflüsse in dem Bezirk des Appellationsgerichtshofes zu Köln.[1])

D. d. 9. Januar 1845.

G.S. 1845. S. 35.

Wir Friedrich Wilhelm — — verordnen — —, daß das Gesetz v. 28. Februar 1843. über die Benutzung der Privatflüsse fortan auch in den Landestheilen, welche zum Bezirke des Appellationsgerichtshofes zu Köln gehören, Anwendung finden soll, jedoch mit der Maßgabe, daß bei Entscheidung der Frage: ob bei einer Bewässerungsanlage ein überwiegendes Landeskultur-Interesse obwalte? (§§. 24. und 32. jenes Gesetzes) das Interesse schon vorhandener, auf Triebwerken beruhender gewerblicher Anlagen im zweifelhaften Falle über das der Bodenkultur zu stellen ist.

Ueber die in den Fällen des §. 47. eingelegten Rekurse hat das, zufolge Unserer Verordnung vom 22. November 1844. zu errichtende Revisionskollegium für Landeskultur-Sachen zu entscheiden.

---

[1]) Vergl. Anl. 8 und 20.

Anlage 10.

Gesetz, betreffend das für Entwässerungsanlagen einzuführende Aufgebots- und Präklusionsverfahren.[1] [2]

Vom 23. Januar 1846.

G. S. 1846. S. 26.

Wir Friedrich Wilhelm — —

Um den Schutz, welchen das Gesetz vom 28. Februar 1843. über die Benutzung der Privatflüsse in den §§. 19. bis 22. den Bewässerungsanlagen durch Gestattung eines Aufgebots- und Präklusionsverfahrens gewährt, auch den Entwässerungsanlagen zu Theil werden zu lassen, verordnen Wir zur Ergänzung des Gesetzes wegen des Wasserstaues bei Mühlen und Verschaffung der Vorfluth vom 15. November 1811. für diejenigen Landestheile, in welchen dieses letztere Gesetz Anwendung findet, auf den Antrag Unseres Staatsministeriums und nach vernommenem Gutachten Unseres Staatsraths, was folgt:

§ 1.

Der Unternehmer einer Entwässerungsanlage ist befugt, die Vermittelung der Polizeibehörde in Anspruch zu nehmen, wenn er sich darüber Sicherheit verschaffen will, ob und welche privatrechtliche Widerspruchsrechte oder Entschädigungsansprüche stattfinden:

1) in Beziehung auf die von ihm beabsichtigten oder schon getroffenen Verfügungen
   a. über das abzuleitende Wasser,
   b. über die zu entwässernden, ihm zugehörigen Grundstücke,
   c. über denjenigen Theil, sowohl eigener als fremder Grundstücke, welcher zu den Wasserleitungen dienen soll,

---

[1] Dieses Gesetz gilt in allen hier in Betracht kommenden. Landestheilen der Preußischen Monarchie — vergl. Anl. 14 und 15.

[2] Vergl. Anl. 20.

2) in Beziehung auf die in Folge der neuen Anlage zu erwartende oder schon eingetretene Senkung des Wasserstandes.

§ 2.

Wer von dieser Befugniß (§. 1.) Gebrauch machen will, muß eine öffentliche Bekanntmachung über die Entwässerungsanlage, unter Einreichung eines vollständigen Situationsplans und der etwa erforderlichen Nivellements, in welchen stets der höchste und der niedrigste Wasserstand anzugeben ist, bei dem Landrath, in dessen Kreise das zu entwässernde Grundstück belegen ist, in Antrag bringen.

Ist das Grundstück in mehreren Kreisen belegen, so bestimmt die vorgesetzte Behörde den Landrath, welcher das Verfahren leiten soll.

§ 3.

Die Bekanntmachung erfolgt:

1) durch die Amtsblätter der Regierungsbezirke, durch welche die Entwässerungsanlage sich erstreckt und das abgeleitete Wasser seinen Lauf nimmt, zu drei verschiedenen Malen;
2) durch das Kreisblatt des Kreises, sofern ein solches vorhanden ist, ebenfalls zu dreien Malen;
3) in der Gemeine, in deren Bezirk das zu entwässernde Grundstück liegt, sowie in den zunächst angränzenden Gemeinen, durch Anschlag an der Gemeinestätte oder in der örtlich sonst hergebrachten Publikationsweise.

Sie enthält, mit Hinweisung auf den im Geschäftslokal des Landraths zur Einsicht ausgelegten Plan, die Aufforderung:

etwanige Widerspruchsrechte und Entschädigungsansprüche binnen 3 Monaten, vom Tage des Erscheinens des ersten Amtsblattes an gerechnet, bei dem Landrath anzumelden.

Die Aufforderung geschieht mit der Verwarnung, daß diejenigen, welche sich binnen der bestimmten Frist nicht gemeldet haben, in Betreff der Ableitung des Wassers und der davon zu erwartenden oder schon eingetretenen Senkung des Wasserstandes, sowohl ihres Widerspruchsrechts, als des Anspruchs auf Entschädigung verlustig gehen,

und

in Betreff des zu entwässernden aber zu den Wasserleitungen zu benutzenden Terrains ihr Widerspruchsrecht gegen die Anlage verlieren und nur einen Anspruch auf Entschädigung behalten.

§ 4.

Die Besitzer derjenigen Grundstücke, denen das Wasser zugeleitet wird, werden in Beziehung auf die Ansprüche wegen solcher Nachtheile, welche durch die neue Zuleitung des Wassers für die Grundstücke entstehen, von der Präklusion nicht betroffen.

§ 5.

Nach Ablauf der Anmeldungsfrist (§. 3.) hat der Landrath die Verhandlungen der Regierung einzureichen. Diese faßt, wenn sie die vorgeschriebenen Förmlichkeiten beobachtet findet, einen Bescheid ab, in welchem sie denjenigen, die sich gemeldet haben, ihre Rechte namentlich vorbehält, alle Andern aber mit ihren bei Erlaß des Bescheides bestehenden Rechten präkludirt.

§ 6.

Von dem Präklusionsbescheid wird eine Ausfertigung dem Provokanten zugestellt, eine zweite aber in der Registratur der Regierung, welche den Bescheid abgefaßt hat, zur Einsicht für Jedermann ausgelegt, und daß Letzteres geschehen, durch das Amtsblatt dieser Regierung einmal angezeigt.

Wenn die das Verfahren einleitende Bekanntmachung nach §. 3. Nr. 1. durch die Amtsblätter auch noch anderer Regierungen publizirt worden war, so ist die Anzeige von der Abfassung und Auslegung des Präklusionsbescheids auch in diese Amtsblätter einmal einzurücken.

§ 7.

Restitutionsgesuche gegen den Präklusionsbescheid müssen bei der Regierung, die solchen abgefaßt hat, und zwar innerhalb derjenigen 6 Wochen angebracht werden, welche auf den Tag folgen, an dem das Amtsblatt dieser Regierung, welches die Anzeige (§. 6.) enthält, ausgegeben wurde.

§ 8.

Der Provokant hat sämmtliche Kosten des Verfahrens zu tragen. Als solche sind indessen nur die entstandenen baaren Auslagen, nicht aber auch Gebühren oder Stempel n Ansatz zu bringen.

Anlage 11.

Gesetz, betreffend das Verfahren in den nach der Gemeinheitstheilungs-Ordnung zu behandelnden Theilungen und Ablösungen in den Landestheilen des linken Rheinufers.

Vom 19. Mai 1851.

G.S. 1851. S. 383.

§ 19.

Die Verfügungen, durch welche der Kommissar zu Terminen einladet, sowie die sonstigen Zustellungen, läßt derselbe durch Vermittelung der Lokal-Verwaltungs-Behörden, durch vereidete Boten oder durch die Post, insofern dadurch Kosten erspart werden, behändigen. Die Zustellung geschieht an den Vorzuladenden in Person oder in dessen Wohnung; wird in der Wohnung weder der Vorzuladende selbst, noch ein Verwandter oder Dienstbote desselben angetroffen, so geschieht die Behändigung an den Ortsvorsteher.

Die Zustellung einer Ladung muß so zeitig bewirkt werden, daß zwischen der Behändigung und dem Tage des Termins wenigstens vierzehn Tage frei bleiben.

Die amtlichen Bescheinigungen über die geschehenen Zustellungen und den Hergang bei denselben sind durch den Kommissar zu den Akten zu bringen.

§ 20.

Außer den besonderen Vorladungen veranlaßt der Kommissar eine öffentliche Bekanntmachung der zu Terminen einladenden Verfügungen, im Fall ein Betheiligter solches beantragt oder wenn der Kommissar wegen der Wahrscheinlichkeit unbekannter Betheiligten oder aus sonstigen Gründen es für angemessen erachtet.

Die Verfügung wird alsdann:

1) dem Vorsteher jeder Gemeinde, in welcher Grundstücke, die der Theilung oder Ablösung unterworfen werden sollen, gelegen sind, mit dem Auftrage übersendet, die Verfügung im Amtslokale zur Einsicht eines Jeden offen zu legen und durch Anschlag an der Thüre des Amtslokals, ferner durch öffentliche Verkündigung mit der Schelle oder in sonst ortsüblicher Weise im Hauptorte der Gemeinde an zwei Sonntagen bekannt zu machen, daß die Verfügung zur Einsicht offen liege.

   Die Erfüllung dieser Vorschrift ist durch den Gemeinde-Vorsteher unter Angabe des Datums des Anschlags und der Verkündigung zu bescheinigen;

2) zweimal in den öffentlichen Anzeiger des Amtsblatts der Regierung und in eine Zeitung des

Regierungs-Bezirks, ferner in das Kreisblatt, wenn ein solches in dem Kreise erscheint, wo dem Verfahren unterworfene Grundstücke gelegen sind, eingerückt. Die Einrückung wird durch ein Exemplar des Blattes nachgewiesen.

Zwischen der letzten Bekanntmachung und dem Termine muß eine Zwischenzeit von mindestens Einem Monate frei bleiben.

§ 21.

Die öffentliche Bekanntmachung hat die Wirkung, daß dadurch die etwanigen Mängel der besonderen Vorladungen gedeckt und alle, selbst die unbekannten Betheiligten, als zum Verfahren gehörig geladen betrachtet werden.

Anlage 12.

Gesetz, betreffend die Anwendung der Vorfluthsgesetze auf unterirdische Wasserableitungen.[1] [2]

Vom 11. Mai 1853.

G.S. 1853. S. 182.

Art. 3. Die bestehenden gesetzlichen Vorschriften über Anlegung von Entwässerungsgräben durch fremde Grundstücke finden auch Anwendung auf Ableitungen des Wassers unter der Erde in bedeckten Kanälen oder in Röhren (Drains).

---

[1]) Dieses Gesetz gilt in allen hier in Betracht kommenden Landestheilen der Preußischen Monarchie.

[2]) Vergl. Anl. 20.

Anlage 13.

Ministerielle Anweisung für die Bildung von Ent- und Bewässerungs-Genossenschaften auf Grund der Gesetze vom 28. Februar 1843 und 11. Mai 1853.

Vom 10. Oktober 1857.

§ 1.

Das Verfahren zur Bildung von Ent- oder Bewässerungs-Genossenschaften ist der Regel nach von der betreffenden ordentlichen Verwaltungsbehörde (dem Landrath, Amtmann, Domainen-Rentmeister, in den Hohenzollernschen Landen von dem Oberamtmann) zu leiten.

Die genannten Behörden haben den Anträgen der Betheiligten wegen Bildung nützlicher Meliorations-Genossenschaften nach Möglichkeit zu entsprechen, auch von Amtswegen dergleichen Unternehmungen anzuregen und die Aufträge der höheren Behörden dabei auszuführen.

Der Regierung und dem Ministerium bleibt vorbehalten, besondere Kommissarien für das Geschäft zu ernennen.

In dem Geschäftskreise der Generalkommissionen tritt für die mit den Auseinandersetzungen zusammenhängenden Genossenschaften die Auseinandersetzungsbehörde und deren Kommissarius an die Stelle der ordentlichen Verwaltungsbehörde.

§ 2.

Der leitende Beamte hat zunächst — nach Rücksprache mit hauptbetheiligten und sachkundigen Grundbesitzern und mit Hülfe eines Baubeamten oder Wiesenbautechnikers — die zur näheren Beurtheilung der Aufgabe erforderlichen Materialien in einer Denkschrift zusammenzustellen und namentlich darin anzugeben:

1. die Größe und Beschaffenheit der in den Verband zu ziehenden Fläche;

2. die Uebelstände, welche durch die Melioration beseitigt werden sollen; die Wasserverhältnisse und bei Bewässerungen die Menge und Beschaffenheit des disponiblen Wassers, so wie die kollidirenden Rechte, welche der Benutzung desselben entgegenstehen;
3. die bereits vorhandenen Ent- und Bewässerungsanlagen, nebst den Rechtsverhältnissen bei Unterhaltung derselben;
4. den in allgemeinen Umrissen darzulegenden Plan der beabsichtigten Anlage;
5. die ungefähren Kosten derselben;
6. eine gutachtliche Aeußerung über die Vortheile der Anlage unter Aufführung der Wünsche der Betheiligten.

§ 3.

Sodann sind die Betheiligten mit ihren Anträgen und Erinnerungen zu hören. Der leitende Beamte hat ihnen die Denkschrift vorzulegen und zu erläutern und ihre Erklärung über die Bildung der Genossenschaft und den Meliorationsplan, über den Beitragsfuß und die Beschaffung der Geldmittel, sowie über das Genossenschaftsstatut aufzunehmen. Ueber diese Gegenstände ist wo möglich die Einigung der Betheiligten oder doch der Mehrzahl derselben herbeizuführen und das Statut, wenn die Zustimmung aller Betheiligten erlangt ist, durch die Regierung an das Ministerium für die landwirthschaftlichen Angelegenheiten zur Genehmigung einzureichen. Einer gerichtlichen oder notariellen Vollziehung des Statuts bedarf es nicht, vielmehr genügt die Vollziehung vor dem Verwaltungsbeamten.

Widersprechen die Interessenten zum Theil dem Projekte oder der Bildung der Genossenschaft, oder verlangen sie unzulässige Abänderungen des Meliorationsplanes, so kann das Statut nur durch landesherrliche Vollziehung in Kraft treten. Bevor deren Einholung bei der Regierung beantragt wird, sind die Einwendungen und Vorschläge der Widersprechenden zu Protokoll zu nehmen und von dem leitenden Beamten zu begutachten. Ueber die technischen Punkte ist auch ein Gutachten des zugezogenen Sachverständigen oder Wiesenbautechnikers beizubringen.

Wenn der leitende Beamte nicht ein Kommissarius der Regierung oder des Ministeriums ist, so hat die Regierung durch einen geeigneten Kommissarius die Einwendungen der Widersprechenden zu prüfen, bevor wegen der landesherrlichen Vollziehung des Statuts an das Ministerium berichtet wird.

§ 4.

In den Fällen, wo es zweifelhaft erscheint, ob es angemessen ist, die Bildung der Genossenschaft gegen den Willen eines Theiles der Interessenten durchzuführen, desgleichen in allen Fällen, wo die Gewährung der Vorarbeitskosten aus der Staatskasse erbeten wird, hat der leitende Beamte zeitig durch die Regierung die Entscheidung des Ministeriums darüber einzuholen, ob die Verhandlungen fortgesetzt und die technischen Vorarbeiten angefertigt werden sollen.

§ 5.

Die Vorladung der Betheiligten erfolgt unter der Verwarnung, daß gegen den Ausbleibenden angenommen wird, er wolle keinen Widerspruch erheben, es vielmehr auf die gesetzmäßige Regulirung der Behörden ankommen lassen. Bei der Vorladung genügt die Insinuation an den Ortsvorsteher mit der Anweisung, die Vorladung auf ortsübliche Weise zur Kenntniß aller betheiligten Grundbesitzer zu bringen. Wenn mehrere Ortschaften betheiligt sind, so ist den Grundbesitzern jeder Gemeinde, welche ein gemeinschaftliches Interesse zur Sache haben, die Bestellung von Deputirten zu den Verhandlungen aufzugeben, mit der Verwarnung, daß sie sonst nicht gehört werden können.

Ueber besondere Interessen seines Grundstückes kann jeder Besitzer Gehör verlangen.

Die Bestellung der Deputirten kann in der Form der Gemeindewahlversammlungen geschehen. Die Zahl der Deputirten jeder Ortschaft ist ungefähr nach Verhältniß der betheiligten Flächen jeder Feldmark zu bestimmen.

Ist es ungewiß, welche Personen als betheiligt zu betrachten sind, so kann neben der besonderen Vorladung eine öffentliche Aufforderung durch das Amtsblatt der Regierung, resp. das Kreisblatt erlassen und in den betreffenden Gemeinden auf ortsübliche Weise bekannt gemacht werden.

§ 6.

Die spezielle Ausarbeitung und Veranschlagung des Meliorationsplans ist, sofern nicht schon früher spezielle Anschläge gefertigt sind, einem bewährten Techniker zu übertragen, der Plan und Anschlag demnächst vom Regierungsbaurath — resp. dem mit dessen Funktion für die Landesmelioration etwa besonders beauftragten Baubeamten — zu prüfen, auch in den Fällen, wenn der Fiskus als Interessent oder mit Staatsvorschüssen betheiligt ist, oder wenn das ministeriell genehmigte Bauprojekt bei der speziellen Bearbeitung oder in Folge der Verhandlungen mit den Interessenten abgeändert ist, dem Ministerium für die landwirthschaftlichen Angelegenheiten zur Superrevision und Genehmigung einzureichen.

Die Ausführung der Meliorationsanlagen ist Sache der Genossenschaft, insoweit das Statut nicht besondere Bestimmungen darüber enthält.

Bauten, welche noch während der Bildung der Genossenschaft stattfinden, sind durch den leitenden Beamten und die ihm zugeordneten Techniker auszuführen, sofern die Betheiligten es nicht vorziehen, die Ausführung einer von ihnen gewählten Kommission unter Aufsicht des leitenden Beamten zu übertragen.

§ 7.

Das Genossenschaftskataster soll den Beitragsfuß zur Aufbringung der Meliorationskosten angeben. Das Verhältniß der aus den Meliorationsanlagen erwachsenden Vortheile bildet den Maßstab für die Vertheilung der Beiträge (§ 57 b des Gesetzes vom 28. Februar 1843). Dabei kommen in Betracht;

1. die Fläche und Bonität der Grundstücke,
2. deren Beschaffenheit als Acker, Wiese 2c.,
3. die Lage derselben theils in Betreff der größeren oder geringeren Versumpfung und Wassersgefahr, theils in Betreff der mehr oder minder günstigen Lage für die Bewässerung.

In Erwägung dieser Verhältnisse ist der Beitragsfuß möglichst einfach, unter Vermeidung zu vieler die Verwaltung erschwerenden Klassen zu normiren.

Häufig wird lediglich die Fläche des Grundstücks (Morgenzahl) den Beitragsmaßstab bilden können, ohne Beeinträchtigung der einzelnen Betheiligten.

Bisweilen wird der aus dem Grundsteuerkataster oder aus den Separationsverhandlungen bekannte Ertragswerth die Grundlage des Genossenschaftskatasters sein können.

Wo indeß die Beschaffenheit der Grundstücke und ihre Lage in Betreff der Wasserverhältnisse so verschieden ist, daß darauf besondere Rücksicht genommen werden muß, da wird es doch mindestens genügen, unter Berücksichtigung sämmtlicher Verhältnisse die Grundstücke in 2—4 Klassen einzuschätzen so, daß z. B.

Klasse	I	pro Morgen	4	Sgr.	als einfachen Beitrag zahlt.
„	II	„	3	„	
„	III	„	2	„	
„	IV	„	1	„	

Die Kosten aller gemeinschaftlichen Anlagen der Genossenschaft sind in der Regel nach dem allgemeinen Beitrags-Maßstab zu bestreiten. Bisweilen ist es aber rathsam, die Gemeinschaft der ganzen Genossenschaft auf die Kosten gewisser Hauptanlagen und die Verwaltungskosten zu beschränken; dagegen für die Kosten solcher Anlagen, welche nur für einzelne Abschnitte des Areals von Interesse sind (z. B. Binnen-Entwässerungen, Bewässerungen) Spezialkataster aufzustellen.

Die Feststellung des Katasters erfolgt nach § 57 des Gesetzes vom 28. Februar 1843 durch das Statut. Das Kataster soll in der Regel schon bei Einreichung des Statuts vollendet sein. Da indeß öfters die Emanation des Statuts wünschenswerth ist, bevor die Katasterarbeiten, namentlich in größeren Sachen abgeschlossen werden können, und da es andererseits nützlich sein kann, die Wirkungen der Meliorationsanlagen kennen zu lernen, bevor die definitive Feststellung des Katasters erfolgt, — so wird ausnahmsweise gestattet, die Feststellung des Katasters in dem Statut vorzubehalten.

Bei der Vorbereitung des Katasters ist folgendes Verfahren zu beobachten. Der leitende Beamte stellt das Kataster, womöglich im Einverständniß mit den Deputirten der Betheiligten und nach Befinden unter Zuziehung von Sachverständigen auf. Das Kataster wird sodann dem etwa schon bestehenden Vorstande der Genossenschaft vollständig, den einzelnen Gemeindevorständen, sowie den Besitzern der Güter, welche einen selbstständigen Gutsbezirk bilden, extraktweise mitgetheilt und zugleich im Amtsblatt resp. Kreisblatt eine vierwöchentliche Frist bekannt gemacht, innerhalb welcher das Kataster bei den Gemeindevorständen und dem leitenden Beamten eingesehen und Beschwerde dagegen bei dem letzteren angebracht werden kann. Nach Ablauf dieser Frist werden die angebrachten Beschwerden von dem Kommissarius unter Zuziehung der Beschwerdeführer, eines Vorstandsdeputirten und der erforderlichen Sachverständigen untersucht. Diese Sachverständigen, und zwar hinsichtlich der Vermessung und des Nivellements ein vereideter Feldmesser oder nöthigenfalls ein Vermessungsrevisor, hinsichtlich der ökonomischen Fragen, der Bonität und Einschätzung zwei ökonomische Sachverständige, denen bei Streitigkeiten wegen der Ueberschwemmungs- oder sonstigen Wasserverhältnisse ein Wasserbauverständiger beigeordnet werden kann, werden von der Regierung ernannt.

Mit dem Resultate der Untersuchung werden die Betheiligten, nämlich die Beschwerdeführer einerseits und der Vorstandsdeputirte andererseits, bekannt gemacht. Sind beide Theile mit dem Resultate einverstanden, so hat es dabei sein Bewenden und wird das Kataster demgemäß berichtigt. Andernfalls werden die Akten der Regierung zur Entscheidung über die Beschwerden eingereicht. Wird die Beschwerde verworfen, so treffen die Kosten derselben den Beschwerdeführer. Innerhalb vier Wochen nach erfolgter Bekanntmachung der Entscheidung ist der Rekurs dagegen an das Ministerium für die landwirthschaftlichen Angelegenheiten zulässig.

Nach erfolgter Feststellung des Katasters ist dasselbe von der Regierung auszufertigen und dem Vorstande zuzustellen.

§ 8.

Ein gleichförmiges Schema für die Genossenschaftsstatute läßt sich nicht aufstellen, da die räumliche Ausdehnung und die örtlichen Verhältnisse bei den einzelnen Meliorationsunternehmungen verschieden sind. Ein Schema, welches für kleine Verbände zu passen pflegt, ist den Königl. Regierungen bereits durch Reskript vom 10. November 1851 mitgetheilt und im Ministerialblatt für die innere Verwaltung de 1851, S. 258 abgedruckt.

Zahlreiche Beispiele anderer Genossenschaftsstatute finden sich in der Gesetzsammlung z. B.

Jahrgang 1852, S. 391, 517,
" 1844, S. 489, 501,
" 1855, S. 445, 451, 490,
" 1856, S. 125, 462, 597, 945, 956, 966,
" 1857, S. 118, 686.

Der leitende Beamte hat darunter ein entsprechendes Statut auszuwählen und dasselbe den Verhältnissen des betreffenden Falles anzupassen.

§ 9.

Die Kosten der Verhandlungen und technischen Vorarbeiten sind in der Regel von der Genossenschaft zu tragen. Das Ministerium behält sich aber vor, bei Unternehmungen von erheblicher Wichtigkeit eine Beihülfe dadurch zu gewähren, daß die Kosten der kommissarischen Verhandlungen — so weit sie nicht durch unbegründete Beschwerden verursacht werden — und die Kosten der technischen Vorbereitung und Ausarbeitung des Meliorationsplans aus der Staatskasse bestritten werden.

Die Kosten der etwa nöthigen Vermessung und Bonitirung des Genossenschaftsgebietes und der Anfertigung des Meliorationskatasters sind jedenfalls von den Betheiligten zu tragen.

Soweit die Fonds des Ministeriums es gestatten, wird dasselbe auch künftig, wie bisher, auf speziellen Antrag der Regierungen in wichtigen Meliorationssachen Vorschüsse auf die von den Genossenschaften aufzubringenden Kosten gewähren.

§. 10.

In den bereits schwebenden Genossenschaftssachen kommt diese Anweisung nur noch insoweit zur Anwendung, als nicht schon die einzelnen Vorbereitungsstadien durch Anhörung der Betheiligten oder Einholung der höheren Genehmigung erledigt sind.

Anlage 14.

Gesetz wegen Verschaffung der Vorfluth in den Bezirken des Appellationsgerichtshofes zu Cöln und des Justizsenates zu Ehrenbreitstein, — — [1] [2])

Vom 14. Juni 1859.

G.S. 1859. S. 325.

Erster Abschnitt. Gemeinsame Bestimmungen.

§ 1.

In den Bezirken des Appellationsgerichtshofes zu Cöln und des Justizsenates zu Ehrenbreitstein, — — kann jeder Eigenthümer, welcher sein Grundstück entwässern, oder Teiche und Seen ablassen will, in Fällen des überwiegenden Landeskultur-Interesses verlangen, daß ihm gegen vollständige Entschädigung das Servitutsrecht eingeräumt wird, das Wasser von seinem Boden in offenen Gräben oder bedeckten Kanälen (Röhren) durch fremde Grundstücke, welche sein Grundeigenthum von einem Wasserlaufe oder einem anderen Abflußwege trennen,

---

[1]) Dieses Gesetz gilt in der ganzen Rheinprovinz mit Ausnahme der Landkreise Essen, Rees und Mülheim a. d. Ruhr, sowie der Stadtkreise Essen und Duisburg.

[2]) Vergl. Anl. 20.

auf seine Kosten abzuleiten oder zu diesem Ende vorhandene Gräben und Fließe zu erweitern und zu vertiefen.

§ 2.

Die Entwässerungsanlage darf nur an der Stelle des belasteten Grundstücks ausgeführt werden, wo sie dem Eigenthümer desselben, unbeschadet ihres Zweckes, am wenigsten lästig ist. Durch Gebäude, nebst den damit in Verbindung stehenden Hofräumen kann das Recht (§. 1.) gar nicht, durch Gärten und eingeschlossene Parkanlagen nur mittelst bedeckter Kanäle oder Röhren ausgeübt werden, insoweit es sich nicht blos um Erweiterung und Vertiefung vorhandener offener Gräben und Fließe handelt.

Einer vorhandenen gewerblichen Anlage darf durch die Entwässerungs-Anlage das zum Betriebe des Werkes in dem bisherigen Umfange nothwendige Wasser nicht entzogen werden.

Eine Abänderung gewerblicher Anlagen, wodurch ihr Betrieb in dem bisherigen Umfange in anderer Weise möglich gemacht wird, muß sich der Besitzer gefallen lassen.

§ 3.

Der Eigenthümer des von der Entwässerungsanlage durchschnittenen Grundstücks kann deren Mitbenutzung in Anspruch nehmen. Dasselbe Recht steht unter den Bedingungen des §. 1. auch den Eigenthümern benachbarter Grundstücke zu.

Wer die Mitbenutzung in Anspruch nimmt, muß einen verhältnißmäßigen Beitrag zu den Kosten der Anlage und Unterhaltung, insoweit er Nutzen davon zieht, leisten, und die Kosten der in seinem Interesse etwa erforderlichen Abänderung der Anlage allein tragen.

Wenn die Servitut später den Eigenthümer des belasteten Grundstücks an nützlichen Verbesserungen hindert, oder ihn sonst mehr als Anfangs belästigt, so kann derselbe eine Verlegung der Anlage an eine andere Stelle auf seine Kosten vornehmen, falls dadurch die Ausübung der Servitut nicht wesentlich erschwert wird.

§ 4.

In Ermangelung gütlicher Einigung entscheidet die Bezirksregierung — nach Anhörung der Betheiligten und nach vorheriger Lokaluntersuchung durch sachkundige Kommissarien — mit Ausschluß des Rechtsweges durch einen mit Gründen versehenen Beschluß:

1) über das Vorhandensein der Bedingungen, unter welchen die in §§. 1—3. erwähnten Rechte in Anspruch genommen werden können, über den Entwässerungsplan, sowie über die Art und Weise der Ausführung und späteren Abänderung der Anlagen;
2) wenn mehrere Theilnehmer vorhanden sind (§. 3.), über den Beitrag eines Jeden zu den Kosten der Anlage und deren Unterhaltung nach Verhältniß des Vortheils;
3) desgleichen über die künftige Unterhaltung alter Wasserläufe, welche nur erweitert oder vertieft sind. Wenn dabei die Unterhaltung demjenigen verbleibt, welcher den alten Wasserlauf bisher zu unterhalten hatte, so muß bei Bestimmung der ihm zu leistenden Entschädigung auch auf die mehreren ihm in der Folge zur Last fallenden Unterhaltungskosten billige Rücksicht genommen werden.

Gegen die Entscheidung der Regierung ist binnen sechs Wochen nach deren Zustellung an die Betheiligten Rekurs an das Ministerium für die landwirthschaftlichen Angelegenheiten zulässig.

§ 5.

Mit Vorbehalt der Berufung auf den Rechtsweg wird von der Bezirks-Regierung die zu gewährende Entschädigung festgestellt, auf Grund einer Schätzung durch Sachverständige, welche die Regierung ernennt, wenn sich die Betheiligten über deren Person nicht geeinigt haben. Insofern die Betheiligten sich nicht einigen, können die sachkundigen Kommissarien, welche die Untersuchung des Entwässerungsplanes bewirken, zugleich mit der Abschätzung der Entschädigungen beauftragt werden, wenn die Regierung das für angemessen erachtet.

Die Regierung kann die Festsetzung der Entschädigung ausdrücklich für eine vorläufige erklären und eine nähere Feststellung bis nach Beendigung der Anlage vorbehalten. Die nähere Feststellung muß aber jedenfalls binnen Jahresfrist nach Beginn der Arbeiten auf dem belasteten Grundstück erfolgen.

Sie kann die Ausführung der Anlage, der Berufung auf den Rechtsweg ungeachtet, gegen Zahlung oder Deposition der vorläufig festgestellten Entschädigung gestatten.

Entsteht über die Existenz oder den Umfang eines Rechtes, auf welches ein Widerspruch oder ein Entschädigungsanspruch gegründet wird, Streit, so ist bei Feststellung der Entschädigung der bisherige Besitzstand oder auch das Maaß der Berechtigung, soweit solche nach dem Ermessen der Regierung nachgewiesen ist, vorbehaltlich des Rechtsweges, zum Grunde zu legen.

Die Regierung kann aber auch in solchem Falle das weitere Verfahren so lange aussetzen, bis darüber von den Gerichten rechtskräftig entschieden ist.

§ 6.

Gegen das Resolut der Regierung, welches die Entschädigung feststellt, ist binnen sechs Wochen nach der Zustellung an die Betheiligten die Betretung des Rechtsweges bei dem ordentlichen Gericht der belegenen Sache zulässig. Wird innerhalb dieser Frist die Klage von der einen Partei beim Gericht angestellt, so kann die Gegenpartei im Wege der Widerklage die Abänderung der Entscheidung der Regierung auch ihrerseits noch nach Ablauf von sechs Wochen geltend machen.

§ 7.

Wenn durch eine Entwässerungsanlage Grundstücke in den Bezirken mehrerer Regierungen betroffen werden, so bestimmt das Ministerium für die landwirthschaftlichen Angelegenheiten, welche Regierung das Verfahren zu leiten und die Entscheidungen abzufassen hat.

§ 8.

Die Kosten des Verfahrens der Verwaltungsbehörde werden ebenso aufgebracht, wie die Kosten der Anlage. Die Kosten der Rekurs-Instanz, sowie des gerichtlichen Verfahrens, treffen den unterliegenden Theil nach Verhältniß der Sukkumbenz.

§ 9.

Das Gesetz, betreffend das für Entwässerungsanlagen einzuführende Aufgebots- und Präklusions-Verfahren vom 23. Januar 1846. (Gesetz-Sammlung S. 26.) wird in den Bezirken des Appellationsgerichtshofes zu Cöln und des Justizsenates zu Ehrenbreitstein, — — für anwendbar erklärt.

Anlage 15.

Vorfluthsgesetz für Neuvorpommern und Rügen.[1])

Vom 9. Februar 1867.

G.S. 1867. S. 220.

Abschnitt I. Unterhaltung der Wasserläufe Behufs Sicherung der Vorfluth.

§ 1.

Die Räumung und Unterhaltung der vorhandenen Gräben und anderen natürlichen und künstlichen Privatwasserläufe liegt, sofern nicht spezielle Rechtstitel, ununterbrochene Gewohnheiten oder Ortsstatuten ein Anderes bestimmen, den Uferbesitzern — und zwar den gegenüberliegenden bis zur Mitte — insoweit ob, als es zur Beschaffung und Erhaltung der Vorfluth erforderlich ist.

§ 2.

Die Polizeibehörde ist ermächtigt, die Verpflichteten zur Räumung oder Unterhaltung (§. 1.) anzuhalten, sobald aus deren Vernachlässigung Nachtheile für die Besitzer anderer Grundstücke oder nutzbarer Anlagen oder für die Gesundheit der Anwohner entstehen.

Wenn über die Verpflichtung Streit unter den Betheiligten entsteht, so ist die Räumung oder Unterhaltung bis zur richterlichen Entscheidung nach Maaßgabe des Besitzstandes, und wenn auch dieser nicht feststeht, von den Uferbesitzern (§. 1.) zu bewirken.

§ 3.

Wo die Räumung oder Unterhaltung durch Naturalleistungen der einzelnen Uferbesitzer wegen der Parzellirung oder geringen Ausdehnung der Grundstücke oder aus

---

[1]) Vergl. Anl. 20.

anderen Gründen erfahrungsmäßig mangelhaft geschieht, da können die sämmtlichen Räumungspflichtigen nach vorgängiger Vernehmung der Betheiligten durch ein von der Bezirksregierung festzustellendes Reglement verpflichtet werden, die Arbeiten gemeinschaftlich für Geld machen zu lassen und die Kosten nach Verhältniß ihrer bisherigen Verpflichtung aufzubringen.

Abschnitt II. Vorschriften zur Verhütung von Schaden durch Stauungsanlagen.

§ 4.

Jeder Besitzer einer Stauanlage muß sich auf Antrag und Kosten Derjenigen, welche dabei interessirt sind, die Setzung eines Merkpfahls gefallen lassen.

§ 5.

Diese Setzung muß durch sachverständige Kommissarien der Bezirksregierung und unter Zuziehung sämmtlicher Interessenten vor einer aus einem Richter und einem Protokollführer bestehenden Kommission des zuständigen Gerichts erfolgen.

Die Gerichtskommission hat über die Anordnungen der sachverständigen Kommissarien, die Erklärungen der Interessenten und deren Legitimation eine, den ganzen Akt, dessen Rechtsgültigkeit und Beglaubigung betreffende Verhandlung aufzunehmen. Diese ist von dem kommittirenden Gerichte, dem sie in Urschrift einzureichen, für die Regierung und die Interessenten, welche dies verlangen, auszufertigen oder in Abschrift mitzutheilen.

§ 6.

An dem Merkpfahle muß der zulässige höchste Wasserstand und auf Verlangen der Antragsteller (§. 4.) erforderlichen Falls auch der besondere höchste Sommerwasserstand deutlich bezeichnet, auch die Höhe davon mit einem nahe belegenen, unverrückbaren Gegenstande, bei Mühlen außerdem auch mit dem Fachbaum der Mahl- und Freischleuse durch Nivellement verglichen und zu Protokoll niedergeschrieben werden. Im umgekehrten Falle, wenn der Besitzer der Stauanlage die Verpflichtung hat, zur Erhaltung der Schiffbarkeit eines Gewässers das Wasser auf einer bestimmten Höhe zu erhalten, soll in Absicht der Setzung des Merkpfahls für den niedrigsten zulässigen Wasserstand auf ähnliche Weise verfahren werden.

§ 7.

Ist die Höhe des Wasserstandes durch rechtskräftige Urtheile oder nach dem Einverständnisse aller Interessenten deutlich bestimmt, so hat es dabei sein Bewenden und muß die Setzung des Merkpfahls danach erfolgen.

§ 8.

Sind aber die Interessenten darüber uneinig, ob die Höhe des Wasserstandes durch gültige Verträge, Verleihungen oder Verjährung bestimmt sei, so ist den Parteien der Rechtsweg zu überlassen, wobei die Vorschriften des §. 37. der Verordnung vom 21. Juli 1849. (Gesetz-Samml. S. 316.) Anwendung finden.

§ 9.

Wird durch Einverständniß der Interessenten oder im Rechtswege (§. 8.) festgestellt, daß es an rechtsverbindlichen deutlichen Bestimmungen des Wasserstandes fehlt, so erfolgt die Setzung des Merkpfahls durch die von der Bezirks-Regierung ernannte Kommission (§. 5.) dergestalt, daß dabei das gegenseitige Interesse der Bodenkultur und der Stauberechtigten möglichst vereinigt werde, und es entscheidet hierüber, sofern sich die Parteien bei den kommissarischen Festsetzungen nicht beruhigen, die Bezirksregierung mit Ausschluß des Rechtsweges.

Gegen die Entscheidung derselben findet nur der

Rekurs an die Ressortminister statt, welcher binnen einer präklusivischen Frist von sechs Wochen nach erfolgter Bekanntmachung der Entscheidung angemeldet werden muß.

§ 10.

In den Fällen des §. 8. steht der Bezirksregierung die Befugniß zu, auf Antrag von Interessenten und auf Kosten der Antragsteller interimistisch einen Wasserstand festzusetzen, welchen der Stauberechtigte so lange halten muß, bis ein Anderes durch richterliche Entscheidung rechtskräftig festgestellt ist.

§ 11.

Wird ein besonderer höchster Sommerwasserstand (§. 6.) festgesetzt, so ist in dem aufzunehmenden Protokoll (§. 5.) ausdrücklich zu vermerken, von welchem Tage ab und bis zu welchem Tage hin dieser Sommerwasserstand gehalten werden muß.

Hinsichtlich dieser Festsetzung eines Sommerwasserstandes und der Anfangs- und Endtermine desselben finden die vorstehenden Bestimmungen §§. 6. bis 10. gleichmäßige Anwendung.

§ 12.

Kein Besitzer von Stauanlagen darf den Wasserstand über die durch den Merkpfahl bestimmte Höhe aufstauen. Sobald das Wasser über diese Höhe wächst, muß er durch Oeffnung der Schleusen, Gerinne und Grundstöcke, durch Abnehmung der beweglichen Aufsätze auf den Fachbäumen oder Ueberfällen, überhaupt durch Wegräumung aller bloß zeitlichen Hindernisse den Abfluß desselben unentgeltlich sogleich und unausgesetzt so lange befördern, bis das Wasser wieder auf die durch den Merkpfahl bestimmte Höhe gefallen ist.

§ 13.

Versäumt er dies, so soll nicht allein auf Antrag jedes Interessenten durch die Polizeibehörde die im §. 12.

vorgeschriebene Herabsetzung des Wasserstandes auf die durch den Merkpfahl bestimmte Höhe auf Gefahr und Kosten des Besitzers der Stauanlage sofort bewirkt werden, sondern es hat auch der letztere außer dem Ersatze alles durch die widerrechtliche Stauung verursachten Schadens eine Strafe von 20 bis 50 Thaler verwirkt.

Abschnitt III. Vorschriften über Herstellung neuer und Erweiterung alter Entwässerungs-Anlagen und Entfernung von Stauanlagen.

§ 14.

Jeder Grundbesitzer, welcher sein Grundstück entwässern oder Teiche und Seen ablassen will, kann in Fällen des überwiegenden Landeskultur-Interesses verlangen, daß ihm gegen vollständige Entschädigung das Servitutrecht eingeräumt wird, das Wasser von seinem Boden in offenen Gräben oder bedeckten Kanälen (Röhren) durch fremde Grundstücke, welche sein Grundeigenthum von einem Wasserlaufe oder einem andern Abflußwege trennen, auf seine Kosten abzuleiten oder zu diesem Zwecke vorhandene Gräben, Fließe und Wasserläufe zu erweitern und zu vertiefen.

§ 15.

Die Entwässerungsanlage darf nur an der Stelle des belasteten Grundstücks ausgeführt werden, wo sie dem Eigenthümer desselben, unbeschadet des Zwecks, am wenigsten lästig ist; durch Gebäude nebst den damit in Verbindung stehenden Hofräumen kann das Recht (§. 14.) gar nicht, durch Gärten und eingeschlossene Parkanlagen nur mittelst bedeckter Kanäle oder Röhren ausgeübt werden, insoweit es sich nicht bloß um Erweiterung und Vertiefung vorhandener offener Gräben und Fließe handelt.

§ 16.

Unter den Voraussetzungen des §. 14. können auch Triebwerksbesitzer und Besitzer von Stauanlagen, welche sonst den Abfluß eines Gewässers anzuhalten berechtigt sind, verpflichtet werden, den freien Lauf desselben ganz oder zum Theil wieder herzustellen und selbst ihre Triebwerke und Stauanlagen gänzlich hinwegzuräumen, wenn der Zweck anders nicht zu erreichen ist.

§ 17.

Dem Eigenthümer des von der Entwässerungsanlage begrenzten resp. durchschnittenen Grundstücks, sowie auch den Eigenthümern benachbarter Grundstücke, steht das Recht der Mitbenutzung der Anlage zu.

Wer die Mitbenutzung in Anspruch nimmt, muß einen verhältnißmäßigen Beitrag zu den Kosten der Anlage und Unterhaltung, soweit er Nutzen davon zieht, leisten und die Kosten der in seinem Interesse etwa erforderlichen Abänderung der Anlage allein tragen.

Wenn die Anlage später dem Eigenthümer des belasteten Grundstücks in der Verbesserung desselben hinderlich wird, oder ihn sonst mehr als Anfangs belästigt, so kann derselbe eine Verlegung der Anlage auf seine Kosten vornehmen, sofern die Ausübung des durch §. 14. eingeräumten Rechts hierdurch nicht wesentlich erschwert wird.

§ 18.

Die Grundstückbesitzer, welche von den ihnen nach §§. 14. und 16. gestatteten Befugnissen Gebrauch machen wollen, und sich mit den Stauungsberechtigten und anderen Grundbesitzern nicht auf gütlichem Wege einigen können, haben ihren Antrag bei der Bezirksregierung anzubringen. Diese kann vor Einleitung des Verfahrens zur Begründung des Antrags die Einreichung des Situationsplans der etwa erforderlichen Nivellements und eines sachverständigen Gutachtens in Betreff der aus der beabsichtigten Entwässerung zu erwartenden Vortheile für die Bodenkultur, wie des obwaltenden überwiegenden Landeskultur-Interesses verlangen.

§ 19.

In Folge dieses Antrags (§. 18.) verfügt die Bezirksregierung eine örtliche Untersuchung durch sachkundige Kommissarien unter Zuziehung und Vernehmung sämmtlicher Interessenten. Diese Untersuchung ist auch darauf zu richten, ob und welche Nachtheile etwa durch die beabsichtigte Entwässerung für die Schiffahrt oder für öffentliche Anlagen zu besorgen sind.

§ 20.

In Ermangelung gütlicher Einigung entscheidet die Regierung mit Ausschluß des Rechtsweges durch einen mit Gründen versehenen Beschluß:

I. über das Vorhandensein der Bedingungen, unter welchen die in den §§. 14. bis 17. gedachten Befugnisse in Anspruch genommen werden können, und über den Entwässerungsplan;

II. über etwaige spätere Abänderungen des Plans (§. 17. Abschnitt 3.).

Gegen diese Entscheidungen der Bezirksregierung findet nur der Rekurs an den Minister für die landwirthschaftlichen Angelegenheiten statt, welcher binnen einer präklusivischen Frist von sechs Wochen nach Behändigung der Entscheidung anzumelden ist.

§ 21.

Wenn bei Einleitung des Verfahrens und Vernehmung der Interessenten (§. 19.) die Existenz oder der Umfang eines Rechts, auf welches ein Widerspruch oder ein Entschädigungsanspruch gegründet wird, streitig bleibt, so ist den Parteien der Rechtsweg zu überlassen.

Die Regierung ist aber befugt, in solchen Fällen

dem nach §. 18. beantragten Verfahren Fortgang zu geben, wenn der Provokant sich verpflichtet, die in Betreff des streitigen Anspruchs gemäß §. 22. zu ermittelnde Entschädigung vor der Ausführung der Entwässerungsanlage gerichtlich niederzulegen.

§ 22.

Steht der Entwässerungsplan gemäß §. 20. fest, so wird ein Schiedsgericht gebildet.

Demselben steht mit Zugrundelegung des feststehenden Entwässerungsplans nach Anhörung aller davon betroffenen Interessenten, soweit eine gütliche Einigung nicht zu erreichen ist, zu:

I. beim Vorhandensein mehrerer Theilnehmer (§. 17.) die Entscheidung über den Beitrag eines jeden zu den Kosten der Anlage und deren Unterhaltung nach Verhältniß des Vortheils;

II. desgleichen die Entscheidung über die künftige Unterhaltung bereits vorhandener Gräben und Wasserläufe, welche nur erweitert oder vertieft sind, wobei, wenn die Unterhaltungspflicht Demjenigen verbleibt, welcher den schon vorhandenen Wasserlauf bisher zu unterhalten hatte, bei Festsetzung der ihm zu leistenden Entschädigung auch auf die mehreren ihm in der Folge zur Last fallenden Unterhaltungskosten billige Rücksicht genommen werden muß;

III. die nähere Bestimmung über die Art und Weise der Ausführung des Entwässerungsplans und die Vollziehung desselben;

IV. die Ermittelung und Festsetzung der Entschädigungsansprüche, wie des Betrags der zu gewährenden Entschädigung.

In allen Fällen muß die Entschädigung vor der Ausführung der Entwässerungsanlage gezahlt werden.

§ 23.

Das Schiedsgericht (§. 22.) besteht aus drei Schiedsrichtern. Der eine derselben wird von den Stauungsberechtigten oder den Inhabern der Grundstücke, welche Vorfluth gewähren sollen, und den sonst zu Entschädigungsansprüchen Berechtigten durch einen nach der Personenzahl zu fassenden Mehrheitsbeschluß, der zweite von denjenigen Grundbesitzern, welche die Entwässerung beantragt haben, in derselben Weise gewählt, der dritte aber von der Bezirksregierung ernannt.

Das Schiedsgericht faßt seine Entscheidungen nach Stimmenmehrheit unter dem Vorsitz des von der Bezirksregierung ernannten Schiedsrichters.

Zur Wahl der Schiedsrichter sind die Interessenten mit vierwöchentlicher präklusivischer Frist aufzufordern. Wird die Wahl eines Schiedsrichters abgelehnt, oder können sich die Provokanten oder Provokaten über die Person eines gemeinschaftlichen Schiedsrichters nicht vereinigen, oder wird die Anzeige des gewählten Schiedsrichters über vier Wochen nach der den Interessenten behändigten Aufforderung zur Wahl verzögert, so geht das Wahlrecht verloren und es hat die Bezirksregierung den Schiedsrichter zu ernennen. Sie kann dazu auch einen mit der örtlichen Untersuchung beauftragten Kommissarius (§. 19.) bestellen.

§ 24.

Zu Schiedsrichtern dürfen nur unbescholtene, dispositionsfähige, sachkundige Männer, welche Preußische Unterthanen sind und die als Zeugen für und wider die Parteien und die übrigen Schiedsrichter mit voller Beweiskraft vor Gericht zugelassen werden, gewählt werden.

Besitzt der gewählte Schiedsrichter diese Eigenschaften nicht, so hat die Bezirksregierung eine anderweite Wahl zu veranlassen.

Die Schiedsrichter dürfen die Wahl nur aus denselben Gründen ablehnen, welche zur Ablehnung einer Vormundschaft berechtigen.

§ 25.

Die Schiedsrichter sind als Sachverständige zu vereiden, wenn dies nicht schon ein für alle Mal geschehen ist, oder beide Theile ihnen den Eid ausdrücklich erlassen.

§ 26.

Von der Entscheidung des Schiedsgerichts findet keine Berufung auf richterliches Urtheil statt.

Findet aber die Bezirksregierung in Folge einer binnen sechswöchiger Präklusivfrist nach Eröffnung der schiedsrichterlichen Entscheidung angebrachten Beschwerde, daß das Schiedsgericht seine Befugnisse überschritten hat, oder daß dessen Entscheidung mangelhaft oder unvollständig ist, so ist dieselbe befugt und verpflichtet, nach Anhörung der Gegenpartei die Berichtigung oder Vervollständigung der Entscheidung nach ihrem Ermessen dem bisherigen oder einem neuen nach den Vorschriften der §§. 23. und 24. zu bildenden Schiedsgerichte zu übertragen.

Gegen eine solche Verfügung der Regierung ist Rekurs an den Minister für die landwirthschaftlichen Angelegenheiten binnen sechswöchiger Präklusivfrist nach Behändigung der Verfügung zulässig.

§ 27.

Die sachkundigen Kommissarien (§. 19.) und die Schiedsrichter (§. 23.) haben sowohl auf Ersatz ihrer baaren Auslagen als auf Reise- und Zehrungskosten nach Maaßgabe des §. 3. des Kostenregulativs vom 25. April 1836. (Gesetz-Samml. S. 182.) und der späteren dazu ergangenen Vorschriften Anspruch. Ueber ihre Ansprüche entscheidet die Bezirksregierung.

§ 28.

Sämmtliche Kosten tragen Diejenigen, auf deren Antrag die Entwässerung erfolgt und resp. welche die Benutzung der Anlage in Anspruch genommen haben (§§. 14. 17. 18.), nach Verhältniß des Vortheils. Die Kosten der Rekursinstanz treffen den unterliegenden Theil. Die Bezirksregierung ist befugt, die Kosten und etwa erforderlichen Kostenvorschüsse exekutivisch einzuziehen.

Abschnitt IV. Aufgebots- und Präklusionsverfahren bei Entwässerungsanlagen.

§ 29.

Das Gesetz vom 23. Januar 1846., betreffend das für Entwässerungsanlagen einzuführende Aufgebots- und Präklusionsverfahren (Gesetz-Samml. S. 26. bis 28.), findet in seinem ganzen Umfange auch für Neuvorpommern und Rügen Anwendung.

Abschnitt V. Allgemeine Bestimmungen.

§ 30.

In Betreff der Kompetenz der Auseinandersetzungsbehörden zur Regulirung der mit ihren Geschäften verbundenen Vorfluthsachen wird durch das gegenwärtige Gesetz nichts geändert.

§ 31.

Wer durch die Verabsäumung seiner Räumungs- und Unterhaltungspflicht (§§. 1. und 22.), oder durch Beschädigung oder Zerstörung der durch sein Grundstück führenden Entwässerungsanlagen Anderen Schaden zufügt, hat für diesen Schaden vollständigen Ersatz zu leisten.

Ueber die Verpflichtung zum Schadensersatz und über

den Betrag des Schadens kann nur im ordentlichen Rechtswege entschieden werden.

§ 32.

Alle mit diesem Gesetze im Widerspruch stehenden gesetzlichen Bestimmungen werden aufgehoben, und tritt das für Neuvorpommern und Rügen erlassene Königlich Schwedische Reglement vom 18. November 1775. nach Publikation des gegenwärtigen Gesetzes außer Kraft.

Anlage 16.

Ministerielle Anweisung für die Ausführung der technischen Vorarbeiten bei Landes-Meliorationen.

Vom 15. August 1872.

Um eine möglichst gleichmäßige und zweckdienliche Behandlung der technischen Vorarbeiten für größere Landes-Meliorationen (Entwässerungen, Bewässerungen, Eindeichungen, Fluß-Regulirungen) herbeizuführen, werden für die Anfertigung solcher Vorarbeiten die nachstehenden Bestimmungen getroffen:

Allgemeine Vorarbeiten.

§ 1.

Zur Begründung des Antrags auf Bearbeitung des Unternehmens und Bewilligung der Vorarbeitskosten aus der Staatskasse ist in der Regel beizubringen:

1) ein Uebersichts-Situationsplan, welcher aus der Generalstabskarte oder anderen gedruckten Karten, oder aus sonstigen vorhandenen Materialien (im Maßstabe von 1 : 10,000 bis 1 : 100,000) zusammengestellt wird, und ein Bild des Betheiligungs-Gebietes der bestehenden Wasserzüge,

Stauwerke, Deiche rc., sowie der beabsichtigten Haupt-Meliorations-Anlagen, soweit sich dieselben schon einigermaßen übersehen lassen (letztere in karminrothen Linien), geben soll, ohne daß es dabei auf vollständige geometrische Genauigkeit und Vollständigkeit ankommt;

2) ein Erläuterungs-Bericht, welcher enthält:

a) eine allgemeine oder kurze Beschreibung des Meliorations-Gebietes, der Bodenart, der kulturschädlichen Uebelstände und deren Ursachen,

b) die Grundzüge der beabsichtigten Melioration unter Schätzung der ungefähren Baukosten, wobei zu erwägen ist, ob diese Kosten mit den zu erwartenden Vortheilen in angemessenem Verhältnisse stehen werden,

(bei Bewässerungen ist insbesondere die disponible Wassermenge und die Beschaffenheit des Wassers zu beleuchten),

c) den Kostenüberschlag der speziellen Vorarbeiten.

Spezielle Vorarbeiten.

§ 2.

Die speziellen Vorarbeiten für die gesetzliche Begründung des Unternehmens müssen in der Regel bestehen aus:

a) einer Spezial-Karte des Meliorations-Terrains,

b) genauen Nivellements-Plänen, bei Seeablassungen auch Peilungs-Plänen,

c) einer Uebersichts-Karte,

d) einem zu derselben passenden Uebersichts-Nivellement,

e) dem Meliorations-Plane (Erläuterungs-Bericht, Bauzeichnungen und Kosten-Anschlag).

§ 3.

a) Spezial-Karte.

Als Spezial-Karte dienen gewöhnlich die vorhandenen Karten (Kataster-Karten, Separations-Karten und dergl.).

Eine Kopie davon nach dem vorhandenen Maßstabe ist für das Büreau der Meliorations-Verwaltung zu fertigen, behufs Eintragung der Projekt-Linien, Berechnung der Grundentschädigung und Einschätzung in das Meliorations-Kataster.

Wenn die leitende Behörde eine Reduktion der vorhandenen Karten auf einen gleichmäßigen Maßstab für erforderlich erachtet und anordnet, so ist für die reduzirte Karte gewöhnlich der Maßstab von 1 : 5000 (1$^{\text{mm.}}$ = 5 Meter) zu wählen; die Karte ist, wenn thunlich, in Uebereinstimmung mit der Uebersichtskarte, in der Regel also, oben Norden, unten Süden zu orientiren, und unter allen Umständen mit dem genauen astronomischen Meridian zu versehen, sonst folgt sie dem Hauptflusse von links nach rechts; die einzelne Sektion soll möglichst nicht über 2 Meter lang und 1 Meter hoch sein und soll die Anschlüsse an die angrenzenden Sektionen auf 5 Centimeter Breite bloß in Linien enthalten.

Dasselbe gilt, wo ausnahmsweise eine neue Messung des Terrains angeordnet wird.

Die Spezial-Karten sollen alles Bestehende der Meliorationsfläche enthalten, namentlich die Wasserzüge, Wege und Eisenbahnen mit ihren Bauwerken, die Orte der Pegel, die Brücken, Wassertriebwerke und Schleusen, die Besitzstände (Grenzen) der einzelnen Grundbesitzer, deren Namen und die Katasternummern, die Feldmarksgrenzen unter Beschreibung der angrenzenden Feldmarken, die Ortschaften und Gebäude, die Kulturarten des Bodens (Acker, Wiese, Wald, Haide und Hütung, Brücher). Höhenzüge werden durch Bergstriche bezeichnet.

Die bestehenden Wege, Grenzen, Gebäude ꝛc. werden

mit schwarzen Linien, die bestehenden Wasserzüge in bordvoller Breite mit hellblauer Farbe und deren Abflußrichtungen mit Pfeilen bezeichnet. Alle neu projektirten Anlagen werden mit Karminroth ausgezogen, und, einschließlich der zugehörigen Zahlen, karminroth beschrieben.

Die Grundflächen vorhandener Deiche sind mit grauem Untergrunde, die Böschungen mit hellgrüner Farbe und ihre Krone mit einem hellbraunen Striche zu bezeichnen; bei Maßstäben von 1 : 5000 und darunter genügt die Bezeichnung der Kronenlinie.

Alle Farben sind so hell zu halten, daß das Projekt darüber hinweg gezeichnet werden kann.

Die gemessenen Haupt-Linien werden in ihren Eckpunkten mit schwarzen Ringen bezeichnet, die gemessenen und nivellirten Linien dagegen in der Spezialkarte mit feinen schwarzen Strichen ausgezogen und alle Haupt-Stationen von 1000 zu 1000 Meter Länge mit schwarzen Ringen eingefaßt.

Der Anfangspunkt einer gemessenen oder nivellirten Linie ist genau zu bezeichnen, und die Stationirung so zu machen, daß die Nummer jeder Station mit 100 multiplizirt den Abstand vom Anfangspunkte in Meter angiebt. Die Zehner, hier also Kilometer, sind dabei größer zu schreiben.

(10. 11., 12., 13. 2c. 20 2c.)

Die Umfangslinie der Meliorations-Betheiligung ist mit einem grünen Striche zu bezeichnen, und die höchste Ueberschwemmungs-Grenze, wo sie vom Betheiligungs-Gebiete abweicht, blau zu punktiren.

Ein liegender Maßstab mit deutlicher Ueberschrift seines Verhältnisses zur natürlichen Größe ist auf jeder Karte anzubringen und die Außenseite jeder Karte, sowie jeder gerollten Zeichnung, mit der Bezeichnung des Inhaltes zu versehen.

§ 4.

b) Nivellements-Pläne.

Jedes Nivellement ist doppelt und mit der größten Sorgfalt auszuführen.

Die Auftragung der Nivellements erfolgt, sofern nicht abweichende Vorschriften ertheilt sind, in den Längen nach dem Maßstabe von 1:5000 der wirklichen Länge (1 mm. = 5 Meter) und in den Höhen nach dem 25 fachen Maßstabe von $^1/_{200}$ der wirklichen Größe, bei welchen 5 mm. = 1 Meter darstellen.

Eine Abweichung von dieser Regel wird zweckmäßig zu bestimmen sein:

1. in Betreff des Längenmaßstabes,
   a) wo sich das Nivellement an eine vorhandene Spezialkarte anschließen soll, indem dann der Maßstab der Spezialkarte auch als Längenmaßstab für das Nivellement anzuwenden ist;
   b) bei ausgedehnten Nivellementszügen von mehreren Meilen Länge, wo ein Maßstab von 1 : 10000 (1 mm. = 10 Meter) übersichtlicher ist;
   c) bei Flächen-Nivellements, namentlich bei größeren Bewässerungs-Projekten sind die Ordinaten in die Spezial-Karten einzutragen und nur von solchen Nivellementslinien Profile anzufertigen, welche augenscheinlich für den Haupt-, Zu- oder Ableitungskanal zu benutzen sind;
2. in Betreff des Höhenmaßstabes in ebenen Gegenden (bei durchschnittlichem Gefälle von 1 : 2000 [$^1/_2$ mm. per Meter und darunter]), wobei ein Maßstab von $^1/_{100}$, d. i. 10 mm. = 1 Meter zu wählen ist.

Der Maßstab für die Längen ist liegend, der Maßstab für die Höhen neben der ersten und letzten Ordinate des Nivellements-Planes parallel mit den Ordinaten, also stehend, zu zeichnen.

Der Anfangspunkt des Nivellements liegt allemal

zur Linken; die Richtung des Nivellements geht von der Linken zur Rechten, gleich dem Abflusse oder Gefälle des Wassers und gleich der Schrift.

Der Normal-Horizont für die Nivellements-Linien im Meliorations-Terrain soll ein und derselbe sein, und womöglich durch den Nullpunkt des Amsterdamer Pegels gedacht sein.

Die Verbindung des Nivellements mit einem nahe gelegenen, in seiner Höhe zum Amsterdamer Pegel bekannten Punkte geschieht durch ein besonderes generelles Nivellement, dessen Kosten bei Beantragung der Vorarbeitskosten besonders zu berechnen sind. Ueber 3 Meilen sollen dergleichen Verbindungs-Nivellements in der Regel nicht ausgedehnt werden. Wo der Anschluß an den Amsterdamer Pegel nicht ohne Kosten zu erreichen ist und die Kosten des Anschluß-Nivellements nicht bewilligt werden, da ist der Nullpunkt des Nivellements in einem Fixpunkte (Pegel, Fachbaum und dergl.) allemal unter der Erdoberfläche zu wählen.

Wenn sich hierbei für die Fortsetzung des Nivellements zu lange Ordinaten ergeben, so kann der Normal-Horizont, jedoch immer nur um je 10 Meter höher gelegt werden, was in den Längenprofilen anzugeben ist. Die Zahlen der Ordinaten sind überall nach dem ersten Normal-Horizonte einzuschreiben.

Die Nivellir-Latte ist auf vertiefter Skala in Meter und jeder Meter in 100 Theile einzutheilen, alle ungeraden Meter derselben, also der 1., 3., 5. sind auf weißem Untergrund schwarz mit schwarzen Zahlen, die graden Meter, also der 2., 4., 6. roth mit rothen Zahlen zu malen.

Die Nivellements-Tabellen werden nach dem am Schlusse beigefügten Formulare geführt und berechnet.

Am Ende jeder Seite soll die Abstimmung nachgewiesen sein. Was in den Nivellements-Tabellen und Plänen nicht Platz findet, wird in der Rubrik „Bemerkungen" der Nivellements-Tabelle oder in besonderen Heften skizzirt und beschrieben.

Jede einzelne Nivellements-Linie, sie mag ein Längen- oder Quer-Profil betreffen, bildet in der Nivellements-Tabelle einen besonderen Abschnitt.

Für alle bestehenden Gewässer (Flüsse, Bäche, Kanäle, Gräben), deren beide Ufer nivellirt werden, soll die Haupt-Nivellements-Linie im Terrain des linken Ufers angenommen werden und wird das rechtsseitige Ufer dabei punktirt dargestellt; bei Durchstichs- und Deich-Projekten folgt indeß der Nivellements-Zug möglichst der projektirten Durchstichs- resp. Deich-Linie.

An die Haupt-Nivellements-Linie und ihre Stationen werden alle übrigen nivellitischen Ermittelungen (Querlinien, Thal- und Fluß-Profile und dergl.) gebunden.

Das Nivellement muß an natürliche und möglichst viele Festpunkte, gewöhnlich alle 1000 Meter einmal festgelegt werden. Der niedrigste, der mittlere und der höchste Wasserstand ist darin anzugeben, desgleichen die linkseitige Uferhöhe und die Flußsohle, nebst der Höhenlage der wichtigeren Punkte der Gegend, z. B. Eisenbahnschienen, Chausseekronen, Pegelnullpunkte, Oberkanten von Fachbäumen, Schleusendrempel, Wehrrücken, Schützenhöhen, Merkpfähle (Spiegelpfähle) und Sicherheitspfähle (Grundpfähle), Unterkante des Schlußsteins an gewölbten Brücken und der Straßenbalken an anderen Brücken, die Oberkante der Jochholme derselben, Plinthen und Thürschwellen nahestehender Gebäude.

Die Beschaffenheit des Terrains ist mit einem entsprechenden hellen schmalen Farbenstriche (Acker braungelb, Wald grau, Wiese und Moor grün) im Nivellement zu charakterisiren. Die Beschaffenheit des Untergrundes ist nur da, wo es besonders vorgeschrieben wird, zu untersuchen und anzugeben. Die Sohle ist mit schwarzer Linie zu zeichnen und mit entsprechender hellerer Farbe anzulegen.

Alles Bestehende wird schwarz gezeichnet, das Wasser nebst den Zahlen des Wasserstandes blau, das Projekt mit seinen Zahlen roth, der Auftrag hellroth, der Abtrag hellgrau.

Die Zahlen der Terrain-Ordinaten stehen links von ihren Ordinaten, die des Projektes rechts von denselben.

Die Zahlen des Terrains, der Sohle, der Deichkrone und des Wasserspiegels (letzte blau) stehen, jede Art für sich, auf einer besonderen Höhe oder Linie. Darunter finden parallel mit dem Horizonte die Namen der Feldmarken und Güter Platz, welche die Nivellements-Linie durchzieht.

Vor Ausführung des Nivellements für einen bestehenden Wasserlauf, dessen Wasserstand erheblichem Wechsel unterliegt, sollen in den Hauptstationen etwa von 1000 zu 1000 Meter, sowie ober- und unterhalb fester Brücken und Stauwerke und an sonst wichtigen Zwischenpunkten Interims-Pegel (circa 1 Meter lange Pfähle mit Centimeter-Eintheilung) am Rande des Wasserspiegels, besonders an festen Brücken eingeschlagen und deren Höhenlage demnächst in die Nivellements-Tabelle eingetragen werden. Der während des Nivellements vorkommende Wasserstand ist in die Nivellements-Tabelle einzutragen. Zur Erreichung eines normirten Wasserstandes sind sämmtliche Pegel an einem und demselben Tage während eines beharrlichen Zuflusses zu beobachten und die vorgefundenen Wasserstände einzutragen. Auf diesen Wasserstand sind sämmtliche Ordinaten für den Wasserspiegel zu berechnen und in die Nivellements-Pläne einzuzeichnen.

Die Lage der zwischen den Stations-Punkten etwa noch erforderlichen Ordinaten ist nur durch das Einschreiben ihrer Entfernung von dem vorliegenden Stations-Punkte festzustellen. Zur leichteren Orientirung werden die Ordinaten von 1000 zu 1000 Meter stärker, als die anderen Ordinaten ausgezogen. Im Uebrigen gilt für die Stationirung das im §. 3. Gesagte.

Wenn es der Raum auf dem Papiere gestattet, so sind die korrespondirenden Situations- und Nivellements-Pläne auf einem und demselben Blatte übereinander darzustellen. Thal- und Fluß-Querprofile und Zeichnungen besonderer Bauwerke sind, wo möglich gleich über oder unter der betreffenden Stelle des Nivellements, erstere in dem bestimmten Längen- und Höhenmaßstabe, letztere in dem Maßstabe von 5 mm. = 1 Meter zu zeichnen.

Im anderen Falle nehmen besondere Blätter und Hefte die Querprofile und Bauwerks-Zeichnungen auf.

Das rechte Ufer ist dabei stets rechts, das linke Ufer links zu zeichnen. Für die größere Schrift der Karten und Nivellements wird die Anwendung von Drucktypen empfohlen.

§ 5.

c) Uebersichts-Karte.

Die Uebersichts-Karte ist durch Reduktion der Spezial-Karten in der Regel im Maßstabe von 1 : 10,000, d. i. 1 mm. = 10 Meter anzufertigen und enthält nur die bemerkenswerthesten Gegenstände. Sie dient bei ausgedehnten Meliorationsflächen als Projektions-Karte für die Hauptanlagen. In vielen Fällen wird auch schon eine Kopie der Original-Aufnahmen des Königlichen General-Stabes (im Maßstabe von 1 : 25,000 [1 mm. = 25 Meter]) als Uebersichtskarte dienen können.

Bei der Vorlegung des Projekts in der Ministerial-Instanz ist die Uebersichts-Karte mit einzureichen; der Einreichung der Spezial-Karten bedarf es in der Regel nicht.

Wenn die Uebersichts-Karte das im §. 3. gedachte Maß überschreitet, so ist sie selbst in mehrere Sectionen zu theilen.

Alsdann ist noch eine kleinere Uebersichts-Karte in einem Blatte im Maßstabe von 1 : 50,000 (1 mm = 50 Meter) zu fertigen, und auf derselben möglichst zugleich das Uebersichts-Nivellement (§. 6) darzustellen.

Bei Meliorationen, wo es darauf ankommt, die Menge des abzuführenden Wassers zu bestimmen, ist auch eine Karte beizubringen, welche das betreffende Wassersammel- oder Abdachungs-Gebiet darstellt. Dieselbe ist aus einer entsprechenden Landkarte zu entnehmen. Sie soll von den höchsten Quellenlagern bis zur nächst unterhalb liegenden Mündung des Flusses reichen, und die bekannten Höhenangaben über dem Meeresspiegel, die bemerkenswerthen Wasserbauwerke, sowie die ungefähre Flächenangabe des Wassersammel- oder Abdachungs-Gebietes enthalten.

§ 6.

d) Das Uebersichts-Nivellement

erhält in der Regel den Längenmaßstab von 1 mm. = 50 Meter und den Höhenmaßstab der Nivellements-Pläne §. 4 mit den bemerkenswerthesten Bezeichnungen. Dabei ist auf eine möglichste Uebereinstimmung der Bezeichnungen mit denen der Uebersichtskarte zu halten.

Die Ordinaten sind nicht alle 1000 Meter, sondern alle 5000 Meter stärker auszuziehen.

§ 7.

e) Meliorations-Plan.

Der Erläuterungs-Bericht hat vom technischen Standpunkte diejenigen Gegenstände zu erörtern, welche im §. 2 der Instruktion zur Bildung von Deichverbänden vom 24. August 1850 und im §. 2 der Anweisung für die Bildung von Ent- und Bewässerungs-Genossenschaften vom 10. Oktober 1857 bezeichnet sind.

Bei der Beschreibung des Meliorations-Planes ist

auch die Zeit und Organisation der Ausführung zu erläutern.

Der Haupt-Kostenanschlag zerfällt gewöhnlich in folgende Titel:

I. Grunderwerb und Nutzungs-Entschädigung (incl. der Entschädigung von Stauberechtigten und anderen Wassernutzungs-Rechten).

II. Erd- und Rodungs-Arbeiten.

III. Befestigung der Ufer, der Böschungen und Sohlen.

IV. Wasser-Bauwerke an Schleusen, Sielen, Wehren, Brücken, Fähren u. dergl.

V. Gebäude und deren Translokation, Einfriedigungen.

VI. Grenz- und Nummersteine, Festpunkte, Merkpfähle, Sohlschwellen u. dergl.

VII. Geräthe, Karrdielen, Maschinen, Instrumente und deren Unterhaltung.

VIII. Bauleitung, Katastrirung und Verwaltung.

IX. Insgemein.

Zum Schluß ist eine Rekapitulation dieser Titel zu geben.

Die tabellarischen Berechnungen über Erdarbeiten und die Spezial-Anschläge für die Bauwerke nebst Zeichnungen sind beizufügen.

Wo die Beitragspflicht nach verschiedenen Meliorations-Abtheilungen gesondert werden soll, ist auch der Kostenanschlag für jede Abtheilung besonders aufzustellen.

Wo mehrere ähnliche Bauwerke (Brücken, Schleusen 2c.) vorkommen, da ist nur ein solches Bauwerk speziell zu veranschlagen und der Kostenpreis der übrigen unter Berücksichtigung kleiner Abweichungen in den Dimensionen darnach zu schätzen.

§ 8.

Bei größeren Meliorationen können die Vorarbeiten und Anschläge selten so speziell gemacht werden, daß die

Ausführung, namentlich die Akkordirung der Erdarbeit unmittelbar darauf gegründet werden könnte. Es wird daher während und zu der Bauausführung selbst in der Regel noch eine speziellere Vorarbeit nöthig. Die Nivellements dazu werden auf die vorhandenen Spezial-Karten gegründet und schließen sich dem Maßstabe derselben an.

Bezahlung der Vorarbeiten.

§ 9.

a) Wenn das Kopiren der Karten für die im §. 43 des Feldmesser-Reglements vom 2. März 1871 bestimmten Sätze

bei Kopien nach demselben Maßstabe für den zehnten Theil eines □ Meters des wirklich bezeichneten, beschriebenen und mit Farben angelegten Raumes

beim Maßstabe von

1/2500 der natürlichen Größe	1 Thlr.	2 Sgr.	6 Pf.
1/3000 " " "	1 "	5 "	— "
1/4000 " " "	1 "	12 "	6 "
1/5000 " " "	1 "	22 "	6 "

nicht zu erreichen ist, so können je nach den vorhandenen Schwierigkeiten des Zusammentragens mehrere Karten zu einer, der Eintragung der Bauwerke 2c. diese Sätze bis 50 pCt. erhöht werden.

b) Sollen Karten verkleinert oder vergrößert werden, so können die Sätze des Feldmesser-Reglements unter Umständen um 100 pCt. erhöht, oder müssen solche Karten nach Diätensätzen angefertigt werden.

c) Für Nivellements sind in der Regel bei Stationen von je 50 Meter (selbstverständlich mit zugehörigen Zwischenstationen) folgende Sätze zu vereinbaren:

Für je 100 Meter

1. wenn blos eine Linie incl. Festpunkte und Wasserspiegel nivellirt wird . . . . 8 Sgr.
2. wenn außer derselben noch ein Graben oder Bach mit seiner Sohle nivellirt wird . . . . 11 „
3. wenn beide Ufer in derselben Art mit dem dazwischen liegenden Graben oder Bache nivellirt werden . . . 13 „
4. wenn ein Ufer nebst einem breiten Flusse oder Strome ebenso nivellirt wird . . . . 14 „
5. wenn beide Ufer nebst einem breiten Flusse oder Strome incl. Festpunkte und Wasserspiegel nivellirt werden . 16½ „
6. soll außerdem noch die Krone eines danebenliegenden Deiches nivellirt werden, dafür besonders . . . . 2 „
7. in sehr gebirgigem, waldigem oder sumpfigem Boden kann zu vorstehenden Sätzen noch eine Zulage bis . . . . 4 „
nach Maßgabe der Schwierigkeit bewilligt werden.

d) Bei Stationirung von je über 50 Meter sind diese Sätze um 20 pCt., bei bloßen Ausschluß-Nivellements um 40 pCt. zu ermäßigen.

e) Die Auslagen für Hülfsarbeiter auf dem Felde, und für Peilungen, Zeichenpapier, Botengänge, Meßpfähle 2c. werden nach Maßgabe der Bestimmungen der §§. 52. und 54. des Feldmesserreglements liquidirt und vergütet.

Für diese Bezahlung sind die Nivellements-Profile

nebst Tabellen und Beschreibung in einem Exemplare zu liefern, die Nivellements-Linien in die Situations-Karten einzutragen, oder eine Skizze derselben unterzusetzen, sowie die gewöhnlichen Grabenprofile und Bauwerke in und neben der Nivellements-Linie aufzunehmen und aufzutragen.

In besonders schwierigen Fällen kann die Anfertigung des Nivellements der großen Fließ-Profile und der Karten-Kopien auf Diäten von der leitenden Behörde genehmigt werden. [1])

§ 10.

Bei der großen Verschiedenheit der einzelnen Meliorations-Unternehmungen nach Zweck und Ausdehnung und bei der Nothwendigkeit, das bereits vorhandene Material an Karten und sonstigen Vorarbeiten möglichst zu benutzen, können die Vorschriften der vorstehenden Instruktion nicht als unbedingt bindende Regel gelten. Vielmehr soll dieselbe nur als Leitfaden für die Behörden und Beamten dienen und bleibt ein Abweichen davon aus sachlichen Gründen gestattet. Die Abweichung ist aber alsdann in den Erläuterungs-Berichten zu motiviren.

§ 11.

Bei kleinen Ent- und Bewässerungs-Anlagen innerhalb einer Feldflur genügt eine Kopie der vorhandenen Flur- und Kataster-Karte. Die bestehenden Gewässer sind darauf blau, die projektirten Zuleitungs-Gräben roth und die projektirten Ableitungs-Gräben violett einzuzeichnen.

---

[1]) Es erscheint zweckmäßig, daß zur Vermeidung späterer Differenzen die Entschädigungssätze stets vor Ertheilung des Auftrags von der zuständigen Behörde festgestellt oder von den Betheiligten vereinbart werden — vergl. auch die Abänderung des Reglements für die öffentlich anzustellenden Land(Feld)messer vom 2. März 1871 (G.S. 1871 S. 101 — 112), vom 26. August 1885 (G.S. 1885 S. 319).

Nivellement von bis

von	bis	Länge.	I. Nivellement.				II. Nivellement.				Mittleres Gefälle		Ordinate über dem Horizont.	Zielhöhe.				Ordinaten über dem Horizonte.				Bemerkungen.
			Zielhöhe		Gefälle		Zielhöhe		Gefälle													
			rückwärts.	vorwärts.	steigt.	fällt.	rückwärts.	vorwärts.	steigt.	fällt.	steigt.	fällt.		Rechtes Ufer.	Wasserspiegel.	Sohle.	Dämme.	Rechtes Ufer.	Wasserspiegel.	Sohle.	Dämme.	
Stat.	Stat.	Met.	Met.	Met.	Met.	Met.	Met.	Met.	Met.	Met.	Met.	Met.	Met.	Met.	Met.	Met.	Met.	Met.	Met.	Met.	Met.	

Anlage 17.

Gesetz, betreffend die Bildung von Wassergenossenschaften.

Vom 1. April 1879.

G.S. 1879 S. 297.

Erster Abschnitt.

Allgemeine Vorschriften.

§ 1.

Zur Benutzung oder Unterhaltung von Gewässern,
zur Ent- oder Bewässerung von Grundstücken,
zum Schutze der Ufer,
zur Anlegung, Benutzung oder Unterhaltung von Wasserläufen oder Sammelbecken,
zur Herstellung und Verbesserung von Wasserstraßen (Flößereien) und anderen Schifffahrtsanlagen
können Genossenschaften nach den Vorschriften dieses Gesetzes gebildet werden.

§ 2.

Auf das Deichwesen und auf solche Entwässerungsanlagen, welche von Deichverbänden als Zubehörungen von Deichen ausgeführt werden, findet dieses Gesetz keine Anwendung.

§ 3.

Soweit es sich um die Errichtung neuer oder die Verhältnisse bestehender Genossenschaften zur Ent- oder Bewässerung von Grundstücken handelt, sind nachfolgende Gebietstheile den Vorschriften dieses Gesetzes nicht unterworfen:

1) der Kreis Siegen;

2) die Herzogthümer Bremen und Verden, soweit die Deichordnung vom 29. Juli 1743 Anwendung findet;
3) das Land Hadeln;
4) das Fürstenthum Lüneburg und die zur Provinz Hannover gehörigen Lauenburgischen Landestheile, soweit die Lüneburgische Deich- und Sielordnung vom 15. April 1862 Anwendung findet;
5) die Grafschaften Hoya und Diepholz, soweit die Deich- und Abwässerungsordnung vom 22. Januar 1864 Anwendung findet oder demnächst in Anwendung gebracht werden wird;
6) das Fürstenthum Ostfriesland und die Stadt Papenburg;
7) das Jadegebiet.

§ 4.

Die Genossenschaften (§. 1) werden durch Vertrag — freie Genossenschaften — oder durch Beschluß der staatlichen Behörde — öffentliche Genossenschaften — begründet.

§ 5.

Der Genossenschaft können außer den Eigenthümern der bei dem Unternehmen betheiligten Grundstücke nur diejenigen Gemeinde-, Amts-, Kreis- und sonstigen Kommunalverbände, sowie diejenigen Deich- und Meliorationsverbände, deren Interessen bei dem Unternehmen betheiligt sind, als Mitglieder angehören.

§ 6.

Dem Eigenthümer im Sinne dieses Gesetzes ist derjenige gleichzuachten, welcher ein erbliches unbeschränktes Nutzungsrecht an einem Grundstücke hat.

§ 7.

Die Genossenschaft muß ihren Sitz im Inlande haben.

§ 8.

Die Rechtsverhältnisse der Genossenschaft müssen durch ein Statut geregelt werden.

§ 9.

Die Genossenschaft muß einen Vorstand haben, welcher dieselbe in allen ihren Angelegenheiten vertritt.

§ 10.

Die Genossenschaft kann unter ihrem Namen Rechte erwerben und Verbindlichkeiten eingehen, Eigenthum und andere dingliche Rechte an Grundstücken erwerben, vor Gericht klagen oder verklagt werden. Ihr ordentlicher Gerichtsstand ist bei dem Gerichte, in dessen Bezirk sie ihren Sitz hat.

Zweiter Abschnitt.

Freie Genossenschaften.

§ 11.

Der Vertrag, durch welchen eine freie Genossenschaft begründet wird (Genossenschafts-Statut), muß gerichtlich oder notariell aufgenommen werden.

§ 12.

Das Genossenschafts-Statut muß enthalten:

1) den Namen und Sitz der Genossenschaft;
2) den Genossenschaftszweck unter Bezugnahme auf den Plan für die Ausführung des genossenschaftlichen Unternehmens;
3) die genaue Bezeichnung der bei dem Unternehmen betheiligten Grundstücke oder Theile von Grundstücken unter Beifügung beglaubigter Karten nebst Register;

4) die Zeitdauer der Genossenschaft, falls dieselbe auf eine bestimmte Zeit beschränkt sein soll;
5) die den Genossen obliegenden Verpflichtungen;
6) das Verhältniß der Theilnahme an den Nutzungen und Lasten, sowie am Stimmrechte;
7) die Art der Wahl und Zusammensetzung des Vorstandes, die Verwaltungsbefugnisse desselben und die Formen für die Legitimation der Mitglieder des Vorstandes und deren Stellvertreter;
8) die Form für die Zusammenberufung der Genossen;
9) die Gegenstände, über welche nicht schon durch einfache Stimmenmehrheit der auf Zusammenberufung erschienenen Genossen, sondern nur durch eine größere Stimmenmehrheit oder nach anderen Erfordernissen Beschluß gefaßt werden kann;
10) die Form, in welcher die von der Genossenschaft ausgehenden Bekanntmachungen erfolgen, sowie die öffentlichen Blätter, in welche die für die Oeffentlichkeit bestimmten Bekanntmachungen aufzunehmen sind;
11) die Bedingungen für eine Aenderung des Statuts;
12) die Bedingungen des Ein- und Austritts der Genossen, sowie Vorschriften über die Auflösung der Genossenschaft.

§ 13.

Das Statut und ein Mitgliederverzeichniß müssen bei dem Gerichte, welchem die Führung der Handelsregister in dem Bezirke, in welchem die Genossenschaft ihren Sitz hat, obliegt, durch den Vorstand eingereicht und von dem Gerichte in ein zu diesem Zwecke anzulegendes Register für Wassergenossenschaften eingetragen werden.

§ 14.

Das Register (§. 13) ist öffentlich; die Einsicht desselben ist während der gewöhnlichen Dienststunden einem Jeden gestattet. Auch kann von den Eintragungen gegen Erlegung der Kosten eine Abschrift gefordert werden, die auf Verlangen zu beglaubigen ist. Nähere Vorschriften über die Einrichtung und Führung des Registers werden im Wege der Ausführung dieses Gesetzes erlassen.

§ 15.

Nach der Eintragung hat das Gericht öffentlich bekannt zu machen:

1) das Datum des Statuts;
2) den Namen, Sitz und Zweck der Genossenschaft;
3) die Zeitdauer der Genossenschaft, im Falle dieselbe auf eine bestimmte Zeit beschränkt sein soll;
4) die Namen und den Wohnort der zeitigen Vorstandsmitglieder;
5) die öffentlichen Blätter, in welche die Bekanntmachungen der Genossenschaft aufzunehmen sind.

§ 16.

Erst mit der Eintragung in das Register (§. 13) erlangt die Genossenschaft die ihr nach diesem Gesetze zustehenden Rechte.

§ 17.

Werden nach der Einreichung des Statuts bei dem zur Führung des Registers zuständigen Gerichte neue Mitglieder in die Genossenschaft aufgenommen, so hat der Vorstand binnen 14 Tagen, vom Tage der Aufnahme an gerechnet, dem Gerichte hiervon Anzeige zu machen.

§ 18.

Der Genossenschaftsvorstand hat austretende oder neu eintretende Vorstandsmitglieder binnen 14 Tagen zur Eintragung in das Register anzumelden.

§ 19.

Jede Aenderung des Statuts muß gerichtlich oder notariell aufgenommen und bei dem zur Führung des Registers zuständigen Gerichte unter Ueberreichung des Genossenschaftsbeschlusses binnen 14 Tagen angemeldet werden.

Mit dem Abänderungsbeschlusse wird in gleicher Weise, wie mit dem ursprünglichen Vertrage verfahren.

Eine Veröffentlichung findet nur insoweit statt, als sich dadurch die in den früheren Bekanntmachungen enthaltenen Angaben ändern.

Der Beschluß hat Dritten gegenüber keine rechtliche Wirkung, bevor derselbe in das Register eingetragen worden ist.

§ 20.

Mitglieder des Vorstandes, welche bei ihrer Geschäftsführung den Beschlüssen der Genossenschaft oder den Vorschriften dieses Gesetzes oder des Statuts entgegen handeln, haften persönlich und solidarisch für den dadurch entstandenen Schaden.

§ 21.

Der Vorstand hat die Genossen zusammenzuberufen, sobald das Interesse der Genossenschaft es erfordert, insbesondere wenn eine Zwangsvollstreckung in das Vermögen derselben fruchtlos geblieben ist.

§ 22.

Auf Antrag eines Fünftels der Genossen (nach der Personenzahl oder dem Stimmrecht) muß der Vorstand die Genossen zusammenberufen. Erfolgt diese Berufung nicht binnen 14 Tagen, oder ist der Tag der Versammlung auf mehr als 4 Wochen hinausgerückt worden, so hat jeder der Antragsteller das Recht, die Zusammenberufung durch einen öffentlichen Notar herbeizuführen.

Der Notar hat bei den Ladungen die Vorschriften des Statuts zu beachten, die Legitimation der Erschienenen festzustellen und die Versammlung zu leiten.

Eine solche Versammlung ist befugt:

a) Vertreter der Genossenschaft zur Verfolgung von Ansprüchen gegen den Vorstand zu bestellen,

b) den Vorstand zu entsetzen und eine Neuwahl vorzunehmen.

In dem vormaligen Herzogthum Nassau, sowie in den Hohenzollernschen Landen tritt, so lange daselbst Notare nicht angestellt sind, unter denselben Voraussetzungen und mit denselben Befugnissen und Obliegenheiten der Bürgermeister an die Stelle des Notars.

§ 23.

Die Bestellung des Vorstandes kann zu jeder Zeit durch Beschluß der Genossenschaft widerrufen werden, unbeschadet der Rechte auf Entschädigung aus bestehenden Verträgen.

Zur Gültigkeit eines auf die Entsetzung des Vorstandes (§. 22) oder den Widerruf der Bestellung gerichteten Beschlusses der Genossenschaft ist es jedoch erforderlich, daß derselbe, falls im Statut Anderes nicht bestimmt ist, mit einer Mehrheit von zwei Dritteln sämmtlicher Mitglieder der Genossenschaft gefaßt wird.

§ 24.

Für die Verbindlichkeiten der Genossenschaft haftet deren Vermögen.

Genügt dasselbe zur Befriedigung der Gläubiger nicht, so ist die Genossenschaft den Gläubigern verpflichtet, die Erfüllung der Verbindlichkeiten durch Beiträge zu bewirken, welche von dem Vorstande, beziehungsweise von den Liquidatoren (§§. 34 ff.) nach dem im Statut festgesetzten Theilnahmeverhältniß auf die Genossen umzulegen und erforderlichen Falles durch Klage beizutreiben sind.

Ist zur Beitreibung der Beiträge die Zwangsvollstreckung gegen einen Genossen ganz oder theilweise fruchtlos geblieben, so ist der Ausfall auf die übrigen Genossen in gleicher Weise zu vertheilen. Dasselbe findet statt, wenn über das Vermögen eines Genossen das Konkursverfahren eröffnet worden ist, unbeschadet des Rechtes der Genossenschaft, ihre Forderungen auf die Beiträge im Konkursverfahren zur Geltung zu bringen.

Im Falle der Zwangsvollstreckung zur Erfüllung der im Absatz 2 bestimmten Verpflichtungen können die dem Vorstande obliegenden Handlungen durch einen Dritten vorgenommen werden (Deutsche Civilprozeßordnung §. 77. 3).

Den beauftragten Dritten steht das Recht zu, die Genossen nach Maßgabe der Bestimmungen des §. 22 Abs. 2 zu berufen.

Wer in eine bestehende Genossenschaft eintritt, haftet auch für alle vor seinem Eintritt entstandenen Verbindlichkeiten der Genossenschaft. Entgegenstehende Verträge sind gegen Dritte wirkungslos.

§ 25.

Gläubiger eines Genossen sind nicht befugt, die zum Genossenschaftsvermögen gehörigen Sachen, Forderungen oder Rechte zum Behuf ihrer Befriedigung oder Sicherstellung in Anspruch zu nehmen. Ebensowenig findet Kompensation zwischen Forderungen der Genossenschaft und Forderungen des Genossenschaftsschuldners gegen einen Genossen während des Bestehens der Genossenschaft statt.

§ 26.

Die Bestimmung des vorigen Paragraphen gilt auch in Betreff der Gläubiger, zu deren Gunsten eine Hypothek oder ein Pfandrecht an dem Vermögen eines Genossen besteht.

Ihre Hypothek oder ihr Pfandrecht erstreckt sich nicht auf die zum Genossenschaftsvermögen gehörigen Sachen, Forderungen und Rechte oder auf einen Antheil an denselben.

Diejenigen Rechte, welche an dem von einem Genossen in das Vermögen der Genossenschaft eingebrachten Gegenstande bereits zur Zeit des Einbringens bestanden, werden durch die vorstehenden Bestimmungen nicht berührt.

§ 27.

Bei einem Wechsel in der Person der Eigenthümer der bei dem Unternehmen betheiligten Grundstücke tritt der neue Erwerber kraft Gesetzes an Stelle des früheren Besitzers als Mitglied in die Genossenschaft.

Wer ein betheiligtes Grundstück als Benefizialerbe erwirbt, haftet für die vor seinem Eintritt entstandenen Verbindlichkeiten der Genossenschaft nur als Benefizialerbe. Die Vorschriften des bürgerlichen Rechts, durch welche die Haftung der Ehefrau für Verbindlichkeiten der Gütergemeinschaft eingeschränkt wird, werden durch die Vorschrift des ersten Absatzes nicht berührt.

Die Vorschrift des ersten Absatzes findet nur unbeschadet der Rechte voreingetragener Gläubiger und Realberechtigter und zwar bei Zwangsvollstreckungen mit folgender Maßgabe Anwendung:

Wenn das Gebot für solche Hypotheken, Grundschulden und andere Realberechtigungen, welche bereits eingetragen waren, bevor der Eigenthümer des zu versteigernden Grundstücks der Genossenschaft beitrat, nicht vollständige Deckung gewährt, so sind die Betheiligten befugt, zu verlangen, daß das Grundstück auch unter der Bedingung ausgeboten werde, daß der Ersteher nicht verpflichtet ist, in die Genossenschaft einzutreten.

§ 28.

Die Vorschriften des bürgerlichen Rechts über die Voraussetzungen, unter welchen Rechte an einem im Grundbuch (Stockbuch) eingetragenen Grundstücke Rechtswirkung gegen Dritte erlangen, werden durch die §§. 24 bis 27 nicht berührt.

Auf Antrag des Genossenschaftsvorstandes ist ein Vermerk über die Betheiligung der im Statut bezeichneten Grundstücke (§. 12 Nr. 3) bei dem Unternehmen im Grund- oder Stockbuch einzutragen. Der Genossenschaftsvorstand hat den Antrag binnen zwei Wochen nach der Eintragung des Statuts zu stellen.

Die Vorschrift des vorstehenden Absatzes findet entsprechende Anwendung, wenn in die Genossenschaft ein Mitglied mit bisher nicht betheiligten Grundstücken eintritt.

§ 29.

Der Austritt eines Genossen ist dem Gerichte, von welchem das Register geführt wird, binnen 14 Tagen, vom Tage des Austritts an gerechnet, vom Vorstande anzuzeigen.

Auf Anmeldung eines Genossen hat das Gericht, von welchem das Register für Wassergenossenschaften geführt wird, die Behauptung des Austritts vorzumerken und dem Vorstande Nachricht zu geben.

Diese Vorbemerkung sichert die Rechte des Genossen für den Fall, daß durch Anerkenntniß des Vorstandes oder durch richterliches Erkenntniß der Austritt als rechtsgültig geschehen festgestellt wird.

§ 30.

Der ausgetretene Genosse haftet für die bei seinem Austritt vorhandenen Verbindlichkeiten gleich den übrigen Genossen noch zwei Jahre nach erfolgter Anzeige des Austritts.

Erfolgt das Ausscheiden auf Grund des §. 27 Abs. 1, so haftet der austretende Genosse während derselben Frist nur, insoweit sein Besitznachfolger die ihm nach §. 24 Abs. 6 obliegenden Verpflichtungen nicht erfüllen kann.

§ 31.

Die Genossenschaft wird aufgelöst:
1) durch Ablauf der im Genossenschafts-Statut bestimmten Zeit;
2) durch einen Beschluß der Genossenschaft;
3) durch Eröffnung des Konkurses.

§ 32.

Die Auflösung der Genossenschaft muß, wenn sie nicht eine Folge des eröffneten Konkurses ist, durch den Vorstand zur Eintragung in das Register binnen 14 Tagen angemeldet werden; sie muß binnen derselben Frist zu zwei verschiedenen Malen durch die für die Bekanntmachungen der Genossenschaft bestimmten Blätter veröffentlicht werden. Durch die Bekanntmachung müssen die Gläubiger zugleich aufgefordert werden, bei einem der Liquidatoren der Genossenschaft, welche namentlich zu bezeichnen sind, ihre Forderungen binnen Jahresfrist anzumelden. Nicht angemeldete Forderungen werden bei der Vertheilung nicht berücksichtigt.

§ 33.

Die Konkurseröffnung ist vom Konkursgerichte von Amtswegen in das Register einzutragen. Die Bekanntmachung der Eintragung durch eine Anzeige in den im §. 12 Ziffer 10 bestimmten Blättern unterbleibt. Wenn das Register nicht bei dem Konkursgerichte geführt wird, so ist die Konkurseröffnung von Seiten des Konkursgerichts bei dem Gerichte, bei welchem das Register geführt wird, zur Bewirkung der Eintragung unverzüglich anzuzeigen.

§ 34.

Nach Auflösung der Genossenschaft außer dem Falle des Konkurses erfolgt die Liquidation durch den Vorstand oder die durch Statut oder Beschluß der Genossenschaft dazu berufenen Personen.

§ 35.

Die Namen der Liquidatoren sind von dem Genossenschaftsvorstande, das Austreten eines Liquidators, oder das Erlöschen der Vollmacht eines solchen ist von den übrigen Liquidatoren bei dem das Register führenden Gerichte binnen 14 Tagen zur Eintragung in das Register anzumelden.

§ 36.

Dritten Personen kann die Bestellung von Liquidatoren, sowie das Austreten eines Liquidators, oder das Erlöschen der Vollmacht eines solchen nur insofern entgegengesetzt werden, als diese Thatsachen im Register eingetragen oder den dritten Personen bekannt geworden sind.

§ 37.

Die Liquidatoren haben die laufenden Geschäfte zu beendigen, die Verpflichtungen der aufgelösten Genossenschaft zu erfüllen, die Forderungen derselben einzuziehen und das Vermögen der Genossenschaft zu versilbern. Sie haben die Genossenschaft gerichtlich oder außergerichtlich zu vertreten, sie können für dieselbe Vergleiche schließen und Kompromisse eingehen. Zur Beendigung schwebender Geschäfte können die Liquidatoren auch neue Geschäfte eingehen. Die Veräußerung unbeweglicher Sachen kann durch die Liquidatoren, sofern nicht das Statut oder ein Beschluß der Genossenschaft anders bestimmt, nur durch öffentliche Versteigerung bewirkt werden.

§ 38.

Eine Beschränkung des Umfangs dieser Geschäftsbefugniß der Liquidatoren (§. 37) hat gegen dritte Personen keine rechtliche Wirkung.

§ 39.

Sind mehrere Liquidatoren vorhanden, so können sie die zur Liquidation gehörigen Handlungen mit rechtlicher Wirkung nur in Gemeinschaft vornehmen, sofern nicht ausdrücklich bestimmt ist, daß sie einzeln handeln können.

§ 40.

Die Liquidatoren haben bei der Geschäftsführung den Beschlüssen der Genossenschaft Folge zu geben, widrigenfalls sie der letzteren für den durch ihr Zuwiderhandeln erwachsenen Schaden persönlich und solidarisch haften.

§ 41.

Eine Vertheilung von genossenschaftlichem Vermögen unter die Genossen darf erst nach Tilgung der genossenschaftlichen Schulden erfolgen.

Für noch nicht fällige oder streitige Schulden ist der Betrag bis zum Eintritt der Fälligkeit oder bis zur Erledigung des Streites zurückzulegen.

§ 42.

Ungeachtet der Auflösung der Genossenschaft kommen bis zur Beendigung der Liquidation in Bezug auf die Rechtsverhältnisse der bisherigen Genossen unter einander, sowie zu dritten Personen die Bestimmungen des Statuts und des gegenwärtigen Gesetzes zur Anwendung, soweit nicht aus dem Wesen der Liquidation sich ein Anderes ergiebt.

Der Gerichtsstand, welchen die Genossenschaft zur

Zeit ihrer Auflösung hatte, bleibt bis zur Beendigung der Liquidation für die aufgelöste Genossenschaft bestehen.

Zustellungen an die Genossenschaft geschehen mit rechtlicher Wirkung an einen der Liquidatoren.

§ 43.

Nach Beendigung der Liquidation werden die Bücher und Schriften der aufgelösten Genossenschaft einem der vormaligen Genossen oder einem Dritten in Verwahrung gegeben. Der Genosse oder der Dritte wird in Ermangelung einer gültigen Uebereinkunft durch das Gericht bestimmt, welches das Register führt. Die Genossen oder deren Rechtsnachfolger behalten das Recht auf Einsicht und Benutzung der Bücher und Schriften.

§ 44.

Die Eintragungen in das Genossenschaftsregister erfolgen kostenfrei.

Dritter Abschnitt.

Oeffentliche Genossenschaften.

I. Vorschriften für alle Arten öffentlicher Genossenschaften.

§ 45.

Die Begründung einer öffentlichen Genossenschaft erfordert den Nachweis eines öffentlichen oder gemeinwirthschaftlichen Nutzens. Das Vorhandensein dieses Nutzens wird durch die Bestätigung des Statuts endgültig festgestellt.

§ 46.

Außer im Falle des §. 65 kann Niemand gezwungen werden, einer öffentlichen Genossenschaft als Mitglied beizutreten.

§ 47.

Für den Beitritt von Gemeinden, Körperschaften und Verbänden zur Genossenschaft ist die staatliche Genehmigung nicht erforderlich.

Lehns- und Fideikommißbesitzer sind befugt, ohne Zustimmung der Agnaten der Genossenschaft beizutreten.

§ 48.

Das Stimmverhältniß der Genossen wird im Statut geregelt.

In Genossenschaften, welche mehr als zwei Mitglieder haben, darf kein Genosse mehr als zwei Fünftel aller Stimmen vereinigen.

§ 49.

Die öffentliche Genossenschaft ist der Aufsicht des Staats unterworfen.

Die Aufsicht ist darauf beschränkt, daß die Angelegenheiten der Genossenschaft in Uebereinstimmung mit dem Statut und den Gesetzen verwaltet werden. Innerhalb dieses Umfanges wird sie mit den Befugnissen gehandhabt, welche gesetzlich den Aufsichtsbehörden der Gemeinden zustehen.

Die Aufsicht wird bei Genossenschaften zur Anlegung und Verbesserung von Wasserstraßen (Flößereien) und anderen Schifffahrtsanlagen von der Bezirksregierung (Landdrostei) und in der Beschwerdeinstanz vom Oberpräsidenten, bei allen anderen Genossenschaften von dem Kreis- (Stadt-) Ausschuß, [1]) in der Beschwerdeinstanz vom Bezirksrath [1]) geführt.

Zuständig ist diejenige dieser Behörden, in deren Bezirk die Genossenschaft ihren Sitz hat.

---

[1]) Vergl. § 94 Z.G. — Anl. 20 — und § 18 L.V.G. — Anl. 19.

§ 50.

Wenn die Genossenschaft es unterläßt oder verweigert, die ihr gesetz- oder statutenmäßig obliegenden Leistungen und Ausgaben in den Haushaltsplan aufzunehmen oder außerordentlich zu genehmigen, so kann die Aufsichtsbehörde unter Anführung der Gründe die Aufnahme in den Haushaltsplan verfügen oder die außerordentliche Ausgabe feststellen.

Gegen die Verfügung oder Feststellung des Kreis- (Stadt-) Ausschusses steht den unter der Aufsicht desselben stehenden Genossenschaften innerhalb 21 Tagen der Antrag auf mündliche Verhandlung im Verwaltungsstreitverfahren zu. [1])

§ 51.

Zur Veräußerung von Immobilien und zur Aufnahme von Anleihen, durch welche der Schuldenbestand vermehrt wird, bedarf die Genossenschaft vorgängiger Genehmigung der Aufsichtsbehörde. [1])

Durch das Statut kann die vorgängige Genehmigung auch für andere Fälle vorbehalten werden.

§ 52.

Für die Verbindlichkeiten der öffentlichen Genossenschaft haftet das Vermögen derselben.

Insoweit daraus Gläubiger der Genossenschaft nicht befriedigt werden können, muß der Schuldbetrag durch Beiträge aufgebracht werden, welche von dem Vorstande nach dem im Statut festgesetzten Theilnahmemaßstabe auf die Genossen umzulegen sind.

Die Beitragspflicht zu den Genossenschaftslasten ist den gemeinen öffentlichen Lasten gleichzuachten. Auf den bei dem Unternehmen betheiligten Grundstücken haftet sie als solche in dem durch das Theilnahmeverhältniß

---

[1]) Vergl. § 94 Z.G. — Anl. 20.

(§. 56 Nr. 6) festgestellten Umfange. Die Zwangsversteigerung dieser Grundstücke wegen rückständiger Beiträge ist nicht ausgeschlossen.

Bei Parzellirungen von Grundstücken, welche der Genossenschaft angeschlossen sind, müssen die Genossenschaftslasten auf alle Trennstücke verhältnißmäßig vertheilt werden (§. 56 Ziffer 7).

§ 53.

Wird die Zugehörigkeit zur Genossenschaft, insonderheit die Verpflichtung zur Theilnahme an den Lasten streitig, so hat hierüber der Genossenschaftsvorstand Bescheid zu ertheilen. Gegen den Bescheid findet innerhalb 21 Tagen die Klage bei dem Kreis- (Stadt-) Ausschusse,[1]) und, insofern die Genossenschaft unter der Aufsicht der Bezirksregierung [2]) steht, die Klage bei dem Bezirksverwaltungsgerichte statt.

Die Klage hält die Vollstreckung gegen den nach dem Bescheid zur Tragung der Genossenschaftslasten Verpflichteten bis zum Erlaß einer rechtskräftigen Entscheidung nicht auf.

Ist der ordentliche Rechtsweg zulässig, so findet gegen die erstinstanzliche Entscheidung des Kreis- (Stadt-) Ausschusses, beziehungsweise des Bezirksverwaltungsgerichts ein weiteres Rechtsmittel im Verwaltungsstreitverfahren nicht statt. [3])

§ 54.

Der Vorstand kann die in Ausübung seiner Befugnisse gegen einzelne Genossen gerichteten Anordnungen auf Kosten der Ungehorsamen zur Ausführung bringen oder nöthigenfalls mittelst vorher anzudrohender Ordnungsstrafen bis zu 30 Mark aufrecht erhalten.

---

[1]) [2]) [3]) Vergl. § 94 Z.G. — Anl. 20.
[1]) Vergl. § 51 L.V.G. — Anl. 19.
[2]) Vergl. §§ 18, 30, 153 a. a. O.
[3]) Vergl. § 160 Z.G. — Anl. 20.

Die hiernach festgesetzten Geldstrafen fließen in die Genossenschaftskasse.

Gegen die Androhung, Festsetzung und Ausführung des Zwangsmittels findet nach näherer Maßgabe der Bestimmung der §§. 34 und 36 Abs. 1 des Gesetzes vom 26. Juli 1876, betreffend die Zuständigkeit der Verwaltungsbehörden und Verwaltungsgerichtsbehörden rc. (Gesetz-Samml. S. 297), die Beschwerde oder die Klage statt.[1]) Zuständig für die Klage ist bei den der Aufsicht der Bezirksregierung unterliegenden Genossenschaften das Bezirksverwaltungsgericht, bei allen übrigen Genossenschaften der Kreis- (Stadt-) Ausschuß.

§ 55.

Rückständige Beiträge, sowie die im §. 54 erwähnten Strafen und Kosten können im Wege der administrativen Exekution beigetrieben werden.

Die Exekution kann auch gegen die Pächter und sonstigen Nutzungsberechtigten von der Genossenschaft angehörigen Grundstücken, vorbehaltlich ihres Regresses an die eigentlich Verpflichteten, gerichtet werden.

§ 56.

Das Genossenschafts-Statut muß enthalten:

1) den Namen und Sitz der Genossenschaft;
2) den Genossenschaftszweck unter Bezugnahme auf den Plan für die Ausführung des genossenschaftlichen Unternehmens;
3) eine genaue Bezeichnung der Genossen und der bei dem Unternehmen betheiligten Grundstücke oder Theile von Grundstücken, unter Beifügung beglaubigter Karten nebst Register;

---

[1]) Vergl. § 94 Z.G. — Anl. 20 — und §§ 132 und 154 L.V.G. — Anl. 19.

4) Vorschriften über die Benutzung und Instandhaltung der genossenschaftlichen Anlagen;
5) die den Genossen obliegenden Verpflichtungen;
6) das Verhältniß der Theilnahme an den Nutzungen und Lasten, sowie am Stimmrechte;
7) Vorschriften über das Verfahren bei Vertheilung der Genossenschaftslasten im Falle der Parzellirung (§. 52 Abs. 4);
8) die Art der Wahl und Zusammensetzung des Vorstandes, die Verwaltungsbefugnisse desselben, die Formen für die Legitimation der Mitglieder des Vorstandes oder deren Stellvertreter;
9) die Voraussetzungen und die Form für die Zusammenberufung der Genossen;
10) die Bezeichnung der Gegenstände, welche der gemeinsamen Beschlußfassung der Genossen unterliegen sollen;
11) Vorschriften über die Bildung eines Schiedsgerichts und Bezeichnung von Streitigkeiten, welche der Entscheidung desselben unterliegen;
12) die Form, in welcher die von der Genossenschaft ausgehenden Bekanntmachungen erfolgen, sowie die öffentlichen Blätter, in welchen die für die Oeffentlichkeit bestimmten Bekanntmachungen aufzunehmen sind;
13) die Bedingungen für die Aufnahme von Genossen.

§ 57.

Das Statut und jede Abänderung desselben bedarf, vorbehaltlich der Bestimmung in den §§. 59, 68 bis 70, bis zur anderweitigen Organisation der höheren Verwaltungsbehörden [1]) der Genehmigung durch den zuständigen Minister. In den Fällen des §. 65 verbleibt es jedoch bei der durch §. 56 des Gesetzes vom 28. Februar 1843

[1]) Vergl. § 94 Z.G. — Anl. 20.

(Gesetz-Samml. S. 41) und §. 1 der Verordnung vom 28. Mai 1867 (Gesetz-Samml. S. 769) vorgeschriebenen landesherrlichen Verordnung.

§ 58.

Das Statut und jede Abänderung desselben ist nach erfolgter Bestätigung und Vorschrift und mit den Wirkungen des Gesetzes, betreffend die Bekanntmachung landesherrlicher Erlasse durch die Amtsblätter vom 10. April 1872 (Gesetz-Samml. S. 357), zu verkünden. Eine Anzeige in der Gesetz-Sammlung kann unterbleiben, wenn das Statut vom Minister genehmigt worden ist.

Mit dem Zeitpunkte des Inkrafttretens des verkündeten Statuts gilt die Genossenschaft als begründet.

§ 59.

Das Ausscheiden von Genossen aus einer bestehenden Genossenschaft kann, vorbehaltlich der Bestimmungen in den §§. 66 Abs. 3, 68 und 70, nur im Einverständnisse beider Theile und mit Genehmigung der Aufsichtsbehörde, welche dabei auch das etwaige Interesse der Gläubiger zu berücksichtigen hat, erfolgen.

§ 60.

Der Vorstand hat die Genossen zusammenzuberufen, sobald es das Interesse der Genossenschaft erfordert, insbesondere

1) wenn eine Zwangsvollstreckung in das Vermögen der Genossenschaft fruchtlos geblieben ist;
2) wenn ein Drittel der Genossen es unter Angabe des Zweckes schriftlich beantragt.

Wenn der Vorstand dem letztgedachten Antrage binnen zwei Monaten nicht stattgegeben hat, so hat die Aufsichtsbehörde die Genossen zusammenzuberufen.

§ 61.

Die Auflösung der Genossenschaft kann von dem zuständigen Minister ausgesprochen werden:

1) auf den Antrag eines Genossen, wenn die Genossenschaft nur noch aus zwei Mitgliedern besteht;
2) wenn in Jahresfrist, von der Bestätigung des Statuts an gerechnet, nicht zur Ausführung des Unternehmens geschritten, oder wenn die begonnene Ausführung mindestens ein Jahr lang eingestellt ist und die Verzögerung durch Verschuldung der Genossen herbeigeführt ist, oder wesentliche Voraussetzungen der Genehmigung des Statuts hierdurch verändert worden sind.

§ 62.

Die Genossenschaft kann die Auflösung beschließen.

Der Auflösungsbeschluß erfordert zur seiner Gültigkeit eine Mehrheit von zwei Dritteln der Stimmen und die Genehmigung des zuständigen Ministers.

§ 63.

Die Auflösung der Genossenschaft tritt in Kraft, sobald der Beschluß des Ministers (§§. 61, 62) dem Vorstande der Genossenschaft zugestellt worden ist.

§ 64.

Nach Auflösung der Genossenschaft erfolgt die Liquidation durch den Vorstand, oder die durch Statut oder Beschluß der Genossenschaft dazu berufenen Personen.

II. Besondere Vorschriften für Genossenschaften zur Ent- oder Bewässerung von Grundstücken für Zwecke der Landeskultur.

§ 65.

Der Eintritt in eine neu zu bildende Genossenschaft zur Ent- oder Bewässerung von Grundstücken kann gegen widersprechende Eigenthümer der bei dem Unternehmen zu betheiligenden Grundstücke erzwungen werden:

1) wenn das Unternehmen Zwecke der Landeskultur verfolgt, und
2) nur bei Ausdehnung auf die in dem Eigenthum der Widersprechenden befindliche Grundfläche zweckmäßig ausgeführt werden kann, und wenn
3) die Mehrheit der Betheiligten, nach der Fläche und dem Katastralreinertrage der zu betheiligenden Grundstücke berechnet, sich für das Unternehmen erklärt hat.

Bei der unter Ziffer 3 erwähnten Abstimmung können nur die Eigenthümer der bei dem Unternehmen zu betheiligenden Grundstücke mitwirken.

Hinsichtlich solcher Grundstücke, für welche das Unternehmen eine erhöhte Ertragsfähigkeit nicht in Aussicht stellt oder deren besondere Benutzungsart für den Eigenthümer von größerem Vortheile ist, als die durch das Unternehmen beabsichtigte Verbesserung, findet ein Zwang zum Eintritt nicht statt.

§ 66.

In Ermangelung anderweiter Vereinbarung soll die Theilnahme an den Genossenschaftslasten nach Maßgabe der den Genossen aus den Genossenschaftsanlagen erwachsenden Vortheile geregelt werden.

Ergiebt sich nach Ausführung des Ent- oder Bewässerungs-Unternehmens, daß ein der Genossenschaft angehöriges Grundstück keinen Vortheil von dem Unternehmen hat, so kann von dem Genossen für die Dauer dieses Zustandes der Genossenschaft gegenüber der gänzliche Erlaß der auf das Grundstück nach dem bestehenden Theilnahmemaßstab entfallenden Genossenschaftsbeiträge verlangt werden.

Ergiebt sich aber, daß ein der Genossenschaft angehöriges Grundstück dauernden Nachtheil von dem Unternehmen hat, so kann der Besitzer desselben das Ausscheiden des Grundstücks aus der Genossenschaft verlangen. Die Genossenschaft kann in diesem Falle das Grundstück im Enteignungsverfahren erwerben, wenn sie dasselbe zur Durchführung der Genossenschaftszwecke für nöthig erachtet.

Auf die Ermittelung der Entschädigung finden diejenigen Vorschriften Anwendung, welche in Enteignungsfällen für Zwecke der Vorfluth in den einzelnen Landestheilen Platz greifen.

§ 67.

Das Stimmverhältniß der Genossen ist in Ermangelung anderweiter Vereinbarung nach dem Verhältnisse ihrer Theilnahme an den Genossenschaftslasten derart festzustellen, daß jeder beitragspflichtige Genosse mindestens eine Stimme hat.

§ 68.

Das Ausscheiden von Grundstücken (§. 59), welche der Genossenschaft angehören, kann von dieser gegen den Willen der Eigenthümer verlangt werden, wenn andernfalls die Erreichung des Genossenschaftszweckes gefährdet werden würde.

Dem Ausscheidenden ist volle Entschädigung zu leisten; eine Wertherhöhung, welche das Grundstück erst in Folge des genossenschaftlichen Unternehmens gewinnen würde, kommt jedoch bei der Bemessung der Entschädigung nicht in Anschlag.

§ 69.

Die Genossenschaft ist verpflichtet, Eigenthümer benachbarter Grundstücke auf deren Verlangen in die Genossenschaft aufzunehmen, wenn die Ent- oder Bewässerung dieser Grundstücke durch Mitbenutzung der genossenschaftlichen Anlagen auf die zweckmäßigste Weise erfolgen kann und die Anlagen der Genossenschaft bei entsprechender Einrichtung hinreichen, um ohne Nachtheile für die bereits vorhandenen Mitglieder den gemeinsamen Bedürfnissen zu entsprechen.

Der neu hinzutretende Genosse hat jedoch der Genossenschaft einen entsprechenden Antheil an den Anlagekosten zu zahlen.

Auch hat derselbe die durch die Mitbenutzung der genossenschaftlichen Anlagen erwachsenden besonderen Kosten zu tragen.

§ 70.

Streitigkeiten in den Fällen des §. 66 Abs. 2 und 3 (erster Satz), §. 68 und §. 69 unterliegen, mit Ausschluß des ordentlichen Rechtsweges, der Entscheidung des Bezirksverwaltungsgerichts. [1])

III. Vorschriften für das Verfahren zur Begründung öffentlicher Genossenschaften.

§ 71.

Vorarbeiten, welche zur Vorbereitung einer öffentlichen Genossenschaft erforderlich sind, muß auf Anordnung des Kreis- (Stadt-) Ausschusses [2]) der Besitzer auf seinem Grund und Boden geschehen lassen. Es ist ihm jedoch der hierdurch etwa erwachsende, nöthigenfalls im Rechtswege festzustellende Schaden zu vergüten. Zur Sicherstellung der Entschädigung darf der Kreis- (Stadt-) Ausschuß vor Beginn der Handlungen vom Unternehmer eine Kaution bestellen lassen und deren Höhe bestimmen. Er ist hierzu verpflichtet, wenn ein Betheiligter die Kautionsstellung verlangt.

Die Gestattung der Vorarbeiten wird von dem Kreis-

---

[1]) Vergl. § 153 L.V.G. — Anl. 19.
[2]) Vergl. § 94 Z.G. — Anl. 20.

(Stadt-) Ausschusse in dem für öffentliche Bekanntmachungen von ihm benutzten Blatte generell bekannt gemacht. Von jeder Vorarbeit hat der Unternehmer unter Bezeichnung der Zeit und der Stelle, wo sie stattfinden soll, mindestens zwei Tage zuvor den Vorstand des betreffenden Guts- oder Gemeindebezirks in Kenntniß zu setzen, welcher davon die betheiligten Grundbesitzer speziell oder in ortsüblicher Weise generell benachrichtigt. Dieser Vorstand ist ermächtigt, dem Unternehmer auf dessen Kosten einen beeideten Taxator zu dem Zwecke zur Seite zu stellen, um vorkommende Beschädigungen sogleich festzustellen und abzuschätzen. Der abgeschätzte Schaden ist, vorbehaltlich dessen anderweiter Feststellung im Rechtswege, den Betheiligten (Eigenthümer, Nutznießer, Pächter, Verwalter) sofort auszuzahlen, widrigenfalls der Ortsvorstand auf den Antrag des Betheiligten die Fortsetzung der Vorarbeiten zu hindern verpflichtet ist.

Zum Betreten von Gebäuden und eingefriedigten Hof- oder Gartenräumen bedarf der Unternehmer, insoweit dazu der Grundbesitzer seine Einwilligung nicht ausdrücklich ertheilt, in jedem einzelnen Falle einer besonderen Erlaubniß der Ortspolizeibehörde, welche die Besitzer zu benachrichtigen und zur Offenstellung der Räume zu veranlassen hat.

Eine Zerstörung von Baulichkeiten jeder Art, sowie ein Fällen von Bäumen ist nur mit besonderer Gestattung des Kreis- (Stadt-) Ausschusses zulässig.

Gegen den Beschluß des Kreis- (Stadt-) Ausschusses findet, soweit nicht der ordentliche Rechtsweg zulässig ist, innerhalb 21 Tagen die Beschwerde an den Bezirksrath statt. [1])

§ 72.

Die Bildung einer öffentlichen Genossenschaft kann erfolgen:

---

[1]) Vergl. §§ 51 u. 153 L.V.G. — Anl. 19.

1) auf Antrag solcher Grundeigenthümer oder Verbände, welche nach den Vorschriften dieses Gesetzes der zu bildenden Genossenschaft als Mitglieder angehören können (§. 5);
2) im öffentlichen Interesse auf Antrag der Regierung (Landdrostei),[1]) in deren Bezirk das Unternehmen ganz oder theilweise zur Ausführung gelangen soll.

§ 73.

Der Antrag ist an denjenigen Oberpräsidenten[1]) zu richten, in dessen Verwaltungsbezirk das Unternehmen ganz oder zum größten Theile ausgeführt werden soll.

§ 74.

Zur Begründung des Antrags auf Bildung einer öffentlichen Genossenschaft sind erforderlich:
1) die zur Erläuterung des Unternehmens erforderlichen Zeichnungen und Beschreibungen;
2) eine Veranschlagung der auf das Unternehmen zu verwendenden Kosten;
3) die Bezeichnung der Grundstücke, auf welche sich das Unternehmen erstrecken soll, sowie der zu demselben sonst heranzuziehenden Korporationen;
4) eine Erklärung über die vorläufige Herbeischaffung der durch das Verfahren erwachsenden Auslagen.

§ 75.

Kann oder will der Antragsteller das zur Begründung des Antrags erforderliche Material nicht selbst beschaffen, so hat auf dessen Antrag der Oberpräsident[1]) zu diesem Zweck einen Kommissarius (§. 77) zu ernennen.

---

[1]) Vergl. § 94 Z.G. — Anl. 20.

§ 76.

Ergiebt die Prüfung ohne Weiteres die Unzulässigkeit des Antrags, so ist letzterer durch Bescheid des Oberpräsidenten zurückzuweisen.[1])

§ 77.

Im entgegengesetzten Falle ernennt der Oberpräsident [1]) einen Kommissar zur Leitung des Verfahrens. Er ist befugt, die Leitung einer Auseinandersetzungsbehörde zu übertragen.

In allen Fällen kann der Oberpräsident [1]) zur Bestreitung der Kosten für die Begründung des Antrags, sowie für die Leitung des Verfahrens einen angemessenen Kostenvorschuß von dem Antragsteller erfordern.

Soweit nicht dieses Gesetz etwas Anderes bestimmt, sind bei der Ladung der Betheiligten die für das Verfahren in Auseinandersetzungssachen geltenden Vorschriften zur Anwendung zu bringen.

§ 78.

Wird der Plan von allen Betheiligten genehmigt, so hat der Kommissarius das Genossenschafts-Statut (§. 56) zu entwerfen, die Zustimmung der Betheiligten zu dem Statute einzuholen und dasselbe demnächst amtlich zu beglaubigen. Die Vorladung der Betheiligten zur Genehmigung des Statuts erfolgt unter der Verwarnung, daß gegen den Ausbleibenden angenommen wird, er wolle dem Beschlusse der Erschienenen zustimmen.

§ 79.

Sofern für eine neu zu bildende Genossenschaft ein Beitrittszwang gegen widersprechende Eigenthümer betheiligter Grundstücke verlangt wird (§. 65), hat der Kommissar die Fläche und den Katastralreinertrag der

---

[1]) Vergl. § 94 Z.G. — Anl. 20.

bei dem beabsichtigten genossenschaftlichen Unternehmen betheiligten Grundstücke und die Eigenthümer derselben festzustellen und mit letzteren, erforderlichen Falls nach zuvoriger Anhörung oder unter Zuziehung von Sachverständigen, das Unternehmen selbst, die erhobenen Einwendungen und die gesetzlichen Voraussetzungen für Anwendung des Beitrittszwanges gegen Widersprechende (§. 65), die Bildung der Genossenschaft, das Genossenschafts-Statut und etwaige Anträge des Antragstellers auf Erstattung von Kosten (§. 85) zu erörtern und über alle entscheidenden Punkte die Abstimmung der Betheiligten zu veranlassen.

§ 80.

Im Falle des §. 79 sind die Betheiligten zu den terminlichen Verhandlungen unter dem Rechtsnachtheile vorzuladen, daß die Nichterscheinenden oder Nichtabstimmenden demjenigen zustimmend angesehen werden sollen, wofür die Mehrheit der abgegebenen Stimmen sich erklärt.

Bei der Abstimmung über die Bildung der Genossenschaft ist nur dann eine Mehrheit zu Gunsten der Genossenschaftsbildung anzunehmen, wenn die Zustimmenden nach der Fläche und nach dem Katastralreinertrage der betheiligten Grundstücke die Mehrheit bilden.

Bei allen sonstigen Abstimmungen wird die Mehrheit nur nach dem Katastralreinertrage der Grundstücke berechnet.

§ 81.

Hat die Bildung der Genossenschaft die Zustimmung der Betheiligten oder im Falle des §. 80 die Zustimmung der Mehrheit gefunden, so hat der Kommissar die Betheiligten und zwar im Falle des §. 80 sowohl die Zustimmenden, als auch die Widersprechenden zur Wahl von Bevollmächtigten zu veranlassen.

Die Betheiligten sind zu diesem Zweck unter den im §. 80 Abs. 1 bezeichneten Rechtsnachtheilen vorzuladen.

Im Falle des §. 78 wird die Mehrheit in Ermangelung einer anderweiten Vereinbarung lediglich nach der Kopfzahl bestimmt.

Die Wahl von Bevollmächtigten kann unterbleiben, wenn die Zahl der Betheiligten nicht mehr als fünf beträgt.

§ 82.

Nach Beendigung der kommissarischen Verhandlungen beschließt der zuständige Minister, ob das Statut zu genehmigen, bezw. die nach §. 57 erforderliche landesherrliche Verordnung zu erwirken ist.

§ 83.

Nach Begründung einer öffentlichen Genossenschaft hat die Aufsichtsbehörde die sofortige Wahl und Einsetzung des Genossenschaftsvorstandes zu veranlassen.

§ 84.

Sämmtliche in dem Verfahren vorkommenden Verhandlungen und Geschäfte, einschließlich der von den Gerichten und anderen Behörden vorzunehmenden, sind gebühren- und stempelfrei. Es werden nur baare Auslagen in Ansatz gebracht. Die letzteren sind, soweit sie nicht aus der Staatskasse bestritten werden, von dem Antragsteller zu tragen, wenn der Antrag zurückgewiesen oder zurückgezogen ist, andernfalls von der Genossenschaft.

Die Kosten des Beschwerdeverfahrens trägt der Unterliegende.

§ 85.

Wird die Genossenschaft begründet, so kann der zuständige Minister die Erstattung der von dem Antragsteller auf nothwendige Vorarbeiten zweckdienlich verwendeten baaren Auslagen der Genossenschaft zur Last legen, sofern dies vor Abschluß der kommissarischen Verhandlungen von dem Antragsteller beantragt ist.

IV. Vorschriften für das Liquidationsverfahren.

§ 86.

Die Auflösung der Genossenschaft (§§. 61 ff.) ist von der Aufsichtsbehörde in dem für ihre amtlichen Bekanntmachungen und von dem Genossenschaftsvorstande in dem für die Bekanntmachungen der Genossenschaft bestimmten Blatte sofort zu veröffentlichen.

In der Bekanntmachung des Vorstandes müssen die Personen bezeichnet werden, welchen die Liquidation obliegt (§. 64), und die Gläubiger aufgefordert werden, bei einem der Liquidatoren sich zu melden. Forderungen, welche binnen Jahresfrist nicht angemeldet werden, bleiben bei der Vertheilung unberücksichtigt.

§ 87.

Die §§. 35 bis 42 finden auch auf die Liquidation der öffentlichen Genossenschaften Anwendung.

An Stelle der in den §§. 35 und 36 verordneten Anmeldung behufs Eintragung in das Register tritt eine Anzeige an die Aufsichtsbehörde, welche dieselbe in dem für ihre amtlichen Bekanntmachungen bestimmten Blatte zu veröffentlichen hat.

§ 88.

Nach Beendigung der Liquidation werden die Bücher und Schriften der aufgelösten Genossenschaft von der Aufsichtsbehörde in Verwahrung genommen.

Die Genossen und ihre Rechtsnachfolger haben das Recht auf Einsicht und Benutzung.

V. Vorschriften für bereits bestehende Genossenschaften.

§ 89.

Die beim Inkrafttreten dieses Gesetzes bestehenden, auf Grund der §§. 56 bis 59 des Gesetzes vom 28. Februar 1843 (Gesetz-Samml. S. 41), der Artikel 1 und 2 des Gesetzes vom 11. Mai 1853 (Gesetz-Samml. S. 182) und der Verordnung vom 28. Mai 1867 (Gesetz-Samml. S. 769) errichteten Genossenschaften gelten als öffentliche Genossenschaften im Sinne dieses Gesetzes.

Auf dieselben finden die Vorschriften der §§. 7, 9, 10, 47 bis 55, 57 bis 64, 66 Abs. 2, 3 und 4, 68 bis 70, 86 bis 88 Anwendung. Die in §. 61 Nr. 2 bestimmte Frist beginnt für diese Genossenschaften erst mit dem Tage des Inkrafttretens des gegenwärtigen Gesetzes.

§ 90.

Hinsichtlich der auf Grund anderer Vorschriften errichteten Genossenschaften verbleibt es bei den bisherigen Bestimmungen. Sie können jedoch, sofern sie die im §. 1 bezeichneten Zwecke verfolgen, nach Maßgabe der §§. 72 bis 85 als öffentliche Genossenschaften im Sinne dieses Gesetzes begründet werden.

VI. Behörden.

§ 91.

Beschwerden sind bei derjenigen Behörde, gegen deren Verfügung, Beschluß oder Entscheidung sie sich richten, innerhalb 21 Tagen [1]) schriftlich anzubringen.

Die nach Maßgabe dieses Gesetzes auf Beschwerden gefaßten Beschlüsse des Oberpräsidenten sind endgültig.

---

[1]) Vergl. § 51 L.V.G. — Anl. 19.

Ueber Beschwerden gegen Verfügungen oder Entscheidungen, welche der Oberpräsident nach den Vorschriften dieses Gesetzes in erster Instanz erläßt, entscheidet der zuständige Minister.

§ 92.

Die in den §§. 50, 53, 71 und 91 vorgeschriebenen Fristen sind präklusivisch. Sie beginnen mit der Zustellung der Verfügung, des Beschlusses oder der Entscheidung. Der Tag der Zustellung wird nicht mitgerechnet. [1])

§ 93.

Der Oberpräsident [2]) und die von demselben bestellten Kommissarien sind befugt, Erhebungen an Ort und Stelle zu veranlassen, amtliche Auskunft zu verlangen, Zeugen und Sachverständige zu laden und eidlich zu vernehmen.

§ 94.

Der Oberpräsident beschließt endgültig über Beschwerden, welche die Leitung des Verfahrens zum Gegenstande haben.

§ 95.

In den Hohenzollernschen Landen werden die nach diesem Gesetze dem Oberpräsidenten obliegenden Geschäfte von dem Regierungspräsidenten wahrgenommen.

§ 96.

In der Zuständigkeit der Auseinandersetzungsbehörden zur Regulirung der mit ihren Geschäften verbundenen Wasserstands-, Ent- und Bewässerungsangelegenheiten wird durch das gegenwärtige Gesetz nichts geändert.

---

[1]) Vergl. § 52 L.V.G. — Anl. 19.
[2]) Vergl. § 94 Z.G. — Anl. 20.

§ 97.

In denjenigen Landestheilen, in welchen die Provinzialordnung vom 29. Juni 1875 (Gesetz-Samml. S. 335) keine Geltung hat,[1]) finden die Bestimmungen dieses Gesetzes mit folgenden Maßgaben Anwendung:

1) Die Aufsicht über die öffentlichen Genossenschaften (§§. 49 ff.) wird von der Bezirksregierung (Landdrostei), in deren Verwaltungsbezirk die Genossenschaft ihren Sitz hat, und in der Beschwerdeinstanz vom Oberpräsidenten geführt.
2) Behauptet die Genossenschaft, daß eine von dem Oberpräsidenten auf Grund der §§. 50 und 54 getroffene Verfügung dem Statut oder dem Gesetze widerspricht, so findet innerhalb 21 Tagen die Klage bei dem Oberverwaltungsgerichte statt.
3) Im Falle des §. 53 findet gegen den Bescheid des Genossenschaftsvorstandes, unbeschadet des ordentlichen Rechtsweges, die Beschwerde an die Aufsichtsbehörde und in letzter Instanz an den Oberpräsidenten statt. Die Entscheidung des Letzteren ist vorläufig vollstreckbar.
4) Im Falle des §. 71 tritt an die Stelle des Kreis- (Stadt-) Ausschusses die Bezirksregierung (Landdrostei) und an die Stelle des Bezirksraths der Oberpräsident.
5) In den Hohenzollernschen Landen werden die nach diesem Gesetze den Kreis- (Stadt-) Ausschüssen obliegenden Geschäfte von dem Amtsausschusse wahrgenommen.

§ 98.[2])

In den nach diesem Gesetze im Verwaltungsstreitverfahren zu erledigenden Angelegenheiten (§. 70) tritt dort,

---

[1]) Vergl. § 94 u. 164 Z.G. — Anl. 20 und § 155 L.V.G. — Anl. 19.

[2]) Vergl. § 94 Z.G. — Anl. 20.

wo das Gesetz vom 3. Juli 1875 (Gesetz-Samml. S. 375) keine Geltung hat, an die Stelle des Bezirksverwaltungsgerichts die Regierung (Landdrostei).

Hinsichtlich des Verfahrens, sowie der Rechtsmittel im Verwaltungsstreitverfahren und der Zuständigkeit des Oberverwaltungsgerichts finden die Vorschriften des Gesetzes vom 3. Juli 1875 entsprechende Anwendung.

Vierter Abschnitt.

Strafbestimmungen.

§ 99.

Mit Geldstrafe bis zu 150 Mark wird bestraft:

wer als Vorsteher oder Liquidator einer Genossenschaft es unterläßt, den Ein- oder Austritt von Mitgliedern der Genossenschaft oder von Vorstandsmitgliedern (§§. 17, 18, 29), die Abänderung der Statuten (§. 19), die Auflösung der Genossenschaft (§. 32), die Bestellung von Liquidatoren oder das Ausscheiden derselben oder das Erlöschen ihrer Vollmacht (§§. 35, 87) anzuzeigen oder anzumelden, die Auflösung der Genossenschaft bekannt zu machen (§§. 32, 86) oder die Eintragungen der Betheiligung (§. 28) rechtzeitig zu beantragen.

Fünfter Abschnitt.

Schlußbestimmungen.

§ 100.

Alle dem gegenwärtigen Gesetze entgegenstehenden Vorschriften werden aufgehoben.

§ 101.

Gegenwärtiges Gesetz tritt am 1. Oktober 1879 in Kraft.

Anlage 18.

Gewerbeordnung für das Deutsche Reich.

Vom 1. Juni 1883.

R.G.Bl. 1883. S. 177.

Titel II.

Stehender Gewerbebetrieb.

II. Erforderniß besonderer Genehmigung.

1. Anlagen, welche einer besonderen Genehmigung bedürfen.

§ 16.

Zur Errichtung von Anlagen, welche durch die örtliche Lage oder die Beschaffenheit der Betriebsstätte für die Besitzer oder Bewohner der benachbarten Grundstücke oder für das Publikum überhaupt erhebliche Nachtheile, Gefahren oder Belästigungen herbeiführen können, ist die Genehmigung der nach den Landesgesetzen zuständigen Behörde erforderlich.

Es gehören dahin:

— — Stauanlagen für Wassertriebwerke (§. 23), — —.

§ 17.

Dem Antrage auf die Genehmigung einer solchen Anlage müssen die zur Erläuterung erforderlichen Zeichnungen und Beschreibungen beigefügt werden.

Ist gegen die Vollständigkeit dieser Vorlagen nichts zu erinnern, so wird das Unternehmen mittelst einmaliger Einrückung in das zu den amtlichen Bekanntmachungen der Behörde (§. 16) bestimmte Blatt zur öffentlichen Kenntniß gebracht, mit der Aufforderung, etwaige Einwendungen gegen die neue Anlage binnen vierzehn Tagen anzubringen. Die Frist nimmt ihren Anfang mit Ablauf des Tages, an welchem das die Bekanntmachung enthaltende Blatt ausgegeben worden, und ist für alle Einwendungen, welche nicht auf privatrechtlichen Titeln beruhen, präklusivisch.

§ 18.

Werden keine Einwendungen angebracht, so hat die Behörde zu prüfen, ob die Anlage erhebliche Gefahren, Nachtheile oder Belästigungen für das Publikum herbeiführen könne. Auf Grund dieser Prüfung, welche sich zugleich auf die Beachtung der bestehenden bau-, feuer- und gesundheitspolizeilichen Vorschriften erstreckt, ist die Genehmigung zu versagen, oder, unter Festsetzung der sich als nöthig ergebenden Bedingungen, zu ertheilen. Zu den letzteren gehören auch diejenigen Anordnungen, welche zum Schutze der Arbeiter gegen Gefahr für Gesundheit und Leben nothwendig sind. Der Bescheid ist schriftlich auszufertigen und muß die festgesetzten Bedingungen enthalten; er muß mit Gründen versehen sein, wenn die Genehmigung versagt oder nur unter Bedingungen ertheilt wird.

§ 19.

Einwendungen, welche auf besonderen privatrechtlichen Titeln beruhen, sind zur richterlichen Entscheidung zu verweisen, ohne daß von der Erledigung derselben die Genehmigung der Anlage abhängig gemacht wird.

Andere Einwendungen dagegen sind mit den Parteien vollständig zu erörtern. Nach Abschluß dieser Erörterung erfolgt die Prüfung und Entscheidung nach den im §. 18 enthaltenen Vorschriften. Der Bescheid ist sowohl dem Unternehmer, als dem Widersprechenden zu eröffnen.

§ 20.

Gegen den Bescheid ist Rekurs an die nächstvorgesetzte Behörde zulässig, welcher bei Verlust desselben binnen vierzehn Tagen, vom Tage der Eröffnung des Bescheides an gerechnet, gerechtfertigt werden muß.

Der Rekursbescheid ist den Parteien schriftlich zu eröffnen und muß mit Gründen versehen sein.

§ 21.

Die näheren Bestimmungen über die Behörden und das Verfahren, sowohl in der ersten als in der Rekurs-Instanz, bleiben den Landesgesetzen vorbehalten. Es sind jedoch folgende Grundsätze einzuhalten:

1. In erster oder in zweiter Instanz muß die Entscheidung durch eine kollegiale Behörde erfolgen. Diese Behörde ist befugt, Untersuchungen an Ort und Stelle zu veranlassen, Zeugen und Sachverständige zu laden und eidlich zu vernehmen, überhaupt den angetretenen Beweis in vollem Umfange zu erheben.
2. Bildet die kollegiale Behörde die erste Instanz, so ertheilt sie ihre Entscheidung in öffentlicher Sitzung, nach erfolgter Ladung und Anhörung der Parteien, auch in dem Falle, wenn zwar Einwendungen nicht angebracht sind, die Behörde aber nicht ohne weiteres die Genehmigung ertheilen will, und der Antragsteller innerhalb vierzehn Tagen nach Empfang des, die Genehmigung versagenden oder nur unter Bedingungen ertheilenden Bescheides der Behörde auf mündliche Verhandlung anträgt.
3. Bildet die kollegiale Behörde die zweite Instanz, so ertheilt sie stets ihre Entscheidung in öffentlicher Sitzung, nach erfolgter Ladung und Anhörung der Parteien.
4. Als Parteien sind der Unternehmer (Antragsteller), sowie diejenigen Personen zu betrachten, welche Einwendungen erhoben haben.

§ 22.

Die durch unbegründete Einwendungen erwachsenden Kosten fallen dem Widersprechenden, alle übrigen Kosten, welche durch das Verfahren entstehen, dem Unternehmer zur Last.

In den Bescheiden über die Zulässigkeit der neuen Anlage wird zugleich die Vertheilung der Kosten festgesetzt.

§ 23.

Bei den Stauanlagen für Wassertriebwerke sind außer den Bestimmungen der §§. 17 bis 22 die dafür bestehenden landesgesetzlichen Vorschriften anzuwenden.

— —.

§ 25.

Die Genehmigung zu einer der im §. 16 bezeichneten Anlagen bleibt so lange in Kraft, als keine Aenderung in der Lage oder Beschaffenheit der Betriebsstätte vorgenommen wird, und bedarf unter dieser Voraussetzung auch dann, wenn die Anlage an einen neuen Erwerber übergeht, einer Erneuerung nicht. Sobald aber eine Veränderung der Betriebsstätte vorgenommen wird, ist dazu die Genehmigung der zuständigen Behörde nach Maßgabe der §§. 17 bis 23 einschließlich nothwendig. Eine gleiche Genehmigung ist erforderlich bei wesentlichen Veränderungen in dem Betriebe einer der im §. 16 genannten Anlagen. Die zuständige Behörde kann jedoch auf Antrag des Unternehmers von der Bekanntmachung (§. 17) Abstand nehmen, wenn sie die Ueberzeugung gewinnt, daß die beabsichtigte Veränderung für die Besitzer oder Bewohner benachbarter Grundstücke oder das Publikum überhaupt neue oder größere Nachtheile, Gefahren oder Belästigungen, als mit der vorhandenen Anlage verbunden sind, nicht herbeiführen werde.

Diese Bestimmungen finden auch auf gewerbliche Anlagen (§. 16) Anwendung, welche bereits vor Erlaß dieses Gesetzes bestanden haben.

Anlage 19.

Gesetz über die allgemeine Landesverwaltung. [1])

Vom 30. Juli 1883.

G.S. 1883 S. 195.

Erster Titel.

Grundlagen der Organisation.

§ 7.

Die Verwaltungsgerichtsbarkeit (Entscheidung im Verwaltungsstreitverfahren) wird durch die Kreis- (Stadt-) Ausschüsse und die Bezirksausschüsse als Verwaltungsgerichte, sowie durch das in Berlin für den ganzen Umfang der Monarchie bestehende Oberverwaltungsgericht ausgeübt. Die Entscheidungen ergehen unbeschadet aller privatrechtlichen Verhältnisse.

Die sachliche Zuständigkeit dieser Behörden zur Entscheidung in erster Instanz wird durch besondere gesetzliche Bestimmungen geregelt.

Die Bezirksausschüsse treten überall an die Stelle der Deputationen für das Heimathwesen.

Wo in besonderen Gesetzen das Verwaltungsgericht genannt wird, ist darunter im Zweifel der Bezirksausschuß zu verstehen.

---

[1]) Dieses Gesetz gilt zur Zeit in allen hier in Betracht kommenden Landestheilen mit Ausnahme der Provinzen Posen, Westfalen und der Rheinprovinz. In Westfalen tritt es mit dem 1. Juli 1887 in Kraft. Für die Rheinprovinz ist die Einführung der neuen Verwaltungsgesetze in Vorbereitung.

Zweiter Titel.

Verwaltungsbehörden.

II. Abschnitt.

Bezirksbehörden.

1. Regierungspräsident und Bezirksregierung.

§ 18.

Die Regierungsabtheilung des Innern wird aufgehoben. Die Geschäfte derselben werden, soweit nicht durch das gegenwärtige Gesetz abweichende Bestimmungen getroffen sind, von dem Regierungspräsidenten mit den der Regierung zustehenden Befugnissen verwaltet.

2. Bezirksausschuß.

§ 30.

Der Vorsitz im Bezirksausschusse geht in Behinderungsfällen von dem Regierungspräsidenten beziehungsweise dem Verwaltungsgerichtsdirektor auf das zweite ernannte Mitglied, sodann auf den Stellvertreter des Verwaltungsgerichtsdirektors über. Der Regierungspräsident gilt als behindert in allen Fällen, in welchen über eine Beschwerde gegen die Verfügung eines Regierungspräsidenten verhandelt wird.

Dritter Titel.

Verfahren.

I. Abschnitt.

Allgemeine Vorschriften.

§ 51.

Wo die Gesetze für die Anbringung der Beschwerde gegen Beschlüsse des Kreis- (Stadt-) Ausschusses, des Bezirksausschusses oder des Provinzialraths, oder der

Klage beziehungsweise des Antrags auf mündliche Verhandlung im Verwaltungsstreitverfahren eine andere als eine zweiwöchentliche Frist vorschreiben, beträgt die Frist fortan zwei Wochen. Das Gleiche gilt von den im — — §. 91 des Gesetzes vom 1. April 1879, betreffend die Bildung von Wassergenossenschaften, (Gesetz-Samml. S. 297) vorgeschriebenen Fristen.

§ 52.

Die Fristen für die Anbringung der Beschwerde und der Klage beziehungsweise des Antrags auf mündliche Verhandlung im Verwaltungsstreitverfahren, sowie alle Fristen im Verwaltungsstreitverfahren sind präklusivisch und beginnen, sofern nicht die Gesetze Anderes vorschreiben, mit der Zustellung. Für die Berechnung der Fristen sind die bürgerlichen Prozeßgesetze maßgebend.

Bezüglich der Beschwerde kann die angerufene Behörde in Fällen unverschuldeter Fristversäumung Wiedereinsetzung in den vorigen Stand gewähren.

Für eine im Verwaltungsstreitverfahren zu gewährende Wiedereinsetzung in den vorigen Stand sind lediglich die für das Verwaltungsstreitverfahren besonders getroffenen Bestimmungen maßgebend (§. 112).

II. Abschnitt.

Verwaltungsstreitverfahren.

5. Schlußbestimmungen für das Verwaltungsstreitverfahren.

§ 112.

Die Wiedereinsetzung in den vorigen Stand kann beantragen, wer durch Naturereignisse oder andere unabweisbare Zufälle verhindert worden ist, die in dem gegenwärtigen Gesetze oder die in den Gesetzen für Anstellung der Klage beziehungsweise für den Antrag auf mündliche Verhandlung im Verwaltungsstreitverfahren vorgeschriebenen Fristen einzuhalten. Als unabwendbarer Zufall ist es anzusehen, wenn der Antragsteller von einer Zustellung ohne sein Verschulden keine Kenntniß erlangt hat. Ueber den Antrag entscheidet das Gericht, dem die Entscheidung über die versäumte Streithandlung zusteht. Die versäumte Streithandlung ist, unter Anführung der Thatsachen, mittelst deren der Antrag auf Wiedereinsetzung begründet werden soll, sowie der Beweismittel, innerhalb zwei Wochen nachzuholen; der Lauf dieser Frist beginnt mit dem Ablauf des Tages, mit welchem das Hinderniß gehoben ist. Nach Ablauf eines Jahres, von dem Ende der versäumten Frist an gerechnet, findet die Nachholung der versäumten Streithandlung beziehungsweise der Antrag auf Wiedereinsetzung nicht mehr statt. Die durch Erörterung des Antrags auf Wiedereinsetzung entstehenden baaren Auslagen trägt in allen Fällen der Antragsteller.

Fünfter Titel.

Zwangsbefugnisse.

§ 132.

Der Regierungspräsident, der Landrath, die Ortspolizeibehörde und der Gemeinde- (Guts-) Vorsteher (-Vorstand) sind berechtigt, die von ihnen in Ausübung der obrigkeitlichen Gewalt getroffenen, durch ihre gesetzlichen Befugnisse gerechtfertigten Anordnungen durch Anwendung folgender Zwangsmittel durchzusetzen:

1) Die Behörde hat, sofern es thunlich ist, die zu erzwingende Handlung durch einen Dritten ausführen zu lassen und den vorläufig zu bestimmenden Kostenbetrag im Zwangswege von den Verpflichteten einzuziehen.
2) Kann die zu erzwingende Handlung nicht durch einen Dritten geleistet werden, — oder steht es fest, daß der Verpflichtete nicht im Stande ist, die aus der Ausführung durch einen Dritten

entstehenden Kosten zu tragen, — oder soll eine Unterlassung erzwungen werden, so sind die Behörden berechtigt, Geldstrafen anzudrohen und festzusetzen, und zwar:

a) die Gemeinde- (Guts-) Vorsteher bis zur Höhe von fünf Mark;
b) die Ortspolizeibehörden und die städtischen Gemeinde-Vorsteher (-Vorstände) in einem Landkreise bis zur Höhe von sechszig Mark;
c) die Landräthe, sowie die Polizeibehörden und Gemeinde-Vorsteher (-Vorstände) in einem Stadtkreise bis zur Höhe von einhundertfünfzig Mark;
d) der Regierungspräsident bis zur Höhe von dreihundert Mark.

Gleichzeitig ist nach Maßgabe der §§. 28, 29 des Strafgesetzbuchs für das Deutsche Reich die Dauer der Haft festzusetzen, welche für den Fall des Unvermögens an die Stelle der Geldstrafe treten soll. Der Höchstbetrag dieser Haft ist

in den Fällen zu a = Ein Tag,
" " " " b = Eine Woche,
" " " " c = Zwei Wochen,
" " " " d = Vier Wochen.

Der Ausführung durch einen Dritten (Nr. 1), sowie der Festsetzung einer Strafe (Nr. 2) muß immer eine schriftliche Androhung vorhergehen; in dieser ist, sofern eine Handlung erzwungen werden soll, die Frist zu bestimmen, innerhalb welcher die Ausführung gefordert wird.

3) Unmittelbarer Zwang darf nur angewendet werden, wenn die Anordnung ohne einen solchen unausführbar ist.

§ 133.

Gegen die Androhung eines Zwangsmittels finden dieselben Rechtsmittel statt, wie gegen die Anordnungen, um deren Durchsetzung es sich handelt. Die Rechtsmittel erstrecken sich zugleich auf diese Anordnungen, sofern dieselben nicht bereits Gegenstand eines besonderen Beschwerde- oder Verwaltungsstreitverfahrens geworden sind.

Gegen die Festsetzung und Ausführung eines Zwangsmittels findet in allen Fällen nur die Beschwerde im Aufsichtswege innerhalb zwei Wochen statt.

Haftstrafen, welche an Stelle einer Geldstrafe nach §. 132 Nr. 2 festgesetzt sind, dürfen vor ergangener endgültiger Beschlußfassung oder rechtskräftiger Entscheidung auf das eingelegte Rechtsmittel beziehungsweise vor Ablauf der zur Einlegung desselben bestimmten Frist nicht vollstreckt werden.

Siebenter Titel.

Uebergangs- und Schlußbestimmungen.

§ 153.

Die Bezirksräthe und die Bezirksverwaltungsgerichte werden aufgehoben.

An deren Stelle treten die Bezirksausschüsse.

§ 154.

Das gegenwärtige Gesetz tritt mit dem 1. April 1884, jedoch nur gleichzeitig mit dem Gesetze über die Zuständigkeit der Verwaltungs- und Verwaltungsgerichtsbehörden, in Kraft, vorbehaltlich der Bestimmungen des §. 155.

Gleichzeitig treten das Gesetz über die Organisation der allgemeinen Landesverwaltung vom 26. Juli 1880 (Gesetz-Samml. S. 291) und die §§. 1 bis 16a, 31 bis 87a und 89 des Gesetzes, betreffend die Verfassung der Verwaltungsgerichte und das Verwaltungsstreitverfahren vom $\frac{\text{3. Juli 1875}}{\text{2. August 1880}}$ (Gesetz-Samml. 1880 S. 328), außer Kraft.

Auf die vor dem Inkrafttreten des Gesetzes bereits

anhängig gemachten Sachen finden in Beziehung auf die Zuständigkeit der Behörden, das Verfahren und die Zulässigkeit der Rechtsmittel die Bestimmungen der früheren Gesetze, jedoch mit der Maßgabe Anwendung, daß an Stelle des Bezirksraths und des Bezirksverwaltungsgerichts der Bezirksausschuß tritt.

§ 155.

In den Provinzen Posen, — — Westfalen und in der Rheinprovinz tritt das gegenwärtige Gesetz erst in Kraft, je nachdem für dieselben auf Grund besonderer Gesetze neue Kreis- und Provinzialordnungen erlassen sein werden. Der betreffende Zeitpunkt wird für jede Provinz durch Königliche Verordnung bekannt gemacht.

— —.

Anlage 20.

Gesetz über die Zuständigkeit der Verwaltungs- und Verwaltungsgerichtsbehörden.[1])

Vom 1. August 1883.

G.S. 1883. S. 237.

XII. Titel.

Wasserpolizei.

A. Räumung von Gräben, Bächen und Wasserläufen.

§ 65.

Ueber den Erlaß von Reglements (Regulativen) wegen Räumung von Gräben, Bächen und Wasserläufen beschließt in den durch die nachstehend bezeichneten Gesetze vorgesehenen Fällen an Stelle der bisher zuständigen

---

[1]) Wegen des Geltungsgebietes dieses Gesetzes ist das Anm. 1. Anl. 19 Gesagte maßgebend.

Behörde der Kreis- (Stadt-) Ausschuß (§. 3 des Vorfluthgesetzes für Neuvorpommern und Rügen vom 9. Februar 1867 — Gesetz-Samml. S. 220; — —).

§ 66.

Gegen die Anordnungen der für die Wahrnehmung der Wasserpolizei zuständigen Behörde wegen Räumung von Gräben, Bächen und Wasserläufen, beziehungsweise wegen Aufbringung oder Vertheilung der dazu erforderlichen Kosten findet als Rechtsmittel innerhalb zwei Wochen der Einspruch an die Wasserpolizeibehörde statt. Dabei finden die Vorschriften des zweiten und dritten Absatzes des §. 56 [1]) sinngemäße Anwendung.

Ueber den Einspruch hat die Wasserpolizeibehörde zu beschließen. Gegen den Beschluß der Behörde findet die Klage im Verwaltungsstreitverfahren statt. Dieselbe ist, soweit der Inanspruchgenommene zu der ihm angesonnenen Leistung aus Gründen des öffentlichen Rechts statt seiner einen Anderen für verpflichtet erachtet, zugleich gegen diesen zu richten.

Auch im Uebrigen unterliegen Streitigkeiten der Betheiligten darüber, wem von ihnen die öffentlich-rechtliche Verbindlichkeit zur Räumung von Gräben und sonstigen Wasserläufen obliegt, der Entscheidung im Verwaltungsstreitverfahren.

---

[1]) § 56. Gegen die Anordnungen der Wegepolizeibehörde, welche den Bau und die Unterhaltung der öffentlichen Wege oder die Aufbringung und Vertheilung der dazu erforderlichen Kosten oder die Inanspruchnahme von Wegen für den öffentlichen Verkehr betreffen, findet als Rechtsmittel innerhalb zwei Wochen der Einspruch an die Wegepolizeibehörde statt.

Wird der Einspruch der Vorschrift des ersten Absatzes zuwider innerhalb der gesetzlichen Frist bei denjenigen Behörden erhoben, welche zur Beschlußfassung oder Entscheidung auf Beschwerden gegen Beschlüsse oder Verfügungen der Wegepolizeibehörde zuständig sind, so gilt die Frist als gewahrt.

Der Einspruch ist in solchen Fällen von den angerufenen Behörden an die Wegepolizeibehörde zur Beschlußfassung abzugeben.

Die Klage ist in den Fällen des zweiten Absatzes innerhalb zwei Wochen anzubringen. Die zuständige Behörde kann zur Vervollständigung der Klage eine angemessene Nachfrist gewähren. Durch den Ablauf dieser Fristen wird jedoch die Klage im Verwaltungsstreitverfahren auf Erstattung des Geleisteten gegen einen aus Gründen des öffentlichen Rechts Verpflichteten nicht ausgeschlossen.

Zuständig im Verwaltungsstreitverfahren ist in erster Instanz der Kreisausschuß, in Stadtkreisen und, wenn die Klage gegen Beschlüsse des Landraths gerichtet ist, sowie in Städten mit mehr als 10000 Einwohnern der Bezirksausschuß.

Auf Gräben, Bäche und Wasserläufe im Bezirke eines Deichverbandes finden die vorstehenden Bestimmungen keine Anwendung.

B. Stau-, Entwässerungs- und Bewässerungsanlagen, sowie Verschaffung der Vorfluth.

I. Vorschriften für den betreffenden Geltungsbereich folgender Gesetze:

1) Gesetz vom 15. November 1811 wegen des Wasserstauens bei Mühlen und Verschaffung von Vorfluth (Gesetz-Samml. S. 352);
2) Rheinisches Ruralgesetz vom 28. September 1791;
3) Rheinisches Ressortreglement vom 20. Juli 1818;
4) Gesetz vom 11. Mai 1853, betreffend die Anwendung der Vorfluthgesetze auf unterirdische Wasserleitungen (Gesetz-Samml. S. 182);
5) Gesetz vom 14. Juni 1859 wegen Verschaffung der Vorfluth in den Bezirken des Appellationsgerichtshofes zu Cöln und des Justizsenats zu Ehrenbreitstein, sowie in den Hohenzollernschen Landen (Gesetz-Samml. S. 325);
6) Vorfluthgesetz für Neuvorpommern und Rügen vom 9. Februar 1867 (Gesetz-Samml. S. 220);

7) Gesetz über die Benutzung der Privatflüsse vom 28. Februar 1843 (Gesetz-Samml. S. 41);
8) Verordnung vom 9. Januar 1845, betreffend die Einführung des Gesetzes vom 28. Februar 1843 über die Benutzung der Privatflüsse in dem Bezirke des Appellationsgerichtshofes zu Cöln (Gesetz-Samml. S. 35);
9) Gesetz vom 23. Januar 1846, betreffend das für Entwässerungsanlagen einzuführende Aufgebots- und Präklusionsverfahren (Gesetz-Samml. S. 26);

— —.

a. Festsetzung der Höhe des Wasserstandes bei Stauwerken.

§ 67.

Behufs Festsetzung der Höhe des Wasserstandes bei Stauwerken erfolgt die Ernennung der sachverständigen Kommissarien endgültig durch Beschluß des Kreis- (Stadt-) Ausschusses. Eine Zuziehung des Gerichts findet ferner nicht statt.

Gegen die durch die Kommissarien beim Mangel rechtsverbindlicher deutlicher Bestimmungen bewirkte Festsetzung des Wasserstandes steht den Betheiligten die Klage bei dem Kreis- (Stadt-) Ausschusse zu.

Streitigkeiten darüber, ob die Höhe des Wasserstandes in rechtsverbindlicher und deutlicher Weise bestimmt sei, unterliegen der Entscheidung im Verwaltungsstreitverfahren vor dem Kreis- (Stadt-) Ausschusse. Der Kreis- (Stadt-) Ausschuß ist befugt, durch endgültigen Beschluß einen Wasserstand, welcher bis zur rechtskräftigen Entscheidung im Verwaltungsstreitverfahren inne zu halten ist, vorläufig festzusetzen (§§. 1 bis 7 des Gesetzes vom 15. November 1811; §§. 4 bis 11 des Gesetzes vom 9. Februar 1867; Titel II Artikel 16 des Rheinischen Ruralgesetzes vom 28. September 1791; §. 2 Nr. 3 und 4 des Rheinischen Ressortreglements vom 20. Juli 1818).

b. Verschaffung der Vorfluth.

§ 68.

Der Kreis- (Stadt-) Ausschuß beschließt:

1) über Anträge auf Verschaffung von Vorfluth, und zwar nach einer vorgängigen, von ihm anzuordnenden örtlichen Untersuchung (§§. 103 bis 109 und 113 bis 116 Theil I Titel 8 Allgemeinen Landrechts; §§. 11 bis 18 des Vorfluthgesetzes vom 15. November 1811; Artikel 3 des Gesetzes vom 11. Mai 1853; §§. 14 bis 16, 18 bis 21 des Gesetzes vom 9. Februar 1867; §§. 4 ff. des Vorfluthgesetzes vom 14. Juni 1859). Das schiedsrichterliche Verfahren nach den Bestimmungen der §§. 15 ff. des Vorfluthgesetzes vom 15. November 1811 findet auch auf die Fälle der §§. 103 bis 109 und 113 bis 116 Theil I Titel 8 Allgemeinen Landrechts Anwendung;
2) über Anträge auf Mitbenutzung einer Entwässerungsanlage und auf Abänderungen eines Entwässerungsplans (§§. 17, 20 des Gesetzes vom 9. Februar 1867).

Gegen den Beschluß findet innerhalb zwei Wochen der Antrag auf mündliche Verhandlung im Verwaltungsstreitverfahren statt.

§ 69.

Die Aufforderung zur Schiedsrichterwahl, die Ernennung des Obmannes, sowie der von den Betheiligten nicht rechtzeitig gewählten Schiedsrichter und die Ermächtigung des Schiedsgerichts erfolgt endgültig durch Beschluß des Kreis- (Stadt-) Ausschusses (§§. 22, 23, 25, 27 des Gesetzes vom 15. November 1811; §§. 23, 24, 26 des Gesetzes vom 9. Februar 1867).

§ 70.

Der Kreis- (Stadt-) Ausschuß beschließt:

1) über die Rechtmäßigkeit der Ablehnung des Schiedsrichteramts (§. 30 des Gesetzes vom 15. November 1811; §. 24 des Gesetzes vom 9. Februar 1867);
2) über die Zurückweisung unzulässiger Schiedsrichter (§§. 28, 29 des Gesetzes vom 15. November 1811; §. 24 des Gesetzes vom 9. Februar 1867);
3) über die Festsetzung der Vergütung der Schiedsrichter (§. 33 des Gesetzes vom 15. November 1811; §. 27 des Gesetzes vom 9. Februar 1867);
4) über die Festsetzung der Vergütung der Kommissarien (§. 27 des Gesetzes vom 9. Februar 1867).

Gegen die Beschlüsse des Kreis- (Stadt-) Ausschusses steht innerhalb zwei Wochen den Betheiligten der Antrag auf mündliche Verhandlung im Streitverfahren zu, in welchem der Kreis- (Stadt-) Ausschuß endgültig entscheidet.

§ 71.

Die Anfechtung der schiedsrichterlichen Entscheidung erfolgt innerhalb sechs Wochen im Wege der Klage bei dem Kreis- (Stadt-) Ausschusse (§§. 25, 26 des Gesetzes vom 15. November 1811; §. 26 des Gesetzes vom 9. Februar 1867).

§ 72.

Die Vorschrift in §. 28 des Gesetzes vom 9. Februar 1867 wegen exekutivischer Einziehung von Kosten und Kostenvorschüssen durch die Bezirksregierung ist aufgehoben.

c. Bewässerungsanlagen.

§ 73.

Der Bezirksausschuß beschließt über die Beschränkung der Ableitung des Wassers, wenn durch eine Bewässerungs-anlage das öffentliche Interesse gefährdet oder der nothwendige Wasserbedarf den unterhalb liegenden Einwohnern entzogen wird (§. 15 des Gesetzes vom 28. Februar 1843; — —).

§ 74.

Der Kreis- (Stadt-) Ausschuß faßt den Präklusionsbescheid bei Bewässerungsanlagen ab (§§. 19 bis 22, — — a. a. O.). Gegen die Präklusion ist das Restitutionsgesuch innerhalb zwei Wochen bei dem Kreis- (Stadt-) Ausschusse anzubringen, welcher darüber im Verwaltungsstreitverfahren entscheidet. Auf Berufung entscheidet der Bezirksausschuß endgültig.

Das Gleiche gilt bezüglich des Präklusionsverfahrens bei Entwässerungsanlagen (Gesetz vom 23. Januar 1846; Artikel 3 des Gesetzes vom 11. Mai 1853; §. 29 des Gesetzes vom 9. Februar 1867).

§ 75.

Ueber Widersprüche gegen eine Bewässerungsanlage des Uferbesitzers (§§. 16a und b, 17, 23 Absatz 1 und 2 des Gesetzes vom 28. Februar 1843; — —) entscheidet der Kreis- (Stadt-) Ausschuß im Verwaltungsstreitverfahren.

§ 76.

Die Anträge eines Uferbesitzers auf Einräumung oder Beschränkung von Rechten behufs Ausführung oder Erhaltung von Bewässerungsanlagen sind bei dem Kreis- (Stadt-) Ausschusse anzubringen.

Behufs Prüfung des Antrags an Ort und Stelle und Vernehmung der Betheiligten ernennt der Kreis- (Stadt-) Ausschuß einzelne seiner Mitglieder oder andere Sachverständige, welche das Ergebniß der Erhebung unter Beifügung ihres Gutachtens festzustellen haben.

Demnächst beschließt der Kreis- (Stadt-) Ausschuß über die Vorfrage, ob ein überwiegendes Landeskulturinteresse vorwalte (§§. 30 bis 32 des Gesetzes vom 28. Februar 1843).

§ 77.

Der Kreis- (Stadt-) Ausschuß ernennt endgültig die Kommissarien für das fernere Verfahren und beschließt über die erhobenen Widersprüche gegen den von den Kommissarien entworfenen Plan, sowie über die Frist zu seiner Ausführung.

Gegen den Beschluß findet innerhalb zwei Wochen der Antrag auf mündliche Verhandlung im Verwaltungsstreitverfahren statt (§§. 33 bis 44 a. a. O.).

§ 78.

Der Kreis- (Stadt-) Ausschuß ernennt endgültig die Taxatoren und stellt die Entschädigung durch Endurtheil fest.

Gegen das Endurtheil steht dem Berechtigten nur die Berufung an das Oberlandeskulturgericht zu (§§. 43 bis 47, 54 und 55 a. a. O.).

§ 79.

Die Einziehung und Auszahlung oder Hinterlegung der festgestellten Entschädigungssumme liegt dem Landrathe, in Stadtkreisen dem Gemeindevorstande ob.

§ 80.

Ueber den Antrag auf vorläufige Gestattung der Anlage und die Höhe der zu erlegenden Kaution beschließt der Kreis- (Stadt-) Ausschuß.

C. Allgemeine Bestimmungen.

§ 94.

Das Gesetz, betreffend die Bildung von Wassergenossenschaften, vom 1. April 1879 (Gesetz-Samml.

S. 297) kommt fortan mit folgenden Maßgaben zur Anwendung.

Die in §. 49 Absatz 3 dem Kreis- (Stadt-) Ausschusse, in der Beschwerdeinstanz dem Bezirksausschusse übertragene Aufsicht über Wassergenossenschaften wird fortan vom Landrath als Vorsitzenden des Kreisausschusses, in Stadtkreisen von der Ortspolizeibehörde, in der Beschwerdeinstanz vom Regierungspräsidenten geführt. In den Fällen der §§. 51, 53, 71 behält es bei der Zuständigkeit des Kreis- (Stadt-) Ausschusses sein Bewenden.

An die Stelle des zweiten Absatzes des §. 50 tritt folgende Bestimmung:

> Gegen die Verfügung oder Feststellung des Landraths oder der Ortspolizeibehörde steht der Genossenschaft innerhalb zwei Wochen die Klage bei dem Bezirksausschusse, gegen die Verfügung oder Feststellung des Regierungspräsidenten die Klage bei dem Oberverwaltungsgerichte zu.

In Betreff der Rechtsmittel gegen die Androhung, Festsetzung und Ausführung des Zwangsmittels in den Fällen des §. 54 finden die Bestimmungen der §§. 132 ff. des Gesetzes über die allgemeine Landesverwaltung vom 30. Juli 1883 [1]) Anwendung.

Bei dem Verfahren zur Begründung öffentlicher Wassergenossenschaften tritt, sofern das Genossenschaftsgebiet die Grenzen eines Regierungsbezirks nicht überschreitet, in den Fällen der §§. 73, 75, 76, 77, 93 und 94 der Regierungspräsident an die Stelle des Oberpräsidenten, und im Falle des §. 72 Ziffer 2 der Landrath, in Stadtkreisen der Gemeindevorstand an die Stelle der Regierung. Die Befugniß zur Uebertragung der Leitung des Verfahrens an eine Auseinandersetzungsbe-

---

[1]) Vergl. Anl. 19.

hörde (§. 77 Absatz 1 Satz 2) verbleibt dem Oberpräsidenten.

Die §§. 53 Absatz 3, 97 und 98, sowie der im §. 57 daselbst für den Fall einer anderweiten Organisation der höheren Verwaltungsbehörden gemachte Vorbehalt treten außer Kraft.

XVI. Titel.

Gewerbepolizei.

A. Gewerbliche Anlagen.

§ 109.

Der Kreis- (Stadt-) Ausschuß, in den einem Landkreise angehörigen Städten mit mehr als 10000 Einwohnern der Magistrat (kollegialische Gemeindevorstand), beschließt über Anträge auf Genehmigung zur Errichtung oder Veränderung gewerblicher Anlagen (§§. 16 bis 25 der Reichsgewerbeordnung vom 21. Juni 1869), soweit konzessionspflichtige Anlagen der nachbezeichneten Art in Frage stehen:

— — Stauanlagen für Wassertriebwerke, — —.

Im Falle fernerer Ergänzung des Verzeichnisses der konzessionspflichtigen Anlagen gemäß §. 16, letzter Absatz, der Reichsgewerbeordnung bleibt die Bestimmung darüber, für welche der in das Verzeichniß nachträglich aufgenommenen Anlagen der Kreisausschuß (Stadtausschuß, Magistrat) zuständig ist, Königlicher Verordnung vorbehalten.

§ 110.

Der Bezirksausschuß beschließt über Anträge auf Genehmigung zur Errichtung oder Veränderung gewerblicher Anlagen, soweit die Beschlußnahme darüber nicht nach §. 109 dem Kreis- (Stadt-) Ausschusse (Magistrat) überwiesen ist.

Der Bezirksausschuß beschließt ferner im Einvernehmen mit dem zuständigen Oberbergamte über die Zulässigkeit von Wassertriebwerken, welche zum Betriebe von Bergwerken oder Aufbereitungsanstalten dienen (§. 59 Absatz 3 des Allgemeinen Berggesetzes vom 24. Juni 1865,[1]) Gesetz-Samml. S. 705).

§ 113.

In den Fällen der §§. 109 bis 112 findet die Beschwerde an den Minister für Handel und Gewerbe statt. Sofern bei Stauanlagen Landeskulturinteressen in Betracht kommen, ist der Minister für Landwirthschaft zuzuziehen.

XXV. Titel.

Ergänzende, Uebergangs- und Schlußbestimmungen.

§ 160.

In den Fällen der §§. 1, 18, 34, 44, 46, 47, 54 und 140 des gegenwärtigen Gesetzes, sowie des §. 53 des Gesetzes, betreffend die Bildung von Wassergenossenschaften, vom 1. April 1879 (Gesetz-Samml. S. 297) ist die Zuständigkeit des Kreis- (Stadt-) Ausschusses, des Bezirksausschusses und des Oberverwaltungsgerichts auch insoweit begründet, als bisher durch §. 79 Titel 14 Theil II Allgemeinen Landrechts, beziehungsweise §§. 9, 10 des Gesetzes über die Erweiterung des Rechtsweges vom 24. Mai 1861 (Gesetz-Samml. S. 241) oder sonstige bestehende Vorschriften der ordentliche Rechtsweg für zulässig erklärt war.

Der Grundsatz, daß die Entscheidungen unbeschadet aller privatrechtlichen Verhältnisse ergehen (§. 7 des Ge-

---

[1]) Ueber die Zulässigkeit der Wassertriebwerke entscheiden das Oberbergamt und die Regierung durch gemeinschaftlichen Beschluß.

setzes über die allgemeine Landesverwaltung vom 30. Juli 1883),[1]) bleibt hierbei unberührt.

§ 163.

Das gegenwärtige Gesetz tritt gleichzeitig mit dem Gesetze über die allgemeine Landesverwaltung vom 30. Juli 1883 in Kraft.

Bezüglich der vor diesem Zeitpunkte anhängig gemachten Sachen sind die Vorschriften des §. 154 Absatz 3 des letzteren Gesetzes maßgebend.

§ 164.

Mit dem Tage des Inkrafttretens des gegenwärtigen Gesetzes kommt das Gesetz, betreffend die Zuständigkeit der Verwaltungsbehörden und der Verwaltungsgerichtsbehörden rc., vom 26. Juni 1876 (Gesetz-Samml. S. 297) in allen seinen Theilen in Wegfall.

Ingleichen treten mit dem gedachten Zeitpunkte alle mit den Vorschriften des gegenwärtigen Gesetzes in Widerspruch stehenden Bestimmungen außer Kraft.

Anlage 21.

Erlaß des Ministers für Landwirthschaft, Domänen und Forsten.

Vom 18. November 1884.[2])

Die vorliegende bei der Königlichen General-Kommission zu Breslau ausgearbeitete Instruktion für Feldmesser und Draintechniker zur Entwerfung und Aus-

---

[1]) Vergl. Anl. 19.

[2]) Für die Drainagen in der Eifel hat der Minister die nachfolgenden Vorschriften bezw. Abweichungen von den Bestimmungen dieser Instruktion genehmigt:

führung von Drainplänen ist bei der hier stattgehabten technischen Prüfung als sachgemäß und erschöpfend befunden worden, und lasse ich daher ꝛc. ein Exemplar dieser Instruktion mit der Veranlassung zugehen, künftighin bei der Aufstellung und Prüfung wie bei der Ausführung von Drainprojekten nach derselben zu verfahren. Ich bemerke jedoch, daß es zur Uebersichtlichkeit beitragen würde, wenn auf den Drainkarten die Lichtweite der Röhren durch bestimmte Zeichen und nicht durch Zahlen (§. 7 c) verdeutlicht würde, da die große Anzahl von Zahlen auf den Drainkarten die Klarheit beeinträchtigt.

---

1. Zu § 7 c.

Die Röhrenweiten der Drains sollen nicht durch Zahlen, sondern durch Striche bezeichnet werden, von denen jeder 2 cm bedeutet, z. B. wird 5 cm in folgender Weise ——— ausgedrückt.

2. Zu § 24.

Es sollen in den Knotenpunkten der Sammler Brunnenstübchen angelegt werden. Dieselben werden zweckmäßig aus aufrecht stehenden Thon- oder Steingutröhren hergestellt und mit einem Stein bedeckt, welcher so tief unter dem Terrain liegt, daß die Beackerung nicht gestört wird.

3. Zu § 25.

In stark geneigten Hängen, welche durch Druckwasser geschädigt werden, sollen die Saugdrains nicht in die Richtung des stärksten Gefälles gelegt, sondern es soll das letztere durchkreuzt werden, da auf diese Weise das Druckwasser selbst bei weiter Strangentfernung gut abgefangen und abgeleitet wird. Auch erhalten dann die Sammler ein starkes Gefälle und werden durch das zufließende Drainwasser gespült.

4. Zu § 26.

Den Saugdrains soll nur ausnahmsweise eine größere Länge als 150 m gegeben werden, da kleine Unregelmäßigkeiten und Verschiebungen in einem einzigen Strange andernfalls auf eine große Fläche schädlichen Einfluß ausüben.

Instruktion der Königlichen General-Kommission für Schlesien für Feldmesser und Drain-Techniker zur Entwerfung und Ausführung von Drain-Plänen.

Vom 12. Februar 1884.

Einleitung.

Drain-Anlagen haben den Zweck, die schädliche Nässe bis auf eine dem Pflanzenwachsthum nicht mehr nachtheilige Tiefe aus dem Boden unterirdisch zu entfernen.

Die Vortheile zweckmäßig und umsichtig ausgeführter Drain-Anlagen sind so erheblich, daß die darauf angemessen verwendeten Kosten in der Regel als Substanz-Verbesserungen angesehen werden können.

Um diese Vortheile mit möglichst geringem Kostenaufwande zu erreichen, ist es nothwendig, einen — die örtlichen Verhältnisse und die projectirten Anlagen näher bezeichnenden, sowie die Berechnung der Kosten in sich schließenden — Drain-Plan nach den durch Wissenschaft und Praxis festgestellten Prinzipien zu entwerfen und denselben der Ausführung der Anlagen zum Grunde zu legen.

Die Nothwendigkeit der Aufstellung eines solchen Planes tritt ganz besonders in denjenigen Fällen hervor, in welchen Grundbesitzer zu den von ihnen beabsichtigten Drain-Anlagen die Verwendung von Ablösungs-Kapitalien beanspruchen, oder wenn Drain-Ausführungen im Interesse mehrerer Grundbesitzer bei Gemeinheitstheilungen stattfinden sollen. In solchen Fällen liegt die Prüfung der Zweckmäßigkeit der Drain-Anlagen, der Vollständigkeit der Ausführung derselben und die Beurtheilung der Angemessenheit der darauf verwendeten Kosten der Auseinandersetzungs-Behörde ob.

Die Königliche General-Kommission für Schlesien hat sich deshalb in Gemäßheit der Vorschrift des §. 18 der Verordnung vom 30. Juni 1834 veranlaßt gesehen, um gleichzeitig das landwirthschaftliche Publikum mit den von ihr angenommenen leitenden Grundsätzen bekannt zu machen und eine größere Gleichmäßigkeit in der formellen Bearbeitung der Drain-Pläne herbeizuführen, die Instruktion vom 6. April 1857 zu erlassen. Da seit diesem Zeitpunkte indessen auf dem Gebiete der Drain-Technik weitere Erfahrungen gesammelt sind, da ferner inzwischen das Metermaaß zur Einführung gelangt ist und endlich seitens des Centraldirectoriums der Vermessungen im preußischen Staate

a) die Bestimmungen über die Anwendung gleichmäßiger Signaturen für topographische und geometrische Karten, Pläne und Risse vom 20. Dezember 1879 und
b) die Bestimmungen über den Anschluß der Spezialvermessungen an die trigonometrische Landesvermessung vom 29. Dezember 1879

erlassen sind, so hat sich die Nothwendigkeit der Abänderung der Instruktion vom 6. April 1857 in mehrfacher Hinsicht herausgestellt.

Die Königliche General-Kommission für Schlesien sieht sich deshalb veranlaßt, die Instruktion vom 6. April 1857 hiermit aufzuheben und an deren Stelle die nachfolgende Instruktion zur Geltung zu bringen.

Abschnitt I.

Von den Erfordernissen zur Entwerfung der Drain-Pläne.

§ 1.

Bestandtheile des Drain-Planes.

Jeder vollständige Drain-Plan muß auf Grund einer Karte entworfen sein und außer dem speziellen Plan-Entwurf einen Kosten-Anschlag enthalten.

§ 2.

Erfordernisse der Drain-Karte.

A. Allgemeine.

Die Drain-Karte ist bei einer Neumessung in dem Maaßstabe von 1 : 2500 aufzutragen, bei Anfertigung derselben aber nach einer schon vorhandenen, in einem kleineren Maaßstabe gezeichneten Karte womöglich auf das genannte Verhältniß zu reduciren.

Dieselbe muß den Maaßstab, die Mittagslinie und alle sonstigen zur Orientirung erforderlichen Gegenstände enthalten und mit der Unterschrift des Drain-Technikers, dem Orte und Datum der Anfertigung versehen sein.

Im Uebrigen sind, sobald die Drain-Karte auf Grund einer Neumessung hergestellt wird, die Bestimmungen über den Anschluß der Spezialvermessungen an die trigonometrische Landesvermessung des Centraldirektoriums der Vermessungen im preußischen Staate vom 29. Dezember 1879 genau zu beachten.

§ 3.

B. Spezielle.

a. Situations-Gegenstände.

Die Drain-Karte muß ferner die der Drainirung zu unterwerfenden Grundstücke nebst deren näherer Umgebung, is zu den Vorfluthpunkten hin, genau nachweisen und b die Grenzen der Grundstücke, sowie die verschiedenen Gattungen, als: Gärten, Aecker, Wiesen, Hütungen, Wald, Unland, Gruben und Steinbrüche, alle Wege, Gräben, Flüsse, Teiche, insbesondere aber Quellen, Baumpflanzungen und Hecken bezeichnen.

Für alle hierbei anzuwendenden Signaturen gelten die „Bestimmungen über die Anwendung gleichmäßiger Signaturen des Centraldirectoriums der Vermessungen im preußischen Staate vom 20. Dezember 1879".

§ 4.

b. Nivellement.

Das Nivellement darf sich nicht blos auf die Drain-Flächen beschränken, sondern muß sich auch bis zu den geeigneten Vorfluthpunkten ausdehnen. Liegen die zu drainirenden Grundstücke einer Feldmark nicht im Zusammenhange, so sind dieselben dennoch durch das Nivellement bezüglich ihrer gegenseitigen Höhenlage mit einander zu verbinden. Ausnahmen hierbei können einzelne weit entlegene Parzellen mit völlig unabhängiger Vorfluth machen.

Die Höhen der sämmtlichen nivellirten Punkte sind in der Regel auf den durch Beschluß des Centraldirectoriums der Vermessungen im preußischen Staate vom 2. Dezember 1876 festgesetzten Normal-Nullpunkt zu reduciren und ist zu diesem Zwecke das Nivellement an einen oder mehrere der bei der Landesvermessung gesetzten Fixpunkte anzuschließen.

Ausnahmen hiervon sind nur zulässig bei Nivellements von geringem Umfange, oder wenn das Anschluß-Nivellement einen unverhältnißmäßig hohen Kostenaufwand erfordert.

In den letzteren Fällen ist der Nullpunkt des Nivellements in irgend einem Fixpunkte (Pegel, Fachbaum und dergl.) allemal unter der Erdoberfläche zu wählen.

Die Höhenlage der Nivellementspunkte über dem angenommenen Nullpunkte ist auf der Karte schwarz einzutragen und auf letzterer zu vermerken, welcher Punkt überhaupt als Nullpunkt angenommen worden ist.

§ 5.

c. Höhenschichtenlinien.

Zur Ermittelung der Richtung des stärksten Terrain-Gefälles müssen jederzeit in gewissen, der Terrainlage angemessenen Höhenabständen so viel Höhenschichtenlinien gebildet werden, daß über die Boden-Konfiguration an keinem Orte des Grundstücks ein Zweifel bleibt.

Wegen der Darstellung derselben wird auf die „Bestimmungen über die Anwendung gleichmäßiger Signaturen des Centraldirectoriums der Vermessungen im preußischen Staate vom 20. Dezember 1879" verwiesen (§. 3 Nr. 3 und §. 19 Nr. 2).

§ 6.

d. Bezeichnung der Vorfluth-Anlagen.

Alle neu herzustellenden Vorfluthgräben sind auf der Karte mit Carmin roth auszuziehen, hellblau abzutuschen und dann mit großen lateinischen Buchstaben roth zu bezeichnen.

Ebenso sind alle neu anzulegenden Brücken und Durchlässe mit Carmin roth in die Karte einzutragen.

§ 7.[1])

e. Bezeichnung der Drain-Anlagen.

Zur Bezeichnung der Drain-Anlagen sind auf der Karte

α. mit blauer Farbe:

a) die Saug-Drains durch schwächere, die Sammel-Drains durch stärkere, die Doppel-Drains durch doppelte, scharf ausgezogene Linien darzustellen;

---

[1]) Vergl. S. 180.

b) die Uebergangspunkte aus einer in die andere Röhrenweite mit Kreuzchen zu versehen;

c) den Drainsträngen die mehr als 4 cm betragenden Röhrenweiten, in Centimetern ausgedrückt, und zwar parallel der Strangrichtung, beizuschreiben;

d) die Richtung des Wasserlaufes bei jedem Sammel-Drain durch einen Pfeilstrich anzudeuten;

e) die Entfernungen der Saug-Drains von einander in übersichtlichen Abständen einzuschreiben;

β. mit rother Farbe:

f) die verschiedenen Gefälle der Sammel-Drain-Sohlen in Prozenten auf der einen;

g) die Tiefen der Sammel-Drain-Sohlen unter der Terrain-Fläche bei jedem Brechpunkte des Gefälles auf der anderen Seite der betreffenden Sammel-Drains einzutragen;

h) die Drain-Ausmündungen durch einen Strich und die Silbe „Aus“ zu bezeichnen und zwar unter Beifügung der Höhenordinaten für dieselben und für die Sohle des Vorfluthgrabens;

i) die Senkbrunnen, Brunnen-Stübchen oder Beobachtungs- und Staukessel durch kleine Quadrate zu bezeichnen.

§ 8.

f. Bezeichnung der Drain-Systeme ꝛc.

Die einzelnen Drain-Systeme sind mit großen, offenen lateinischen Buchstaben blau zu bezeichnen. Bei einer großen Anzahl von Systemen sind diejenigen, welche einen gemeinschaftlichen Recipienten haben, oder welche durch ihre Abgrenzung sich hierzu besonders eignen, in einzelne durch große offene römische Zahlen blau zu bezeichnende Hauptabtheilungen zusammenzufassen, innerhalb deren dann die einzelnen Spezial-Systeme mit obengedachter Buchstabenbezeichnung kenntlich zu machen sind. Demnächst sind die Sammel-Drains jedes einzelnen Systems nach der Reihenfolge von oben herab mit kleinen lateinischen Buchstaben, die Saug-Drains aber mit fortlaufenden arabischen Zahlen blau dergestalt zu bezeichnen, daß der an der höchsten Stelle des Sammel-Drains a einmündende Saug-Drain jederzeit Nr. 1 erhält und daß dann mit der Numerirung der Buchstabenbezeichnung der Sammel-Drains folgend so fortgefahren wird, daß schließlich der an der tiefsten Stelle des Systems liegende Strang mit der letzten Nummer versehen wird.

Die sub A.[1]) beigefügte Drain-Karte verdeutlicht die hier gegebenen Vorschriften. A.

Die in derselben mit 6,5, 7,5 und 10,5 cm verzeichneten Röhrendurchmesser entsprechen denjenigen von 6, 7 und 10 cm.

§ 9.

Erfordernisse des Plan-Entwurfs.

Der Plan-Entwurf — der eigentliche Drain-Plan — muß enthalten:

I. einen Erläuterungs-Bericht, welcher zu erörtern hat:

1. die Lage und Beschaffenheit der zu drainenden und der unmittelbar angrenzenden Flächen, die Bodenmischungs-, Lagerungs- und Schichtungsverhältnisse bis zu einer Tiefe von 1,5 bis 2 m; sowie alle örtlichen Verhältnisse, welche auf die Drain-Anlagen von Einfluß und aus der Drain-Karte nicht ersichtlich sind, z. B. der etwaige Quellenreichthum, die Vorfluthverhältnisse, die in der Nähe liegenden Gebirge, Forsten, Gewässer 2c., welche auf

[1]) Die Beifügung der Drain-Karte mußte aus Rücksichten auf die Kosten unterbleiben.

die atmosphärischen Niederschläge oder das Grundwasser Einwirkung haben, u. dergl. m.;

2. die zur Regulirung der Vorfluthverhältnisse getroffenen Anordnungen und Sicherungsmaßregeln;
3. die Gründe zur Bildung der einzelnen Drain-Systeme, gestützt auf die örtlichen Vorfluthverhältnisse und die Entwickelung der Grundsätze, welche bei Bestimmung der Richtung, Tiefe, Entfernung, Länge und des Gefälles der Sammel- und Saug-Drains, insbesondere aber die verschiedenen Röhren-Dimensionen maßgebend gewesen sind.

B. Ein Schema ist sub B. beigefügt.

II. eine Nachweisung und Berechnung

a) der Längenmaaße der einzelnen Draingräben nach den verschiedenen Tiefen gesondert,
b) der Längenmaaße der einzelnen Saug-Drains und der Sammel-Drains nach den verschiedenen Röhren-Durchmessern gesondert,
c) der Entfernungen der Saug-Drains von einander,
d) der durch die Drains entwässerten einzelnen Flächenabschnitte (die Letzteren sind für jede einzelne mit gleich weiten Röhren belegte Strecke der Sammel-Drains zu berechnen) und Systeme,
e) des Gefälles der Sammel-Drains, nach dem sub C. beiliegenden Schema.

C. III. eine Zusammenstellung der in der Nachweisung sub C. für jedes Drain-System berechneten Längenmaaße der einzelnen Draingräben, der Sammel- und Saug-Drains sowie der entwässerten Flächen nebst

Berechnung
des Drainröhren-Bedarfs nach dem sub D. beigefügten Schema. D.

IV. einen Kostenanschlag nach dem sub E. beigefügten Schema. E.

Abschnitt II.

Von der Beschaffung der Vorfluth.

§ 10.

Allgemeine Bemerkungen.

Bei jeder auszuführenden Drainage ist die Beschaffung einer ausreichenden Vorfluth als Vorbedingung zu betrachten, da bei einem Mangel derselben die Drainirung als eine dauernde Verbesserung der Grundstücke nicht anerkannt werden kann. Der zweckmäßigen Beschaffung von Vorfluth ist daher allemal seitens des Technikers ein besonderes Augenmerk zuzuwenden. Da zu diesem Zwecke oft eine umfassende Regulirung bereits vorhandener, oder die Anlegung neuer Gräben, sowie der Bau von Brücken und Durchlässen sich nothwendig erzeigt, so wird zu einer zweckentsprechenden Herstellung derartiger Anlagen Folgendes bestimmt:

§ 11.

Dimensionen der herzustellenden Gräben.

Die Dimensionen der Gräben werden bedingt durch
a) die abzuführende Wassermasse und
b) das Gefälle.

Nach diesen beiden Faktoren sind die Profile der Gräben stets zu berechnen.

§ 12.

Größe der abzuführenden Wassermasse.

Die bei Feststellung der Grabenprofile in Rechnung zu stellende Wassermasse ist auf Grund der lokalen größeren Niederschläge oder anderweitig sachgemäß zu ermitteln.

In den meisten Fällen wird es sich empfehlen, die Fläche des ganzen Niederschlagsgebietes, für welches der anzulegende Wasserlauf als Rezipient dienen soll, annähernd zu ermitteln und hieraus, sowie aus den lokalen größten Niederschlägen die abzuführende Wassermasse zu berechnen.

Im Allgemeinen haben die bisherigen Erfahrungen ergeben, daß es genügt, wenn

a) im hügligen Terrain ein Quantum von 0,0015 cbm,
b) „ ebenen „ „ „ „ 0,0011 „

als pro Hektar und Secunde abzuführende Wassermasse angenommen wird.

§ 13.

Gefälle der Gräben.

Das Gefälle der anzulegenden Gräben ist auf Grund eines Nivellements genau zu ermitteln und bei den einzelnen Grabenstrecken möglichst gleichmäßig zu vertheilen. Bei starkem Gefälle ist auf eine Herabminderung desselben Bedacht zu nehmen, damit das Wasser nur eine Geschwindigkeit erhält, welche das Zerreißen des Grabens nicht befürchten läßt.

§ 14.

Grabenböschungen.

Für die Böschungen der Gräben sind, den jedesmaligen Bodenverhältnissen entsprechend, derartige Neigungsverhältnisse anzunehmen, daß hierdurch die Haltbarkeit möglichst garantirt wird.

Bei größeren Gräben ist jedenfalls ein geringeres Böschungsverhältniß als 1 : 1,5 nicht anzuwenden.

§ 15.

Profile der Brücken und Durchlässe.

Alle anzulegenden Brücken und Durchlässe sind mit derartigen Durchfluß-Profilen zu versehen, daß durch dieselben nicht nur das zur Ableitung gelangende Drainwasser, sondern auch das Fluthwasser ungehinderten Abfluß findet und sind bei der Berechnung derartiger Anlagen deshalb mindestens die im §. 12 angegebenen Wassermassen zu Grunde zu legen.

§ 16.

Senkbrunnen.

Die Beschaffung der Vorfluth durch Senkbrunnen, d. h. durch Versenkung des Drainwassers in den Untergrund, kann nur ganz ausnahmsweise für zulässig erachtet werden und jedenfalls nur unter Umständen, welche auch eine Dauer der Anlage versprechen.

Abschnitt III.

Von den bei Drain-Anlagen in Anwendung zu bringenden technischen Grundsätzen.

§ 17.

Allgemeine Bemerkungen.

Wenngleich die in der Drain-Technik zur Anwendung kommenden Grundsätze jetzt im Allgemeinen wohl als feststehend angenommen werden können, so hat sich bei den zahlreichen Prüfungen der Drain-Pläne doch ergeben, daß auch heute noch manchmal die Ansichten von wissenschaftlich gebildeten und erfahrenen Technikern in einzelnen Punkten auseinandergehen.

Es erscheint demnach nothwendig über die wichtigsten Vorfragen zum Entwurfe von Drainplänen bestimmte Vorschriften zu geben, deren Befolgung unter Gestattung motivirter Abweichungen, bei Aufstellung von Drain-Plänen, welche der Prüfung der Auseinandersetzungs-Behörde unterworfen werden, zur Bedingung der Genehmigung derselben gemacht werden muß.

Es wird daher nach vielseitiger Prüfung der bisher bekannt gewordenen, wissenschaftlich begründeten und in der Praxis bewährt gefundenen Grundsätze unter Berücksichtigung der geographischen und klimatischen Verhältnisse der Provinz Schlesien Folgendes bestimmt.

§ 18.

Bildung der Drain-Systeme.

Alle Röhrenstränge, welche sich zu einem einzigen Ausflusse vereinigen, machen ein gesondertes System aus.

Die einzelnen Drain-Systeme sind auf Grund der Nivellements-Resultate und unter der sorgfältigsten Erwägung der Vorfluth-Verhältnisse zu regeln und sind möglichst viele Sammel-Drains zu einem Systeme zu verbinden.

§ 19.

Konstruktion der Sammel-Drains.

a. Lage.

Die Sammel-Drains sind in der Regel an den tiefsten Stellen des Terrains anzulegen. Ihre Lage bestimmt sich durch diejenige Linie, auf welcher sich zwei gegen einander schief geneigte Ebenen begegnen und die Richtungen der steilsten Gefälle unterbrechen.

§ 20.

b. Länge.

Die Länge der Sammel-Drains ist von der Oertlichkeit abhängig und nur dann an geeigneten Vorfluthpunkten zu unterbrechen, wenn die abzuleitende Wassermenge den Uebergang in größere, nicht zu beschaffende Röhren-Dimensionen erforderlich macht.

§ 21.

c. Tiefe.

Die Tiefe der Sammel-Drains regulirt sich nach der vorhandenen Vorfluth, der Tiefe der Saug-Drains und nach dem Terraingefälle.

§ 22.

d. Gefälle.

Das Gefällverhältniß der Sammel-Drains muß dem Terraingefälle angepaßt und in Prozenten berechnet werden. Bei der oft sehr bedeutenden Länge der Sammel-Drains verbietet es in der Regel die wechselnde Terraingestaltung, dem Drain in seiner gesammten Ausdehnung ein konstantes Gefälle zu verschaffen. Es wird daher auch das Gefällverhältniß in den häufigsten Fällen ein wechselndes sein, darf indessen an keinem Orte weniger als die im §. 32 aufgestellten Minimalsätze betragen.

§ 23.

e. Ausmündungen.

Die Zahl der Ausmündungs-Punkte ist so viel als möglich zu beschränken, da ihre Vermehrung die Beaufsichtigung erschwert und die Summe der Kosten erhöht.

Die Drain-Ausmündungen sind wenigstens 0,65 m unter der Erdoberfläche anzulegen und zwar derartig, daß sie möglichst noch über dem höchsten Wasserspiegel, mindestens aber über dem Spiegel des Mittelwassers im Vorfluthgraben ausmünden. Für den Fall letzteres bei unzureichender Vorfluth nicht zu erreichen ist, muß die Zweckmäßigkeit einer solchen Anlage ganz besonders erwogen und von dem Techniker ausführlich begutachtet werden.

An den Ausmündungen der Sammel-Drains sind anstatt der thönernen Röhren entweder Holzröhren oder viereckige hölzerne Kasten von 1,25 bis 1,75 m Länge zum Schutze gegen Frost und muthwillige Beschädigung dergestalt einzulegen, daß dieselben circa 15 cm aus der Mündungswand hervortreten.

§ 24.[1])

f. Anlage von Staukesseln oder Brunnenstübchen.

Die Anlegung von Staukesseln oder Brunnenstübchen ist im Allgemeinen als werthlos zu unterlassen.

Von Nutzen können die Brunnenstübchen höchstens sein, wenn sie bei Ausmündungen auf fremdem, nicht immer zugänglichem Gebiete zur Beobachtung des ungestörten Wasserabflusses dienen und kurz vor dem Uebertritte des Drains über die Grenze errichtet werden.

§ 25.[1])

Konstruktion der Saug-Drains.

a. Lage.

Die Saug-Drains sind so viel als möglich parallel unter einander in der Richtung des stärksten Terraingefälles, also rechtwinklig auf die Höhenschichtenlinien, zu konstruiren, weil auf diese Weise das Wasser auf dem kürzesten Wege, der stets in der Richtung des stärksten Gefälles einer schief geneigten Ebene liegt, abgeführt wird.

Bei unbedeutenden Ein- und Ausbiegungen der Höhen-

---

[1]) Vergl. S. 180.

schichtenlinien, oder wenn diese gegen einander nicht auffallend divergiren, wird es indessen, ohne eine möglichst zu vermeidende Zerstückelung der Parallelkomplexe, nicht immer ausführbar und bei sehr starkem Abfall des Terrains, nicht immer nothwendig sein, diese Vorschrift in aller Strenge festzuhalten; in solchen Fällen bleibt es vielmehr der Umsicht des Technikers überlassen, den verschiedenartigen Lauf der Höhenschichtenlinien auszugleichen und die Lage einzelner, nicht in die verlangte Richtung zu bringenden Saug-Drains der Oertlichkeit angemessen zu bestimmen.

§ 26.[1])

b. Länge.

Ueber die Länge der Saug-Drains entscheidet lediglich die jedesmalige Oertlichkeit, ihr Maaß darf jedoch nur ausnahmsweise 225 bis 250 m überschreiten.

§ 27.

c. Tiefe.

Die Saug-Drains sind so tief anzulegen, als erforderlich ist, um die Grundwasserhöhe unter der Oberfläche so weit zu versenken, daß die Pflanzen vor den nachtheiligen Einflüssen des stagnirenden Wassers geschützt sind. Hierzu reicht nach den bisherigen Erfahrungen die durchschnittliche Tiefe im Ackerlande von 1,25 m, und auf den Wiesen von 0,95 m aus. Das in noch größerer Tiefe im Boden vorhandene Wasser kann nicht mehr nachtheilig auf die Vegetation der Pflanzen wirken und deshalb eine größere oder geringere als die bezeichnete durchschnittliche Tiefe der Saug-Drains nur bei unzureichendem Gefälle oder mangelnder Vorfluth und in denjenigen Fällen gestattet werden, in welchen entweder die Eigenthümlichkeit der Bodenschichtungsverhältnisse eine

---

1) Vergl. S. 180.

Ausnahme begründet, oder die Drain-Anlage nicht zur Verbesserung der Bodenkultur allein, sondern gleichzeitig zu baulichen Zwecken dient.

§ 28.

d. Entfernung.

Die Entfernung der parallelen Saug-Drains von einander steht mit der Tiefe derselben in Wechselwirkung.

Der Grad der Durchlässigkeit oder Bindigkeit des Bodens bestimmt das Verhältniß der Entfernung zur Tiefe.

Das zwischen zwei Parallel-Drains im Boden befindliche Wasser bedarf eines nach beiden Seiten hin auf die Röhren sich neigenden Abfalls, um in diese zu gelangen, und es kann jeder Drain nur bis zu einer gewissen Entfernung den Boden trocken legen, weil die schräg geneigte Abfallsfläche die Erdoberfläche in paralleler Richtung mit dem Röhrenstrange schneiden muß. Der Abstand zwischen zwei Röhrensträngen darf daher nur so groß angenommen werden, daß die von ihnen schräg aufsteigenden Abfallsflächen sich noch unterhalb der Terrainfläche in einer Tiefe von ca. 0,6 m begegnen. Die Lage der Abfallsflächen gegen den Horizont hängt aber von der größeren oder geringeren wasserhaltenden Kraft des Bodens ab. Je undurchlassender der Boden ist, um desto geringer, je durchlassender, um desto größer kann die Entfernung angenommen werden.

Im Allgemeinen lassen sich nach den bisherigen Erfahrungen bei der Normaltiefe der Saug-Drains von 1,25 m im Acker und von 0,95 m auf Wiesen folgende Entfernungen feststellen:

a) für schwersten Thonboden . . . . . 10—12 m,
b) „ milden Thon- und kräftigen Lehmboden 12—16 m,
c) „ sandigen Lehmboden . . . . . 16—20 m,
d) „ Sandboden . . . . 20—24 m.

Für andere Bodenarten lassen sich keine Vorschriften

über das Maß der Entfernung der Parallel-Drains von einander ertheilen und bleibt deshalb die Bestimmung über die zweckentsprechendste Entfernung der Parallel-Drains von einander nach Maßgabe aller dabei zu berücksichtigenden Momente der Beurtheilung des Technikers überlassen. Bei verschieden geschichteten Böden ist in der Regel die Entfernung aus dem Verhältniß der Stärke der einzelnen Schichten zu beurtheilen und eine Durchschnittszahl gutachtlich anzunehmen.

Kann bei den ad a bis d bezeichneten Bodenarten die Normaltiefe von 1,25 m im Acker mit den Saug-Drains entweder überhaupt nicht erreicht, oder müssen dieselben theilweise durch Senkungen durchgeführt werden, so sind die Drains entweder entsprechend enger zu legen, als oben angegeben, oder es ist auf die Einfügung von Zwischen-Drains Bedacht zu nehmen.

§ 29.

e. Gefälle.

Für die Saug-Drains wird in den meisten Fällen, da dieselben in der Richtung des stärksten Abhanges angelegt werden müssen, das Gefälle hinlänglich vorhanden sein. Es bedarf daher einer besonderen Berechnung ihres Gefäll-Verhältnisses nur in dem Falle, wenn wegen unzureichenden Terraingefälles von der angenommenen Normaltiefe abgewichen und den Drains ein künstliches Gefälle durch Hebung ihrer oberen Enden gegeben werden muß.

§ 30.

f. Ausmündungen.

Die Saug-Drains einzeln in offene Gräben ausmünden zu lassen, ist unstatthaft, sie müssen in einen Sammel-Drain geführt werden.

§ 31.

Konstruktion der Kopf-Drains.

Zuweilen wird es nöthig sein, quer vor dem oberen Ende der Saug-Drains einen Drain anzulegen, um das von nicht gedrainten Grundstücken andrängende Grundwasser abzufangen und abzuleiten.

Solchen Drains — Kopf-Drains genannt — ist eine möglichst geringe Länge zu geben und das durch sie aufgefangene Wasser einem der unterhalb liegenden Saug-Drains zu überweisen.

§ 32.

Minimalgefälle.

Als Minimalsatz des Sohlengefälles der Draingräben wird für zulässig erachtet auf 100 m Länge

für	Röhren	von	4 cm	Durchmesser	0,20 m
"	"	"	5 cm	"	0,17 m
"	"	"	6 cm	"	0,14 m
"	"	"	8 cm	"	0,11 m
"	"	"	10 cm und mehr.	"	0,08 m

§ 33.

Abstand der Drains von Bäumen und Sträuchern.

Um die Drains vor Verstopfungen durch Wurzeln zu bewahren, müssen dieselben, wenn irgend möglich, von Pappeln, Weiden und allen Bäumen, deren Wurzeln sich weithin ausbreiten, 18 bis 21 m, von anderen Bäumen und Sträuchern mindestens 15 m entfernt bleiben.

§ 34.

Ableitung von Quellen.

Auf die Trockenlegung derjenigen Stellen, wo das Quellwasser unausgesetzt zu Tage tritt, ist ein ganz besonderes Augenmerk zu richten und namentlich darauf zu achten, ob nach der Oeffnung der projectirten Parallel-Gräben das hervorquellende Wasser sichtlich versiegt. Geschieht dies nicht, ist jedoch eine Abnahme des Wasser-Zudranges unverkennbar, so genügt es, wenn zwischen den vorhandenen Saug-Drains kleine Seiten-Drains angelegt und in jene geführt werden. Bleibt der hervorbrechende Quell dennoch unverändert, so muß am Sitze desselben ein möglichst tiefer später wieder zu bedeckender Brunnen ausgegraben, mit Steinen ausgesetzt und aus demselben das dort sich ansammelnde Wasser durch einen der Wassermasse entsprechenden, von der System-Verbindung möglichst zu isolirenden Röhrenstrang abgeleitet und auf dem kürzesten Wege zur Ausmündung gebracht werden.

§ 35.

Röhren-Durchmesser.

Die für jeden Drain erforderliche Weite der Röhren — Röhren-Durchmesser — wird durch

a) die in der Zeiteinheit von der Flächeneinheit abzuführende Wassermasse und

b) die Geschwindigkeit des Wasserlaufes, welche durch das Gefälle des Röhrenstranges bedingt wird,

bestimmt.

In Bezug auf den Faktor ad a haben die bisherigen Erfahrungen die Abführung einer Wassermenge von 0,65 Liter pro Hektar und Secunde im Allgemeinen als nothwendig ergeben, wenn die Drainagen im Frühjahr die Winternässe möglichst schnell abführen oder bei lange anhaltenden Regenfällen sich derartig wirksam erweisen sollen, daß die Feldfrüchte durch stauende Nässe nicht geschädigt werden.

Es ist deshalb unter Zugrundelegung dieser Wassermenge die sub F beigefügte Tabelle berechnet und sind
F. hiernach im Allgemeinen die Dimensionen der Drains zu bestimmen.

Röhren unter 4 cm lichter Weite sind von der Verwendung überhaupt auszuschließen und ist deshalb die bezeichnete Tabelle für derartige Dimensionen nicht berechnet.

Die Saug-Drains werden hiernach in den meisten Fällen ausschließlich von 4 cm weiten Röhren hergestellt werden können und nur dann auf den unteren Strecken mit weiteren Röhren zu belegen sein, wenn es sich entweder außer der abzuleitenden Regenwasser-Masse noch um die Abführung von Grundwasser handelt, oder wenn bei schwachen Gefällverhältnissen die Drains über 225 bis 250 m Länge hergestellt und ziemlich weit von einander gelegt werden sollen.

§ 36.

Muffen.

Die Anwendung von Muffen ist in jedem einzelnen Falle zu motiviren, da deren Nützlichkeit resp. Nothwendigkeit nicht anerkannt werden kann.

Abschnitt IV.

Von den Vorschriften über die Ausführung der Drain-Anlagen.

§ 37.

Zeit der Ausführung.

Die Ausführung eines Drain-Plans darf, sofern dieselbe der Controle der General-Kommission unterworfen ist, erst nach erfolgter Prüfung und Genehmigung desselben seitens der gedachten Behörde bewirkt werden.

Vor dem Beginn der Grabenarbeiten müssen zunächst die Vorfluth-Verhältnisse der in Angriff zu nehmenden Systeme regulirt und die Drains auf dem Felde abgesteckt werden.

§ 38.

Graben-Arbeiten.

Die Anfertigung der Draingräben ist mit Sorgfalt womöglich unter Anwendung der bekannten üblichen Drain-Werkzeuge, auszuführen und die obere Erdschicht auf die eine, der Boden der unteren Schichten auf die andere Grabenseite zu werfen, ganz besonders aber zur Ersparung von Kosten darauf zu achten, daß sowohl die obere Breite der Draingräben, als die Breite der Grabensohlen in der geringsten Ausdehnung hergestellt, auch die Röhrenlager oder Rinnen gerade nur so breit angelegt werden, als der äußere Durchmesser der Röhre erfordert.

Die größte Aufmerksamkeit ist auf die Regulirung des gleichmäßig richtigen Gefälles der Drain-Grabensohlen, hauptsächlich wie dasselbe für die Sammel-Drains im Drain-Plane vorgezeichnet ist, zu verwenden.

§ 39.

Röhrenlegen.

Der wichtigste Theil der ganzen Ausführungsarbeit besteht in dem Einlegen der Drainröhren, welche noch vor Aushebung der Gräben an Ort und Stelle geschafft werden müssen.

Das Legen der 4 bis 8 cm weiten Röhren geschieht am zweckmäßigsten mit dem Legehaken, weil hierdurch die geringste Breite der Draingräben ermöglicht wird, jedoch kann dasselbe auch, wie bei den größeren Dimensionen, mit der Hand verrichtet werden, je nachdem die Arbeiter eingeübt sind.

In allen Fällen ist aber darauf zu sehen, daß die Röhrenlager fest und rein sind, sowie daß die Röhren genau an einander gepaßt und festgelegt werden. In sehr weichem Schlick- und Triebsand muß ein festes Lager von Latten oder Brettstücken hergestellt werden, um das Einsinken der Röhren zu verhindern. Das Bedecken der Röhren mit Rasen, Streu, Moos, Stroh und anderen vegetabilischen Stoffen ist unstatthaft, weil diese Stoffe der Verwesung ausgesetzt sind und Organismen erzeugen, welche in die Röhren dringen und Verstopfungen herbeiführen. Ebenso kann das Verbinden der Röhren durch sogenannte halbe Muffen zum bloßen Bedecken der Stoßfugen im Allgemeinen nicht für zweckdienlich erachtet werden.

Müssen Drains durch Büsche, Alleen oder Hecken geleitet, oder in der Nähe derselben gelegt — §. 33 —, oder unter Wasser weggeführt werden, so sind die Stoßfugen der Röhren mit Cement zu verkleben.

Mehrere Röhrenstränge in einem Draingraben neben oder übereinander zu legen, ist nicht zweckmäßig und kann nur dann gestattet werden, wenn die erforderlichen Röhren größerer Dimensionen nicht zu beschaffen sind.

Die Verbindung zweier Röhrenstränge mit einander wird am einfachsten und dauerhaftesten in der Art bewerkstelligt, daß das Wasser von oben in die zur Aufnahme desselben bestimmte Röhre geleitet wird. Die das Wasser zuführende Röhre muß auf letztere dergestalt gelegt werden, daß erstere über diese fortreicht und die auf der oberen, resp. unteren Seite beider Röhren zu machenden Oeffnungen genau auf einander passen. Das Ende der oberen Röhre ist mit einem Stück Dachziegel und die hierbei und bei dem Verbande der Röhren entstandenen Fugen sind mit Thon oder Lette fest zu verschließen.

Bei mangelndem Gefälle können die Sammel-Drains eines Systems ausnahmsweise von der Seite aus mit einander verbunden werden, jedoch möglichst unter Anwendung von Verbindungsröhren mit angesetzten Mündungsstücken.

§ 40.

Zufüllen der Draingräben.

Beim Zufüllen der Gräben ist zu beachten, daß die Ackerkrume nicht unmittelbar auf die Röhren geschüttet, sondern zuletzt als obere Lage aufgebracht wird, und daß die Röhren durch unvorsichtige Aufschüttung der sie unmittelbar bedeckenden Erde nicht aus ihrer Lage gebracht, beschädigt oder zertrümmert werden.

§ 41.

Röhrenbeschaffenheit.

Die Dauer der Drain-Anlagen hängt hauptsächlich von dem tadelfreien Material und der guten Fabrikation der Drainröhren ab.

Der Techniker hat deshalb besonders darauf zu achten, daß nur Drainröhren verwendet werden, welche aus gut durchgearbeiteter, thonhaltiger Lehmmasse bereitet, gerade geformt, inwendig glatt gerollt und auf den beiden Stirnseiten gleichmäßig rechtwinklich abgeschnitten, auch scharf gebrannt sind.

Röhren aus magerem Lehm verbürgen keine lange Dauer, weshalb ihr Verbrauch untersagt wird.

Zu den an den Ausmündungen der Sammel-Drains zu legenden Holzröhren oder Holzkasten wird, wo es zu beschaffen ist, eichenes Holz empfohlen. Werden dieselben an der Ausflußöffnung in schräger Richtung, so daß die obere Kante über die untere hinausragt, abgeschnitten, so können die Vergitterungen oder Klappen, welche auf den freien Abfluß, namentlich bei eisenhaltigem Wasser, nachtheilig wirken, entbehrt werden.

Abschnitt V.
Von den Vorschriften über die Veranschlagung der Kosten.

§ 42.
Allgemeine Grundsätze.

Die Kosten der Drain-Anlagen sind nach den gewöhnlichen Arbeits- und Materialienpreisen der Gegend des Drain-Orts zu veranschlagen.

Dabei kommen, sofern die Drain-Anlagen durch Ablösungskapitalien resp. Rentenbriefe bewirkt werden, die Vorschriften des Art. 54 der Declaration vom 29. Mai 1816 zur Anwendung, nach welchen Materialien und Dienste, welche aus dem Gute genommen werden können, nicht in Berechnung gestellt werden dürfen.

Für die Drainröhren, welche der Eigenthümer der zu drainirenden Grundstücke auf dem Gute, zu welchem diese gehören, fabrizirt, können jedoch die Verkaufspreise derselben in Rechnung gestellt werden.

Die Kosten der Anfuhr der Materialien werden nur dann erstattet, wenn die hierzu benöthigten Fuhren nicht durch die für die Wirthschaft des Gutes gehaltenen Gespanne verrichtet werden können.

Die Kosten der Anfertigung und des Zufüllens der Draingräben, sowie des Legens der Drainröhren werden in allen Fällen erstattet.

§ 43.
Spezielle Vorschriften.

Bei der Veranschlagung der Kosten einer Drain-Anlage kommen in Betracht die Kosten:

a) der geometrischen Arbeiten, einschließlich des Nivellements und der Anfertigung des Drain-Planes,

b) der Beschaffung der Vorfluth durch fremde Grundstücke,
c) der Erdarbeiten,
d) der Drainröhren mit Inbegriff der Anfuhr,
e) des Röhrenlegens,
f) der besonderen Anlagen,
g) der Aufsichtsführung bei den Drain-Arbeiten,

welche speziell liquidirt und nachgewiesen werden müssen.

Bei der Anfertigung des Drainplan-Projects ist ein vorläufiger Kostenanschlag nach dem Abschnitt I §. 9 IV erwähnten Schema, nach erfolgter Ausführung des Drain-Plans aber eine definitive Berechnung aller Kosten aufzustellen.

Beilage B.

Erläuterungs-Bericht.

Nachdem der unterzeichnete Kulturtechniker von dem Herrn N. N. unterm ....ten .... 18.. beauftragt worden war, die Drainirung eines Theiles des Rittergutes N. N. in Ausführung zu bringen, hat sich derselbe in dem Monate .... d. J. der Anfertigung des Drain-Planes unterzogen, zu welchem Folgendes bemerkt wird:

I. Lage und Beschaffenheit der zu drainirenden Flächen rc.

Das Rittergut N. N. ist belegen im Kreise N. N. des Regierungsbezirks N. N. und ist von der genannten Kreisstadt ca. . . . . km entfernt.

Die zu demselben gehörigen Grundstücke sind sämmtlich auf dem rechten Ufer des Oderstromes belegen, jedoch ohne in die beide Seiten des Stromes begrenzende Niederung hinein zu reichen; dieselben gehören vielmehr dem die Flußniederung gegen Osten begrenzenden Hügellande an, dessen Böden durchweg als Diluvialgebilde zu betrachten sind.

Die zu drainirenden Grundstücke bilden den östlichen Theil der Gutsländereien und werden begrenzt:

a) im Osten von der Ortslage von N. N.,
b) im Süden von der Gemarkung N. N.,
c) im Westen und Norden von den Ländereien des Rittergutes und der Gemeinde N. N.

Dieselben bilden ihrer Terrainbeschaffenheit nach zwei Hänge, welche nach dem die Grundstücke etwa von Westen nach Osten durchschneidenden Wiesengrunde hin abfallen und hier die Ausläufer der im Süden, Norden und Westen sich ausdehnenden Terrainerhebungen bilden.

Da diese angrenzenden Terrain-Erhebungen vielfach dicht bewaldet sind, so werden hier die atmosphärischen Niederschläge verhindert, oberhalb abzufließen. Dieselben versinken vielmehr in den meist sandigen Boden und treten später, durch undurchlassende Bodenschichten geleitet, an den tiefer gelegenen Hängen als Quellen wieder zu Tage.

Diese Verhältnisse sind es meistens, welche die Ursache der schädlichen Nässe innerhalb des ganzen zu drainirenden Komplexes bilden.

Der Boden besteht in dem nordwestlichen Theile aus mildem Lehm mit einer undurchlässigen, thonigen Unterlage, während der südöstliche Theil in der Krume aus einem mehr kräftigen Lehm besteht, welcher bei größerer Tiefe in strengen Lehm übergeht.

Behufs Bestimmung der Entfernungen der Saug-Drains von einander sind die zu drainirenden Grundstücke in Bezug auf ihre Bodenmischungs und Schichtungsverhältnisse an 4 Stellen bis auf 1,75 m Tiefe näher untersucht. Die Untersuchung fand statt am ....ten .... d. J., nachdem 3 Tage vorher ein etwa achttägiges Regenwetter sein Ende erreicht hatte.

Die Untersuchungsstellen sind mit I, II, III und

IV roth auf der Karte bezeichnet und die Bodenprofile, welche sich durch die Untersuchung ergeben haben, sind auf derselben ebenfalls dargestellt.

Hiernach besteht der Boden bei den Profilen I und II bis zu 1,30 m Tiefe aus mildem Lehm mit Sandadern, wonach eine undurchlässige Thonschicht beginnt.

Beim Aufgraben des Bodens machte sich bereits bei 0,25 m Tiefe ein Andrang von Grundwasser bemerkbar, welcher bei größerer Tiefe immer mehr zunahm. Es zeigte sich hierdurch evident, daß es sich bei der auszuführenden Drainirung mit um Bekämpfung von Grundwasser handelt, dessen Entstehung auf den höher gelegenen Nachbargebieten zu suchen ist. Der Boden der Profile III und IV besteht aus einem mehr kräftigen Lehmboden, der bei ca. 1,10 m Tiefe in strengeren Lehm übergeht, welcher bei einer Tiefe von 1,75 m noch unverändert vorgefunden wurde. Beim Aufgraben des Bodens wurde derselbe in Tiefe von 0,35 m ebenfalls sehr naß vorgefunden und ergab sich in dieser Beziehung auch bis zu 1,75 m Tiefe eine Aenderung nicht. Diese nasse Beschaffenheit des Bodens war indessen weniger auf den Andrang von Grundwasser aus den höher belegenen Nachbargrundstücken, als darauf zurückzuführen, daß der Boden durch den vorhergegangenen Regen mit Wasser gesättigt worden war, welches in Folge des undurchlässigen Untergrundes nicht hatte weiter versinken können.

II. Ausdehnung des Planes.

Nach den vorgenommenen Bodenuntersuchungen hat sich ergeben, daß die sämmtlichen westlich des Dorfes N. N. belegenen Dominialgrundstücke drainagebedürftig sind. Ausgeschlossen können nur die geringen Wiesenflächen werden, welche zwar sehr versumpft sind, jedoch durch den herzustellenden Vorfluthgraben hinlänglich entwässert werden.

Der Drain-Plan ist demnach ohne Ausnahme auf sämmtliche Ackergrundstücke des obenbezeichneten Areals ausgedehnt worden.

III. Vorfluth-Verhältnisse.

Die zu drainirenden Grundstücke bilden, wie schon bemerkt, Hänge, welche zum größten Theil nach dem dieselben durchschneidenden, zum kleineren Theil aber nach dem dieselben gegen Osten begrenzenden Wiesengrunde hin abfallen.

Das Tagewasser fließt mithin von den Aeckern, dem natürlichen Gefälle folgend, nach den Wiesen hin ab und ergießt sich über letztere, da ein Graben nicht vorhanden ist, in regelloser Weise.

Da die Vorfluth für die Drainage, mit Ausnahme des Systems K, ebenfalls nur nach den qu. Wiesengründen hin gewonnen werden kann, so sind innerhalb derselben die beiden Vorfluthgräben, A und B roth, projectirt worden.

Der Graben A roth hat das Wasser von einer ca. 250 ha großen Fläche aufzunehmen und ist derselbe unter Zugrundelegung einer pro Hektar und Secunde abzuführenden Wassermasse von 0,0015 cbm auf eine Consumtion von 0,37 cbm berechnet, wobei ein größter Wasserstand von 0,3 m im Graben angenommen ist. Dem Graben B roth fließt das Wasser von einer ca. 1000 ha großen Fläche zu.

Das Profil desselben ist deshalb bei Annahme eines größten Wasserstandes von 0,4 m auf eine Consumtion von 1,5 cbm berechnet worden.

Der Graben B roth mündet bald hinter der Grenze, nachdem er vorher durch das Grundstück des Bauergutsbesitzers N. N. durchgeführt ist, in den sogenannten Röthebach, dessen Sohle noch 0,8 m unter der niedrigst belegenen Drain-Ausmündung liegt.

Für das System K mußte längs des Weges nach

N. N. ein besonderer Vorfluthgraben durch das Grundstück des Gutsbesitzers N. N. angelegt werden, um hierdurch das Drainwasser nach dem Mühlgraben ableiten zu können, dessen Sohle noch 1,56 m unter die Ausmündung des Systems K belegen ist.

Da die höchsten Wasserstände in dem Röthebache sowohl, als im Mühlgraben 0,8 m nicht erreichen, so ist es ausgeschlossen, daß die projectirten Vorfluthgräben und mithin auch die Drain-Anlagen unter Stauwasser zu leiden haben werden.

Die Systeme A, B, C, D, E, F und H münden demnach sämmtlich über dem höchsten Wasserstande in den Vorfluthgräben aus, während die Mündungen der Systeme G und J nur über den Spiegel des Mittelwassers zu liegen kommen, was indessen bei dem starken Gefälle der Sammel-Drains nicht als schädlich erachtet werden kann.

Betreffs des zur Herstellung der Vorfluthgräben innerhalb der Gemarkung N. N. anzukaufenden Landes ist zu erwähnen, daß die diesbezüglichen Verträge bereits abgeschlossen sind, so daß mithin die sachgemäße Beschaffung der Vorfluth nach jeder Richtung hin sichergestellt ist.

IV. Grundsätze bei Entwerfung des Planes.

Die einzelnen Drain-Systeme sind auf Grund der Nivellements-Resultate und der Vorfluthverhältnisse derartig geregelt, daß die Saug-Drains stets in die Richtung des stärksten Terrain-Gefälles gelegt und nirgends länger als höchstens etwa 250 m hergestellt werden. Die einzelnen Sammel-Drains sind so viel als möglich zu einem Ausflusse vereinigt und ist jede derartige Vereinigung als ein gesondertes System anzusehen.

Die Entfernung der Saug-Drains von einander ist

mit Rücksicht auf die Ergebnisse der Bodenuntersuchungen überall auf 13,5 m angenommen, u. z. bei den Bodenverhältnissen der Profile I und II, welche sonst eine Entfernung von 16 m zugelassen haben würden, aus dem Grunde, weil die Bodenschichtung eine ziemlich ungleichmäßige und der Andrang von Grundwasser ein so erheblicher ist, daß bei Annahme einer größeren Entfernung zwischen den einzelnen Drains entschieden überall quellige Stellen verblieben wären.

Bei dem Boden der Profile III und IV war lediglich die physikalische Beschaffenheit desselben bei Bestimmung der Entfernung maßgebend. Derselbe ist ein sehr kräftiger Lehmboden, bei welchem wegen des undurchlässigen Untergrundes eine Entfernung von 13,5 m als angemessen betrachtet werden muß.

Die Tiefe der Saug-Drains betreffend, so ist dieselbe überall auf 1,25—1,30 m festgestellt, da dieselben hierdurch ziemlich unmittelbar über dem undurchlässigen Untergrunde zu liegen kommen, wodurch die Entwässerung am besten erreicht wird.

Das Gefälle sowohl der Saug- als Sammel-Drains ist überall ein sehr starkes, so daß die Gefahr einer späteren Verschlämmung der Drains hier wohl nie zu erwarten steht.

Die Röhrendimensionen sind durchweg unter Zugrundelegung einer pro Hektar und Secunde abzuführenden Wassermenge von 0,65 Liter berechnet, wobei die Saug-Drains durchweg von 4 cm weiten Röhren hergestellt werden können.

Die Sammel-Drains der Systeme A bis F sind wegen des mit abzuführenden Grundwassers etwas reichlicher bemessen worden, als diejenigen der übrigen Systeme.

V. Sonstige Bemerkungen.

Durch die Anlegung der Gräben A und B roth wird der Bau von vier Brücken nothwendig. Die hierdurch entstehenden Kosten sind besonders veranschlagt worden, da zu denselben die Gemeinde N. N. beizutragen hat.

Beilage C.

Nachweisung

der

Längen der Draingräben sowie der einzelnen Sammel- und Saug-Drains, der Entfernung der Saug-Drains von einander, des Gefälles der Sammel-Drains und der durch die Drains entwässerten Flächen.

Nr. des Drain-stranges.	Entfernung der Drains von einander	Gefälle der Sammel-Drains auf 100 m	Länge der Draingräben bei einer Tiefe von								
			0,90	1,10	1,25	1,40	1,60	1,80	2,00	2,20	2,40
			Meter								
	Meter.	Meter.	m	m	m	m	m	m	m	m	m
			System								
1	13,5	.			92						
2	.	.			92						
3	.	.			92						
4	.	.			14						
5	.	.			34						
6	.	.			56						
7	.	.			78						
8	.	.			171						
9	.	.			177						
10	.	.			183						
11	.	.			188						
12	.	.			194						
13	.	.			200						
14	.	.			205						
15	.	.			211						
16	.	.			216						
17	.	.			44						
18	.	.			72						
19	.	.			97						
20	.	.			18						
21	.	.			50						
22	.	.			49						
23	.	.			56						
24	.	.			63						
25	.	.			68						
26	.	.			72						
		Seite 1			2792						

Länge der Drains im Durchmesser von							Entwässerte Fläche						Bemerkungen.
4	5	6	8	10	13	16	im Einzelnen			jedes Systems			
Centimeter													
m	m	m	m	m	m	m	ha	a	qm	ha	a	qm	
A.													
92													
92													
92								40	00				
14													
34													
56													
78								24	00				
171													
177													
183													
188													
194													
200													
205													
211													
216							2	27	00				
44													
72													
97								38	00				
18													
50													
49													
56													
63													
68													
72													
2792							3	29	00				

Nr. des Drainstranges.	Entfernung der Drains von einander	Gefälle der Sammel-Drains auf 100 m	Länge der Draingräben bei einer Tiefe von								
			0,90	1,10	1,25	1,40	1,60	1,80	2,00	2,20	2,40
			Meter								
	Meter.	Meter.	m	m	m	m	m	m	m	m	m
27	13,5	.			78						
28	.	.			84						
29	.	.			89						
30	.	.			96						
31	.	.			38						
32	.	.			31						
33	.	.			33						
34	.	.			27						
35	.	.			27						
36	.	.			27						
37	.	.			138						
Sammel-Drain a		1,65				60					
Sammel-Drain b		1,00			74						
Sammel-Drain c	.	1,03 / 0,92	.	.	.	494					
	Seite 2	—			742	554					
Hierzu	„ 1	—			2792						
Summa A.					3534	554					

System

1											
2											
3											
4											
u. s. w.											

Länge der Drains im Durchmesser von							Entwässerte Fläche						Bemerkungen.
4	5	6	8	10	13	16	im Einzelnen			jedes Systems			
Centimeter													
m	m	m	m	m	m	m	ha	a	qm	ha	a	qm	
78													
84													
89													
96							1	20	00				
38													
31													
33													
27													
27													
27							.	29	00				
138							.	18	00				
	60												
	74												
		201	207	86									
668	134	201	207	86			1	67	00				
2792							3	29	00				
3460	134	201	207	86						4	96	00	

B.

Beilage D.

Zusammenstellung

der

in der Nachweisung sub C für jedes Drain-System berechneten Längen der Draingräben, der Sammel- und Saug-Drains, sowie der entwässerten Flächen nebst Berechnung des Drainröhren-Bedarfs.

Bezeichnung der Drain-Systeme.	Länge der Draingräben bei einer Tiefe von									Länge der Drains im Durchmesser von							Entwässerte Fläche jedes Systems.			Bemerkungen.
	0,90	1,10	1,25	1,40	1,60	1,80	2,00	2,20	2,40	4	5	6	8	10	13	16				
	Meter									Centimeter										
	m	m	m	m	m	m	m	m	m	m	m	m	m	m	m	m	ha	a	qm	
A	.	.	3 534	554	.	.	.	.	.	3 460	134	201	207	86	.	.	4	96	00	
B	.	.	u. s. w.	.	.	.	.	.	.	.	.	.	.	.	.	.	.	.	.	
C	.	.	.	.	.	.	.	.	.	.	.	.	.	.	.	.	.	.	.	
D	.	.	.	.	.	.	.	.	.	.	.	.	.	.	.	.	.	.	.	
E	.	.	.	.	.	.	.	.	.	.	.	.	.	.	.	.	.	.	.	

F	.	.	.	.	.	.	.	.	.	.	.	.	.	.	.	.	.	.	.
G	.	.	.	.	.	.	.	.	.	.	.	.	.	.	.	.	.	.	.
H	.	.	.	.	.	.	.	.	.	.	.	.	.	.	.	.	.	.	.
I	.	.	.	.	.	.	.	.	.	.	.	.	.	.	.	.	.	.	.
K	.	.	.	.	.	.	.	.	.	.	.	.	.	.	.	.	.	.	.
zusammen	.	.	36 288	1 250	520	270	.	.	.	30 500	4 950	1 030	1 050	528	270	.	50	30	00

An Drainröhren sind incl. Bruch pro Meter 3,5 Stück à 0,314 in Länge nothwendig und werden demnach überhaupt erforderlich:

a) Röhren von 4 cm lichter Weite 30 500 X 3,5 106 750 Stück
b) „ „ 5 cm „ „ 4 950 X 3,5 = 17 325 „
c) „ „ 6 cm „ „ 1 030 X 3,5 = 3 605 „
d) „ „ 8 cm „ „ 1 050 X 3,5 = 3 675 „
e) „ „ 10 cm „ „ 528 X 3,5 = 1 848 „
f) „ „ 13 cm „ „ 270 X 3,5 = 945 „

Beilage E.

Kostenanschlag.

Position	Anzahl	Gegenstand der Veranschlagung	Geld-Betrag im Einzelnen ℳ	Geld-Betrag im Einzelnen ₰	Geld-Betrag im Ganzen ℳ	Geld-Betrag im Ganzen ₰
		Tit. I. Technische Vorarbeiten.				
1		Anfertigung einer Karten-Copie von dem zu drainirenden Terrain, Aufnahme des Nivellements, Ausarbeitung und Veranschlagung des Drainprojects, laut Abkommen vom .... pro ha 4 ℳ				
	50,30	ha à 4,0 ℳ	—	—	201	20
		Tit. II. Grunderwerb zur Beschaffung der Vorfluth durch fremde Grundstücke.				
2		Entschädigung des Gutsbesitzers N. N. für die Abtretung einer Fläche von 2,4 a zu dem Vorfluthgraben des Systems K laut Abkommen vom	45	—		
3		Entschädigung des Bauergutsbesitzer N. N für die Abtretung einer Fläche von 2 a zur Anlegung des Vorfluthsgrabens B roth laut Abkommen vom	40	—	85	—

		Tit. III. Vorfluth-Anlagen.				
		Den Graben A roth mit einer durchschnittlichen Tiefe von 1,2 m, 0,75 m Sohle und $1^1/_2$ fachen Böschungen in einer Länge von 890 m herzustellen $1{,}2 \; \frac{4{,}35 + 0{,}75}{2} \cdot 890$				
4	2 723	cbm schweren Lehmboden auszuheben und seitlich zu planiren, pro Kubikmeter 40 ₰.	1 089	20		
		Den Graben B roth mit einer durchschnittlichen Tiefe von 0,9 m, 1,5 m Sohle und $1^1/_2$ facher Böschung in einer Länge von 652 m herzustellen $0{,}9 \; \frac{4{,}20 + 1{,}50}{2} \cdot 652$				
5	1 672	cbm schweren Lehmboden auszuheben und seitlich zu planiren, pro Kubikmeter 40 ₰.	668	80		
		Den Vorfluthgraben für das System K längs des Weges nach N. N. mit einer durchschnittlichen Tiefe von 1,0 m, 0,5 m Sohle und $1^1/_2$ facher Böschung in einer Länge von 78 m herzustellen $1 \; \frac{3{,}5 + 0{,}5}{2} \cdot 78$				
		Seite . . .	1 758	—	286	20

Position	Anzahl	Gegenstand der Veranschlagung	Geld-Betrag im Einzelnen ℳ	Geld-Betrag im Einzelnen ₰	Geld-Betrag im Ganzen ℳ	Geld-Betrag im Ganzen ₰
		Uebertrag . . .	1 758	—	286	20
6	156	cbm schweren Lehmboden auszuheben und zu beseitigen, pro Kubikmeter 40 ₰	62	40	1 820	40
		Tit. IV. Erdarbeiten der Drains.				
		Für vollständige Herstellung der Drains (Ausheben der Gräben, Röhrenlegen und Zufüllung der Gräben ꝛc.) incl. Honorar des Technikers für alle Absteckungen und Nivellements ꝛc., sowie einschließlich des Lohnes für die beaufsichtigenden Schachtmeister laut spezieller Berechnung				
7	36 288	lfd. Meter 1,25 m tiefe Drains à 10 ₰	3 628	80		
8	1 250	„ „ 1,40 m „ „ à 15 „	187	50		
9	520	„ „ 1,60 m „ „ à 20 „	104	—		
10	270	„ „ 1,80 m „ „ à 25 „	67	50	3 987	80
		Tit. V. Drainröhren und Drain-Ausmündungen.				
		Die erforderlichen Drainröhren in der Ziegelei zu N. N. anzukaufen laut spezieller Berechnung				

11	106,75	mille 4 cm weite Röhren à 20,00 ℳ	2 135	—		
12	17,32	„ 5 cm „ „ à 25,00 „	433	—		
13	3,60	„ 6 cm „ „ à 29,00 „	104	40		
14	3,68	„ 8 cm „ „ à 32,00 „	117	76		
15	18,48	„ 10 cm „ „ à 47,00 „	868	56		
16	0,95	„ 13 cm „ „ à 100,00 „	95	—		
17	10	Stück Ausmündungskasten von 2 m Länge aus 4 cm starken eichenen Bohlen, à 5 ℳ	50	—	3 803	72
		Tit. VI. Insgemein.				
18		Für alle hier nicht vorgesehene Kosten zum speziellen Nachweis und Verrechnung			101	88
		Summa . . .			10 000	—

Die entwässerte Fläche beträgt 50,30 ha und stellen sich demnach die Kosten pro Hektar auf 198,80 ℳ

N. N. den ...... ten .... 18 .

N. N.

Kulturtechniker.

Beilage F.

Berechnung der bei Drain-Anlagen anzuwendenden Röhren-Durchmesser.

Die bisher gesammelten Erfahrungen haben ergeben, daß die Röhrenweiten, welche unter Zugrundelegung einer abzuführenden Wassermasse berechnet werden, wie solche sich aus dem Durchschnitt der monatlichen Niederschläge ergiebt, sehr oft nicht ausreichend sind, um namentlich im Frühjahr die Winternässe derartig schnell zu beseitigen, daß eine rechtzeitige Bestellung der Aecker ermöglicht wird und hat sich deshalb die Berechnung zweckmäßigerer Röhrenweiten als nothwendig herausgestellt.

Von der Voraussetzung ausgehend, daß die Drainagen den Zwecken genügen müssen,

1. daß sie im Frühjahr das Thauwasser, welches die Niederschläge fast der ganzen Wintermonate repräsentirt, möglichst schnell beseitigen und
2. daß sie auch bei längeren Regenperioden die überschüssige Nässe so abzuführen vermögen, daß der Abfluß möglichst dem Zuflusse entspricht, ist
   a) aus den mittleren Niederschlägen aller Wintermonate, deren Durchschnittstemperatur unter 0° belegen ist, die wahrscheinlich zur Abführung gelangende Masse des Thauwassers und
   b) aus den größten Niederschlägen der Sommermonate das hierbei wahrscheinlich durch die Drains zum Abfluß gelangende Quantum berechnet, um alsdann aus den hierdurch ge-

wonnenen beiden Werthen die Größe der durch die Drains abzuführenden Wassermasse nach Möglichkeit bestimmen zu können.

Um festzustellen, ob wenigstens für die Schlesische Ebene gleiche Grundlagen für die Berechnung der Röhrendimensionen angenommen werden können, sind die Niederschlagsverhältnisse von Ober-, Mittel- und Niederschlesien nach Maßgabe der langjährigen Beobachtungen der meteorologischen Stationen zu Ratibor, Breslau und Görlitz mit einander verglichen, bezw. der Berechnung des in der Zeiteinheit von der Flächeneinheit abzuführenden Wasserquantums zu Grunde gelegt u. z. wie folgt:

A. Ermittelung der im Frühjahr nach Eintritt der Schneeschmelze abzuführenden Wassermasse.

Nach den meteorologischen Beobachtungen beträgt

im Monat	a. in Ratibor		b. in Breslau		c. in Görlitz	
	die mittlere Temperatur (Reaum.)	der durchschnittliche monatliche Niederschlag mm	die mittlere Temperatur (Reaum.)	der durchschnittliche monatliche Niederschlag mm	die mittlere Temperatur (Reaum.)	der durchschnittliche monatliche Niederschlag mm
Dezember . .	— 1,64	38,33	— 0,88	35,32	— 0,72	44,70
Januar . .	— 2,88	27,77	— 2,40	26,98	— 1,44	32,00
Februar . .	— 0,92	30,07	— 0,98	34,33	— 0,40	45,20
März . . .	1,72	37,38	1,45	34,83	2,64	40,10
		133,55		131,46		162,00

Bei der überall unter 0° liegenden Durchschnitts-Temperatur der Monate Dezember, Januar und Februar muß angenommen werden, daß der ganze Niederschlag innerhalb derselben aus Schnee besteht, welcher bis in den Monat März hinein als vereiste Masse liegen bleibt, so daß in letzterem Monate die zum Abfluß gelangende Wassermasse schließlich durch die Summe der Niederschläge der Monate Dezember, Januar, Februar und März annähernd repräsentirt wird.

Erfahrungsmäßig gelangen nach Abzug des auf der Oberfläche abfließenden Wassers und der Verdunstung ꝛc. nur 50 Prozent der atmosphärischen Niederschläge zu den Drains.

Wird nun weiter eine 14tägige Thauperiode angenommen, resp. daß das gesammte Frühjahrswasser binnen 14 Tagen aus dem Boden entfernt werden soll, so müssen durch die Drains zum Abfluß gelangen:

a. nach den Niederschlagsverhältnissen von	b. eine Niederschlagshöhe von überhaupt mm	täglich mm	c. pro Hektar und Secunde ein Quantum von Liter
Ratibor	66,78	4,77	0,552
Breslau	65,73	4,70	0,544
Görlitz	81,00	5,78	0,669

B. Ermittelung der bei längeren Regenperioden abzuführenden Wassermasse.

Zur Beurtheilung derselben sind die zwar nicht alle Jahre, wohl aber in drei Jahren wenigstens einmal eintretenden größeren Regenperioden in Rechnung gezogen und ergiebt sich in dieser Hinsicht aus den Beobachtungen

I. der meteorologischen Station zu Ratibor von 1848—1879					II. der meteorologischen Station zu Breslau von 1854—1876					III. der meteorologischen Station zu Görlitz von 1848—1870				
a. im Jahre	a. im Monat	b. als größte monatliche Regenhöhe mm	c. als wahrscheinliche Anzahl der Regentage	d. mithin eine tägliche Regenhöhe von mm	a. im Jahre	a. im Monat	b. als größte monatliche Regenhöhe mm	c. als wahrscheinliche Anzahl der Regentage	d. mithin eine tägliche Regenhöhe von mm	a. im Jahre	a. im Monat	b. als größte monatliche Regenhöhe mm	c. als wahrscheinliche Anzahl der Regentage	d. mithin eine tägliche Regenhöhe von mm
1849	August	152	13	11,70	.	.	.	.	.	.	.	.	.	.
.	.	.	.	.	.	.	.	.	.	1850	Oktober	110,50	10	11,05
1851	August	136	13	10,46	.	.	.	.	.	.	.	.	.	.
.	.	.	.	.	.	.	.	.	.	1852	August	179,4	14	12,81
.	.	.	.	.	.	.	.	.	.	"	Septbr.	145,2	12	12,10
1853	Juli	153	13	11,77	.	.	.	.	.	.	.	.	.	.
1854	August	217	13	16,70	1854	August	282,95	14	20,21	.	.	.	.	.

Fortsetzung auf Seite 226.

I. der meteorologischen Station zu Ratibor von 1848 — 1879					II. der meteorologischen Station zu Breslau von 1854 — 1876					III. der meteorologischen Station zu Görlitz von 1848 — 1870				
a.		b.	c.	d.	a.		b.	c.	d.	a.		b.	c.	d.
.	.	.	.	.	.	.	.	.	.	1856	Juni	147,4	14	10,52
.	.	.	.	.	1858	Juli	135,48	13	10,42	1858	Juli	203,8	14	14,56
.	.	.	.	.	"	August	228,63	14	16,33	.	.	.	.	.
1859	August	121	13	9,31	1859	Septbr.	110,87	12	9,24	.	.	.	.	.
.	.	.	.	.	1860	Juli	147,91	13	11,38	1860	Juli	197,6	14	14,12
1861	Juni	188	13	14,50	1861	Septbr.	120,93	12	10,07	.	.	.	.	.
1865	August	124	13	9,54	1865	August	162,36	14	11,68	.	.	.	.	.
.	.	.	.	.	.	.	.	.	.	.867	Mai	112,20	13	8,63
1870	August	121	13	9,31	.	.	.	.	.	.	.	.	.	.
1871	Juni	115	13	8,85	1871	Juli	161,54	13	12,43	.	.	.	.	.
1872	Septbr.	133	10	13,30	.	.	.	.	.	.	.	.	.	.
1877	Mai	117	12	9,75	.	.	.	.	.	.	.	.	.	.
1879	Mai	137	12	11,40	.	.	.	.	.	.	.	.	.	.
.	Juni	173	13	13,30	.	.	.	.	.	.	.	.	.	.
		durchschnittlich		11,53	.	.	.	.	12,72	.	.	.	.	11,98

Werden nun von den vorstehend ermittelten größten Durchschnitts-Regenhöhen aus dem bereits angegebenen Grunde wieder 50 Prozent in Abzug gebracht, so müssen bei längeren Regenperioden durch die Drains abgeführt werden:

Nach den Niederschlags-verhältnissen von	a. ein täglicher Niederschlag in Höhe von mm	b. pro Hektar und Secunde ein Quantum von Liter
Ratibor	5,75	0,666
Breslau	6,36	0,736
Görlitz	5,99	0,693

Die angestellten Berechnungen ergeben demnach, daß pro Hektar und Secunde von den Drains abgeführt werden müssen:

Nach den Niederschlags-verhältnissen von	a. im Frühjahr Liter	b. bei größeren Regenperioden Liter
Ratibor	0,552	0,666
Breslau	0,544	0,736
Görlitz	0,669	0,693

Die einzelnen Resultate weichen nicht derartig von einander ab, daß sich hieraus die Nothwendigkeit der Berechnung verschiedener Tabellen zur Ermittelung der Röhrenweiten innerhalb der schlesischen Ebene folgern ließe.

Da die Abweichungen vielmehr darauf mit zurückgeführt werden müssen, daß die benutzten meteorologischen

Beobachtungen der Stationen Ratibor, Breslau und Görlitz nicht gleiche Zeitabschnitte umfassen, da ferner die angestellten Berechnungen nicht — wie dieses in der Natur der Sache liegt — den Anspruch auf absolut genau zutreffende Ergebnisse erheben können, so ist der sich aus den sechs Resultaten ergebende Mittelwerth von 0,65 Liter als pro Hektar und Secunde abzuführenden Wassermasse für die schlesische Ebene als maßgebend erachtet.

Unter Zugrundelegung dieser Wassermasse und der Eytelwein-Möllingerschen Formel

$$v = 3{,}596 \sqrt{\frac{46{,}5\, d\, h}{l + 46{,}5\, d}} = 24{,}52 \sqrt{\frac{d\, h}{l + 46{,}5\, d}}$$

ist die nachstehende Tabelle berechnet worden.

Eine besondere Tabelle für das schlesische Gebirge ist nicht berechnet, indem hier zuviel locale Verhältnisse bei Bestimmung der Röhrenweiten in Betracht kommen.

Tabelle

zur Bestimmung des Röhrendurchmessers bei Annahme einer pro Hektar und Secunde abzuführenden Wassermenge von 0,65 Litern.

bei einem Gefälle auf 100 m von:	Zu entwässernde Fläche für Drainröhren-Leitung in einem Durchmesser von									Bemerkungen.
	4 cm	5 cm	6 cm	8 cm	10 cm	13 cm	16 cm	18 cm	21 cm	
m	ha	ha	ha	ha	ha	ha	ha	ha	ha	
0,05	0,21	0,37	0,58	1,18	2,05	3,92	6,54	8,74	12,77	Die zu kleinen Gefälle sind durch Striche abgegrenzt (cfr. Abschn. III § 32).
0,10	0,30	0,52	0,82	1,66	2,90	5,54	9,25	12,36	18,05	
0,15	0,36	0 63	1,00	2,03	3,54	6,79	11,33	15,13	22,12	
0,20	0,42	0,73	1,15	2,35	4,09	7,84	13,08	17,49	25,55	
0,25	0,47	0,82	1,29	2,63	4,59	8,76	14,64	19,56	28,56	
0,30	0,51	0,90	1,41	2,88	5,03	9,60	16,02	21,42	31,29	
0,35	0,55	0,97	1,52	3,11	5,43	10,37	17,30	23,13	33,79	
0,40	0,59	1,03	1,63	3,33	5,80	11,08	18,50	24,73	36,13	
0‘45	0,63	1,10	1,73	3,53	6,14	11,75	19,62	26,23	38,32	
0,50	0,66	1,16	1,82	3,73	6,47	12,39	20,68	27,65	40,39	
0,55	0,70	1,22	1,91	3,91	6,79	12,99	21,69	28,99	42,36	
0,60	0,73	1,27	2,00	4,09	7,10	13,57	22,66	30,28	44,25	
0,65	0,76	1,32	2,08	4,25	7,38	14,12	23,59	31,52	46,05	
0,70	0,79	1,37	2,16	4,41	7,66	14,66	24,48	32,72	47,79	
0,75	0,82	1,41	2,23	4,56	7,93	15,17	25,34	33,86	49,47	
0,80	0,84	1,46	2,30	4,71	8,19	15,67	26,17	34,97	51,09	
0,85	0,86	1,51	2,37	4,85	8,43	16,15	26,97	36,04	52,66	
0,90	0,89	1,55	2,44	4,99	8,68	16,62	27,75	37,09	54,19	
0,95	0,91	1,60	2,51	5,13	8,92	17,08	28,51	38,11	55,68	
1,00	0,94	1,64	2,58	5,26	9,15	17,52	29,25	39,10	57,12	
1,50	1,14	2,00	3,16	6,45	11,21	21,52	35,83	47,89	69,96	
2,00	1,33	2,31	3,64	7,44	12,95	24,78	41,37	55,30	80,78	
3,00	1,60	2,83	4,45	9,12	15,85	30,35	50,67	67,73	98,94	
4,00	1,88	3,27	5,15	10,53	18,31	35,05	58,51	78,20	114,24	
5,00	2,09	3,66	5,76	11,77	20,34	39,18	65,42	87,43	127,73	
6,00	2,30	4,01	6,31	12,89	22,42	42,92	71,66	95,78	139,92	
7,00	2,48	4,33	6,81	13,93	24,22	46,36	77,40	103,46	151,13	
8,00	2,66	4,63	7,28	14,89	25,89	49,56	82,75	110,60	161,56	
9,00	2,82	4,91	7,72	15,80	27,46	52,57	87,76	117,30	171,37	
10,00	2,97	5,18	8,14	16,65	28,95	55,11	92,51	123,65	180,63	

Anlage 22.

Zusammenstellung der in den §§. 12 und 20 des Gesetzes vom 24. Mai 1885, betreffend die Zusammenlegung der Grundstücke im Geltungsgebiete des Rheinischen Rechts (Ges.-S. S. 156), erwähnten Vorschriften über die Zuständigkeit der Auseinandersetzungsbehörde, das Verfahren und das Kostenwesen in Auseinandersetzungsangelegenheiten.

Vom 5. Januar 1886.

§ 97.

Zur Bewirkung von Zustellungen können die Generalkommissionen und die Kommissare derselben vereideter Boten, der Gerichtsvollzieher und anderer Beamten sich bedienen.

G. 80 §. 21 Abs. 1. — CPO. §. 152 Abs. 1.

§ 98.

Die Zustellung besteht, wenn eine Ausfertigung zugestellt werden soll, in deren Uebergabe, in den übrigen Fällen in der Uebergabe einer beglaubigten Abschrift des zuzustellenden Schriftstücks.

Die Beglaubigung geschieht durch die Generalkommission oder den Kommissar.

CPO. §. 156. — G. 80 §. 2 Abs. 6.

§ 99.

Die Zustellungen, welche an eine Partei bewirkt werden sollen, erfolgen für die nicht prozeßfähigen Personen an die gesetzlichen Vertreter derselben.

Bei Behörden, Gemeinden und Korporationen, sowie bei Personenvereinen, welche als solche klagen und verklagt werden können, genügt die Zustellung an die Vorsteher.

Bei mehreren gesetzlichen Vertretern, sowie bei mehreren Vorstehern genügt die Zustellung an einen derselben.

CPO. §. 157.

§ 100.

Die Zustellung für einen Unteroffizier oder einen Gemeinen des aktiven Heeres oder der aktiven Marine erfolgt an den Chef der zunächst vorgesetzten Kommandobehörde (Chef der Kompagnie, Eskadron, Batterie u. s. w.).

CPO. §. 158.

§ 101.

Die Zustellung erfolgt an den Generalbevollmächtigten, sowie in den durch den Betrieb eines Handelsgewerbes hervorgerufenen Rechtsstreitigkeiten an den Prokuristen mit gleicher Wirkung, wie an die Partei selbst.

CPO. §. 159.

§ 102.

Wenn eine Partei weder im Deutschen Reiche wohnt, noch einen im Deutschen Reiche wohnhaften Sachbevollmächtigten bestellt hat, so kann die Generalkommission oder der Kommissar anordnen, daß sie zum Empfange der für sie bestimmten Schriftstücke einen Zustellungsbevollmächtigten ernenne. Der Zustellungsbevollmächtigte muß in der Provinz, in welcher die von der Auseinandersetzung betroffenen Grundstücke belegen sind, wohnhaft sein.

Eine Anfechtung des Beschlusses der Generalkommission findet nicht statt.

G. 80 §. 25.

§ 103.

Der Zustellungsbevollmächtigte muß, sofern nicht die schriftliche Benennung binnen einer bestimmten Frist angeordnet war, in der auf die Anordnung nächstfolgenden kommissarischen Verhandlung genannt werden. Geschieht dies nicht, so können alle späteren Zustellungen bis zur nachträglichen Benennung in der Art bewirkt werden, daß der mit der Zustellung beauftragte Beamte das zu übergebende Schriftstück unter der Adresse der Partei nach ihrem Wohnorte zur Post giebt. Die Zustellung wird mit der Aufgabe zur Post als bewirkt angesehen, selbst wenn die Sendung als unbestellbar zurückkommt.

Die Postsendungen sind mit der Bezeichnung „Einschreiben" zu versehen, wenn die Partei es verlangt und zur Zahlung der Mehrkosten sich bereit erklärt.

CPO. §. 161. — G. 80 §. 26.

§ 106.

Die Zustellungen können an jedem Orte erfolgen, wo die Person, welcher zugestellt werden soll, angetroffen wird.

Hat die Person an diesem Orte eine Wohnung oder ein Geschäftslokal, so ist die außerhalb der Wohnung oder des Geschäftslokals an sie erfolgte Zustellung nur gültig, wenn die Annahme nicht verweigert ist.

CPO. §. 165.

§ 107.

Wird die Person, welcher zugestellt werden soll, in ihrer Wohnung nicht angetroffen, so kann die Zustellung in der Wohnung an einen zu der Familie gehörenden erwachsenen Hausgenossen oder an eine in der Familie dienende erwachsene Person erfolgen.

Wird eine solche Person nicht angetroffen, so kann die Zustellung an den in demselben Hause wohnenden

Hauswirth oder Vermiether erfolgen, wenn diese zur Annahme der Schriftstücke bereit sind.
CPO. §. 166.

§ 108.

Ist die Zustellung nach diesen Bestimmungen nicht ausführbar, so kann sie dadurch erfolgen, daß das zu übergebende Schriftstück auf der Gerichtsschreiberei des Amtsgerichts, in dessen Bezirke der Ort der Zustellung gelegen ist, oder an diesem Orte bei der Postanstalt oder dem Gemeindevorsteher oder dem Polizeivorsteher niedergelegt und die Niederlegung sowohl durch eine an der Thür der Wohnung zu befestigende schriftliche Anzeige, als auch, soweit thunlich, durch mündliche Mittheilung an zwei in der Nachbarschaft wohnende Personen bekannt gemacht wird.
CPO. §. 167.

§ 109.

Für Gewerbetreibende, welche ein besonderes Geschäftslokal haben, kann, wenn sie in dem Geschäftslokal nicht angetroffen werden, die Zustellung an einen darin anwesenden Gewerbegehülfen erfolgen.

Wird ein Rechtsanwalt, welchem zugestellt werden soll, in seinem Geschäftslokal nicht angetroffen, so kann die Zustellung an einen darin beschäftigten Gehülfen oder Schreiber erfolgen.
CPO. §. 168.

§ 110.

Wird der gesetzliche Vertreter oder der Vorsteher einer Behörde, einer Gemeinde einer Korporation oder eines Personenvereins, welchem zugestellt werden soll, in dem Geschäftslokale während der gewöhnlichen Geschäftsstunden nicht angetroffen, oder ist er an der Annahme verhindert, so kann die Zustellung an einen anderen in dem Geschäftslokale anwesenden Beamten oder Bediensteten bewirkt werden.

Wird der gesetzliche Vertreter oder der Vorsteher in seiner Wohnung nicht angetroffen, so finden die Bestimmungen der §§. 107, 108 nur Anwendung, wenn ein besonderes Geschäftslokal nicht vorhanden ist.

CPO. §. 169.

§ 111.

Wird die Annahme der Zustellung ohne gesetzlichen Grund verweigert, so ist das zu übergebende Schriftstück am Orte der Zustellung zurückzulassen.

CPO. §. 170.

§ 112.

An Sonntagen und allgemeinen Feiertagen darf eine Zustellung, sofern sie nicht durch Aufgabe zur Post bewirkt wird, nur auf besondere Anordnung des Kommissars oder der Generalkommission erfolgen.

Die Anordnung ist in dem zuzustellenden Schriftstücke zu erwähnen oder bei der Zustellung abschriftlich mitzutheilen.

Eine Zustellung, bei welcher die Bestimmungen dieses Paragraphen nicht beobachtet sind, ist gültig, wenn die Annahme nicht verweigert ist.

CPO. §. 171.

§ 113.

Ist bei einer Zustellung an den Vertreter mehrerer Betheiligter oder an einen von mehreren Vertretern die Uebergabe der Ausfertigung oder Abschrift eines Schriftstücks erforderlich, so genügt die Uebergabe nur einer Ausfertigung oder Abschrift.

Einem Zustellungsbevollmächtigten mehrerer Betheiligter sind so viele Ausfertigungen oder Abschriften zu übergeben, als Betheiligte vorhanden sind.

CPO. §. 172.

§ 114.

Ueber die Zustellung ist eine Urkunde aufzunehmen.

Dieselbe ist auf die Urschrift des zuzustellenden Schriftstücks oder auf einen mit derselben zu verbindenden Bogen zu setzen.

Außerdem ist der Tag der Zustellung auf dem bei der Zustellung zu übergebenden Schriftstücke von dem zustellenden Beamten mit Unterschrift zu vermerken.

Erfolgt die Zustellung durch einen Gerichtsvollzieher, so ist an Stelle dieses Vermerks eine durch den Gerichtsvollzieher beglaubigte Abschrift der Zustellungsurkunde auf das bei der Zustellung zu übergebende Schriftstück oder auf einen mit derselben zu verbindenden Bogen zu setzen.

Die Zustellungsurkunde ist der Behörde, von welcher die Zustellung angeordnet ist, zu übermitteln.

CPO. §. 173. — G. 80 §. 21 Abs. 2.

§ 115.

Die Zustellungsurkunde muß enthalten:

1) Ort und Zeit der Zustellung;
2) die Bezeichnung der Behörde, von welcher die Anordnung der Zustellung ausgeht;
3) die Bezeichnung der Person, an welche zugestellt werden soll;
4) die Bezeichnung der Person, welcher zugestellt ist; in den Fällen der §§. 107, 109, 110 die Angabe des Grundes, durch welchen die Zustellung an die bezeichnete Person gerechtfertigt wird; wenn nach §. 108 verfahren ist; die Bemerkung, wie die darin enthaltenen Vorschriften befolgt sind;
5) im Falle der Verweigerung der Annahme die Erwähnung, daß die Annahme verweigert und das zu übergebende Schriftstück am Orte der Zustellung zurückgelassen ist;
6) die Bemerkung, daß eine Ausfertigung oder eine

Abschrift des zuzustellenden Schriftstücks übergeben und der Tag der Zustellung auf dem bei der Zustellung übergebenen Schriftstücke vermerkt, beziehungsweise eine Abschrift der Zustellungsurkunde übergeben ist;

7) die Unterschrift des die Zustellung vollziehenden Beamten.

CPO. §. 174.

§ 116.

Ist die Zustellung durch Aufgabe zur Post (§. 103) erfolgt, so muß die Zustellungsurkunde den Bestimmungen des vorstehenden Paragraphen unter Nr. 2, 3, 7 entsprechen und außerdem ergeben, zu welcher Zeit, unter welcher Adresse und bei welcher Postanstalt die Aufgabe geschehen ist.

CPO. §. 175.

§ 117.

Ist an mehrere Personen in einem Gemeindebezirke zuzustellen, so kann dies durch Umlauf geschehen. In diesem Falle ist das Schriftstück denjenigen Personen, welchen es zuzustellen ist, zur Kenntnißnahme vorzulegen oder vorzulesen, und eine beglaubigte Abschrift desselben bei einer in dem Schriftstücke zu bezeichnenden Person niederzulegen. Die Niederlegung kann bei dem Gemeindevorsteher oder bei einer der Personen erfolgen, an welche der Umlauf gerichtet ist.

G. 80 §. 22.

§ 118.

Die Bestimmungen der §§. 97, 106, 113, 114 Abs. 3 finden auf die Zustellung durch Umlauf entsprechende Anwendung.

Erfolgt die Zustellung durch Umlauf nicht an die Person selbst, welcher zugestellt werden soll, so ist der Person, welcher zugestellt ist, eine schriftliche Anzeige über die nach §. 123 zu bewirkende Niederlegung des zuzustellenden Schriftstücks zu übergeben.

Im Falle des §. 108 ist die im §. 117 vorgeschriebene Niederlegung durch eine an der Thür der Wohnung zu befestigende schriftliche Anzeige und, soweit thunlich, durch mündliche Mittheilung an zwei andere, im Umlauf genannte Personen bekannt zu machen. Der Vorgang ist in der Zustellungsurkunde zu erwähnen.

Im Falle verweigerter Kenntnißnahme oder Annahme der Anzeige genügt die Erwähnung der Verweigerung.

G. 80 § 23.

§ 119.

Zustellungen können auch durch die Post erfolgen.

CPO. §. 176.

§ 120.

Soll durch die Post zugestellt werden, so hat die Generalkommission oder der Kommissar einen durch Dienstsiegel verschlossenen, mit der Adresse der Person, an welche zugestellt werden soll, versehenen und mit einer Geschäftsnummer bezeichneten Briefumschlag, in welchem die zuzustellende Ausfertigung oder die beglaubigte Abschrift des zuzustellenden Schriftstücks enthalten ist, der Post mit dem Ersuchen zu übergeben, die Zustellung einem Postboten des Bestimmungsorts aufzutragen. Daß die Uebergabe in der bezeichneten Art geschehen, ist von dem hierzu bestellten Beamten der Generalkommission oder des Kommissars auf der Urschrift des zuzustellenden Schriftstücks oder auf einem mit derselben zu verbindenden Bogen zu bezeugen.

CPO. §§. 177, 179. — G. 80 §. 24.

§ 121.

Die Zustellung durch den Postboten erfolgt in Gemäßheit der Bestimmungen der §§. 106 bis 111.

Ueber die Zustellung ist von dem Postboten eine Urkunde aufzunehmen, welche den Bestimmungen des §. 115, Nr. 1, 3 bis 5, 7 entsprechen und außerdem die Uebergabe des seinem Verschlusse, seiner Adresse und seiner Geschäftsnummer nach bezeichneten Briefumschlags, sowie der Abschrift der Zustellungsurkunde bezeugen muß.

Die Urkunde ist von dem Postboten der Postanstalt und von dieser der Behörde zu überliefern, von welcher die Anordnung der Zustellung ausgegangen ist.

CPO. §. 178. — G. 80 §. 24.

§ 122.

Eine im Auslande zu bewirkende Zustellung erfolgt mittels Ersuchens der zuständigen Behörde des fremden Staates oder des in diesem Staate residirenden Konsuls oder Gesandten des Reichs.

CPO. §. 182.

§ 123.

Zustellungen an Deutsche, welche das Recht der Exterritorialität genießen, erfolgen, wenn dieselben zur Mission des Reichs gehören, mittels Ersuchens des Reichskanzlers; wenn dieselben zur Mission eines Bundesstaates gehören, mittels Ersuchens des Ministers der auswärtigen Angelegenheiten dieses Bundesstaates.

Zustellungen an die Vorsteher der Reichskonsulate erfolgen mittels Ersuchens des Reichskanzlers.

CPO. §. 183.

§ 124.

Zustellungen an Personen, welche zu einem im Auslande befindlichen oder zu einem mobilen Truppentheile oder zur Besatzung eines in Dienst gestellten Kriegsfahrzeuges gehören, können mittels Ersuchens der vorgesetzten Kommandobehörde erfolgen.

CPO. §. 184.

§ 125.

Die erforderlichen Ersuchungsschreiben werden von der Generalkommission erlassen.

Die Zustellung wird durch das schriftliche Zeugniß der ersuchten Behörden oder Beamten, daß die Zustellung erfolgt sei, nachgewiesen.

CPO. §. 185.

§ 126.

Ist der Aufenthalt einer Partei unbekannt, so kann die Zustellung durch öffentliche Bekanntmachung erfolgen.

Die öffentliche Zustellung ist auch dann zulässig, wenn bei einer im Auslande zu bewirkenden Zustellung die Befolgung der für diese bestehenden Vorschriften unausführbar ist oder keinen Erfolg verspricht.

CPO. §. 186.

§ 127.

Die öffentliche Zustellung erfolgt durch Anheftung einer beglaubigten Abschrift des zuzustellenden Schriftstücks an die Gerichtstafel der Generalkommission.

Enthält das Schriftstück eine Ladung, so ist außerdem der zweimalige Abdruck der Ladung im Amtsblatte derjenigen Regierung, in deren Bezirke die die Zuständigkeit der Generalkommission begründenden Grundstücke liegen, sowie der einmalige Abdruck der Ladung im Deutschen Reichsanzeiger erforderlich.

Der Abdruck der Ladung kann noch in anderen Blättern und zu mehreren Malen angeordnet werden.

CPO. §. 187. — G. 80. §. 28.

§ 128.

Das eine Ladung enthaltende Schriftstück gilt als an dem Tage zugestellt, an welchem seit der letzten Einrückung des Auszuges in die öffentlichen Blätter ein Monat verstrichen ist. Bei Anordnung der öffentlichen Zustellung kann eine längere Frist bestimmt werden. — —

Auf die Gültigkeit der Zustellung hat es keinen Einfluß, wenn das anzuheftende Schriftstück von dem Orte der Anheftung zu früh entfernt wird.

CPO. §. 189.

§ 130.

Die Ladung zu einem Termine erfolgt durch den Kommissar.

Der Kommissar muß in den Ladungen den Gegenstand der Verhandlungen wenigstens im Allgemeinen bekannt machen.

V. 17 §. 71.

§ 131.

Auf Sonntage und allgemeine Feiertage sind Termine nur in Nothfällen anzuberaumen.

CPO. §. 193.

§ 132.

Die Frist, welche in einer anhängigen Sache zwischen der Zustellung der Ladung und dem Terminstage liegen soll (Ladungsfrist), beträgt mindestens drei Tage.

CPO. §. 194.

§ 133.

Zu Terminen, welche zum kommissarischen Protokolle anberaumt sind, ist eine Ladung derjenigen Personen, welchen die Anberaumung des Termins zum Protokolle eröffnet ist, nicht erforderlich.

G. 80 §. 29.

§ 134.

Der Ort und das Lokal für Abhaltung des Termins sind vom Kommissar in der Ladung zu bestimmen.

Die Landesherren und die Mitglieder der landesherrlichen Familien, sowie die Mitglieder der fürstlichen Familie Hohenzollern sind nicht verpflichtet, persönlich vor dem Kommissar zu erscheinen.

CPO. §. 196. — Regulativ v. 25. April 1836 §. 5.

§ 136.

Der Lauf einer von der Auseinandersetzungsbehörde oder dem Kommissar festgesetzten Frist beginnt, sofern nicht bei Festsetzung derselben ein Anderes bestimmt wird, mit der Zustellung des Schriftstücks, in welchem die Frist festgesetzt ist, und, wenn es einer solchen Zustellung nicht bedarf, mit der Verkündung der Frist.

CPO. §. 198.

§ 137.

Bei der Berechnung einer Frist, welche nach Tagen bestimmt ist, wird der Tag nicht mitgerechnet, auf welchen der Zeitpunkt oder das Ereigniß fällt, nach welchem der Anfang der Frist sich richten soll.

CPO. §. 199.

§ 138.

Eine Frist, welche nach Wochen oder Monaten bestimmt ist, endigt mit Ablauf desjenigen Tages der letzten Woche oder des letzten Monats, welcher durch seine Benennung oder Zahl dem Tage entspricht, an welchem die Frist begonnen hat; fehlt dieser Tag in dem letzten Monate, so endigt die Frist mit Ablauf des letzten Tages dieses Monats.

Fällt das Ende einer Frist auf einen Sonntag oder allgemeinen Feiertag, so endigt die Frist mit Ablauf des nächstfolgenden Werktages.

CPO. §. 200.

§ 142.

— — Ladungsfristen können abgekürzt werden.

CPO. §. 204.

Anlage 23.

Cirkularerlaß des Ministers für Landwirthschaft, Domänen und Forsten vom 7. Januar 1886.

Das seit dem Jahre 1881 in Gebrauch gegebene revidirte Normal-Statut für Ent- und Bewässerungs-Genossenschaften, deren Konstituirung nach den Vorschriften des Gesetzes vom 1. April 1879 erfolgt, hat anläßlich der neueren Gesetze über die Verwaltungs-Organisation und die Zuständigkeit und nach der während mehrjährigen Gebrauchs gesammelten Erfahrungen eine anderweite Umarbeitung rathsam gemacht.

Soweit es die Lage der Verhandlungen in zur Zeit schwebender Sachen bezeichneter Art gestattet, ist das umgearbeitete Normal-Statut fortan in Gebrauch zu nehmen und dabei die zugehörige Anordnungs-Instruktion zu beachten.

Zu dem Zweck füge ich — Exemplare des Statuts
a u. b und — Exemplare der Instruktion (Anlage a und b) anbei.

Anlage a.

Statut

für die Ent- und Bewässerungs-Genossenschaft*) zu N. N. im Kreise X.

Wir Wilhelm, von Gottes Gnaden König von Preußen ꝛc., verordnen auf Grund der §§ 57 und 65 des Gesetzes vom 1. April 1879 (Gesetz-Sammlung S. 297) nach Anhörung der Betheiligten, was folgt:

§ 1.

Die Eigenthümer der dem Meliorationsgebiete angehörigen Grundstücke in den Gemeinde-Bezirken N. N. werden zu einer Genossenschaft vereinigt, um den Ertrag dieser Grundstücke nach Maßgabe des Meliorationsplans des (Meliorations-Bauinspectors, Bauinspectors, Kreis-Wiesenbaumeisters ꝛc.) X. vom .... 18.... durch Ent- und Bewässerung zu verbessern.

Das Meliorationsgebiet ist auf der ein Zubehör des Meliorationsplanes bildenden Karte des (Landmessers, Kulturtechnikers, Baumeisters ꝛc.) Y. vom .... 18..... dargestellt, daselbst mit einer Begrenzungslinie in .... Farbe bezeichnet und bezüglich der betheiligten Besitzstände der Genossenschafts-Mitglieder in den zugehörigen Registern speziell nachgewiesen.

Karte und Register werden mit einem auf das Datum des genehmigten Statuts Bezug nehmenden Beglaubigungsvermerk versehen und bei der Aufsichtsbehörde der Genossenschaft niedergelegt.

Abänderungen des Meliorationsprojekts, welche im Laufe der Ausführung sich als erforderlich herausstellen, können vom Genossenschafts-Vorstande beschlossen werden. Der Beschluß bedarf jedoch der Genehmigung der staatlichen Aufsichtsbehörde.

---

*) Die mit kleinerer Schrift gedruckten Stellen fallen bei Entwässerungs- (Drainage-) Genossenschaften fort.

Vor Ertheilung der Genehmigung sind diejenigen Genossen zu hören, deren Grundstücke durch die veränderte Anlage berührt werden.

§ 2.

Die Genossenschaft führt den Namen N. N. und hat ihren Sitz in X.

§ 3.

Die Kosten der Herstellung und Unterhaltung der gemeinschaftlichen Anlagen werden von der Genossenschaft getragen. Dagegen bleiben die nach den Zwecken der Melioration behufs ihrer nutzbringenden Verwendung für die einzelnen betheiligten Grundstücke erforderlichen Einrichtungen, wie Umbau und Besamung von Wiesen, Anlage und Unterhaltung besonderer Zu- und Ableitungsgräben u. s. w. den betreffenden Eigenthümern überlassen. Dieselben sind jedoch gehalten, den im Interesse der ganzen Melioration getroffenen Anordnungen des Vorstehers Folge zu leisten.

§ 4.

Außer der Herstellung der im Projekte und vorstehend vorgesehenen Anlagen liegt dem Verbande ob, Binnen-Ent- und Bewässerungs-Anlagen innerhalb des Meliorationsgebietes, welche nur durch Zusammenwirken mehrerer Grundbesitzer ausführbar sind, zu vermitteln und nöthigenfalls, nachdem der Plan und das Beitragsverhältniß von der Aufsichtsbehörde festgestellt ist, auf Kosten der dabei betheiligten Grundbesitzer durchführen zu lassen.

Die Unterhaltung derartiger Anlagen, die, soweit erforderlich, in regelmäßige Schau zu nehmen sind, untersteht der Aufsicht des Vorstehers.

§ 5.

Die gemeinschaftlichen Anlagen werden unter Leitung des von dem Vorsteher auf Beschluß des Vorstandes angenommenen Meliorations-Technikers in der Regel in Tagelohn ausgeführt und unterhalten. Indessen können die Arbeiten nach Bestimmung des Vorstandes in Accord gegeben werden.

§ 6.

Das Verhältniß, in welchem die einzelnen Genossen zu den Genossenschaftslasten beizutragen haben, richtet sich nach dem für die einzelnen Genossen aus den Genossenschafts-Anlagen erwachsenden Vortheil.

Zur Festsetzung dieses Beitrags-Verhältnisses wird ein Kataster aufgestellt, in welchem die einzelnen Grundstücke speziell aufgeführt werden. Nach Verhältniß des ihnen aus der Melioration erwachsenden Vortheils werden dieselben in (drei) Klassen getheilt, und zwar so, daß ein Hektar der dritten Klasse mit dem einfachen, ein Hektar der zweiten Klasse mit dem zweifachen und ein Hektar der ersten Klasse mit dem dreifachen Beitrage heranzuziehen ist.

§ 7.

Die Einschätzung in diese (drei) Klassen erfolgt durch zwei vom Vorstande zu wählende Sachverständige unter Leitung des Vorstehers, welcher bei Meinungsverschiedenheiten den Ausschlag giebt. Nach vorgängiger ortsüblicher Bekanntmachung in den Gemeinden, deren Bezirk dem Genossenschaftsgebiete ganz oder theilweise angehört und nach erfolgter Veröffentlichung dieser Bekanntmachung wird das Genossenschaftskataster vier Wochen lang zur Einsicht der Genossen in der Wohnung des Vorstehers ausgelegt. Abänderungs-Anträge müssen innerhalb dieser Frist schriftlich bei dem Vorsteher angebracht werden. Nach Ablauf der Frist hat der Vorsteher die bei ihm schriftlich eingegangenen Abänderungs-Anträge der Aufsichtsbehörde vorzulegen. Die Letztere, beziehungsweise deren Kommissar, läßt unter Zuziehung der Beschwerdeführer und eines Vertreters des Vorstandes die erhobenen Reklamationen durch die von der Aufsichtsbehörde zu bezeichnenden Sachverständigen untersuchen. Mit dem Ergebniß der Untersuchung werden die Beschwerdeführer und der Vertreter des Vorstandes von dem Kommissar bekannt gemacht. Sind beide Theile mit dem Gutachten einverstanden, so wird das Kataster demgemäß festgestellt, andernfalls sind die Verhandlungen der Aufsichtsbehörde zur Entscheidung einzureichen. Die bis zur Mittheilung des Ergebnisses der Untersuchung entstandenen Kosten sind in jedem Falle von der Genossenschaft zu tragen. Wird eine Entscheidung erforderlich, so sind die weiter erwachsenden Kosten dem unterliegenden Theile aufzuerlegen.

Sobald das Bedürfniß für eine Revision des festgestellten oder berichtigten Katasters vorliegt, kann dieselbe von dem Vorstande beschlossen oder von der Aufsichtsbehörde angeordnet werden. Das Revisionsverfahren richtet sich nach den für die Feststellung des Katasters gegebenen Vorschriften.

§ 8.

Im Falle einer Parzellirung sind die Genossenschaftslasten nach dem in diesem Statut vorgeschriebenen Betheiligungsmaßstabe durch den Vorstand auf die Trennstücke verhältnißmäßig zu vertheilen. Gegen die Festsetzung des Vorstandes ist innerhalb zweier Wochen die Beschwerde an die Aufsichtsbehörde zulässig.

§ 9.

Die Genossen sind verpflichtet, die Beiträge in den von dem Vorstande festzusetzenden Terminen zur Genossenschaftskasse abzuführen. Bei versäumter Zahlung hat der Vorsteher die fälligen Beträge beizutreiben.

§ 10.

Jeder Genosse hat sich die Einrichtung der nach dem Meliorationsplane in Aussicht genommenen Anlagen, diese Anlagen selbst und deren Unterhaltung, soweit sein Grundstück davon vorübergehend oder dauernd betroffen wird, gefallen zu lassen.

Darüber, ob und zu welchem Betrage dem einzelnen Genossen hierfür, unter Berücksichtigung der ihm aus der Anlage erwachsenden Vortheile, eine Entschädigung gebührt, entscheidet, falls sich ein Genosse mit dem Vorsteher nicht gütlich verständigen sollte, das nach Vorschrift dieses Statuts zu bildende Schiedsgericht mit Ausschluß des Rechtsweges.

§ 11.

Bei Abstimmungen hat jeder beitragspflichtige Genosse mindestens eine Stimme. Im Uebrigen richtet sich das Stimmverhältniß nach dem Verhältnisse der Theilnahme an den Genossenschaftslasten, und zwar in der Weise, daß für je .... Normal-Hektar beitragspflichtigen Grundbesitzes erster Klasse ....Stimme gerechnet wird.

Die Stimmliste ist demgemäß von dem Vorstande zu entwerfen und nach vorgängiger öffentlicher Bekanntmachung der Auslegung vier Wochen lang zur Einsicht der Genossen in der Wohnung des Vorstehers auszulegen. Anträge auf Berichtigung der Stimmliste sind an keine Frist gebunden.

§ 12.

Der Genossenschafts-Vorstand besteht aus:
a) einem Vorsteher,
b) (zwei, vier, sechs) Repräsentanten der Genossenschafts-Mitglieder.

Die Vorstandsmitglieder bekleiden ein Ehrenamt. Als Ersatz für Auslagen und Zeitversäumniß erhält jedoch der Vorsteher eine jährliche, von der General-Versammlung festzusetzende Entschädigung.

In Behinderungsfällen wird der Vorsteher durch den an Lebenszeit ältesten Repräsentanten vertreten.

Die Mitglieder des Vorstandes nebst (2) Stellvertretern werden von der Generalversammlung auf (5) Jahre nach absoluter Mehrheit der abgegebenen Stimmen gewählt. Die Wahl des Vorstehers bedarf der Bestätigung der Aufsichtsbehörde.

Wählbar ist jeder Genosse, welcher den Besitz der bürgerlichen Ehrenrechte nicht durch rechtskräftiges Erkenntniß verloren hat. Die Wahl der Vorstandsmitglieder wie der Stellvertreter erfolgt in getrennten Wahlhandlungen für jedes Mitglied. Wird im ersten Wahlgange eine absolute Stimmenmehrheit nicht erreicht, so erfolgt eine engere Wahl zwischen denjenigen beiden Personen, welche die meisten Stimmen erhalten haben. Bei Stimmengleichheit entscheidet das vom Vorsitzenden zu ziehende Loos.

Im Uebrigen gelten die Vorschriften für Gemeindewahlen.

§ 13.

Die Gewählten werden von der Aufsichtsbehörde durch Handschlag an Eidesstatt verpflichtet.

Zur Legitimation der Vorstandsmitglieder und deren Stellvertreter dient das von der Aufsichtsbehörde aufgenommene Verpflichtungsprotokoll.

Soll der Stellvertreter sich darüber ausweisen, daß der Fall der Stellvertretung eingetreten ist, so dient dazu ein Zeugniß der Aufsichtsbehörde.

Der Vorstand hält seine Sitzungen unter Vorsitz des Vorstehers, der gleiches Stimmrecht hat wie die Repräsentanten und dessen Stimme im Falle der Stimmengleichheit entscheidet.

Zur Gültigkeit der gefaßten Beschlüsse ist es erforderlich,

daß die Repräsentanten unter Angabe der Gegenstände der Verhandlung geladen und daß mit Einschluß des Vorstehers mindestens zwei Drittel der Vorstandsmitglieder anwesend sind. Wer am Erscheinen verhindert ist, hat dies unverzüglich dem Vorsteher anzuzeigen. Dieser hat alsdann einen Stellvertreter zu laden.

§ 14.

Soweit nicht in diesem Statute einzelne Verwaltungsbefugnisse dem Vorstande oder der Generalversammlung vorbehalten sind, hat der Vorsteher die selbstständige Leitung und Verwaltung aller Angelegenheiten der Genossenschaft.

Insbesondere liegt ihm ob:

a) die Ausführung der gemeinschaftlichen Anlagen nach dem festgestellten Meliorationsplan zu veranlassen und zu beaufsichtigen;

b) über die Unterhaltung der Anlagen, sowie über die Wässerung, die Grabenräumung, die Heuwerbung und die Hütung auf den Wiesen mit Zustimmung des Vorstandes die nöthigen Anordnungen zu treffen und die etwa erforderlichen Ausführungsvorschriften zu erlassen;

c) die vom Vorstande festgesetzten Beiträge auszuschreiben und einzuziehen, die Zahlungen auf die Kasse anzuweisen und die Kassenverwaltung mindestens zweimal jährlich zu revidiren;

d) die Voranschläge und Jahresrechnungen dem Vorstande zur Festsetzung und Abnahme vorzulegen;

e) den Wiesenwärter und die sonstigen Unterbeamten der Genossenschaft zu beaufsichtigen, die Unterhaltung der Anlagen zu kontroliren und in den Monaten .... jeden Jahres unter Zuziehung von (2) Repräsentanten die Wiesen- und Grabenschau abzuhalten;

f) die Genossenschaft nach Außen zu vertreten, den

Schriftwechsel für die Genossenschaft zu führen und die Urkunden derselben zu unterzeichnen. Zur Abschließung von Verträgen hat er die Genehmigung des Vorstandes einzuholen. Zur Gültigkeit der Verträge ist diese Genehmigung nicht erforderlich;

g) die nach Maßgabe dieses Statuts und der Ausführungsvorschriften von ihm angedrohten und festgesetzten Ordnungsstrafen, die den Betrag von 30 Mark jedoch nicht übersteigen dürfen, zur Genossenschaftskasse einzuziehen.

§ 15.

Die Verwaltung der Kasse führt ein Rechner, welcher von dem Vorstande auf .... Jahre gewählt und dessen Remuneration vom Vorstande festgestellt wird. Die Aufsichtsbehörde kann jederzeit die Entlassung des Rechners wegen mangelhafter Dienstführung anordnen.

§ 16.

Zur Bewachung und Bedienung der Wiesen stellt der Vorsteher auf Beschluß des Vorstandes einen Wiesenwärter auf dreimonatliche Kündigung an und stellt den Lohn für denselben fest.

Der Wiesenwärter ist allein befugt zu wässern und muß so wässern, daß alle Parzellen den verhältnißmäßigen Antheil an Wasser erhalten. Kein Eigenthümer darf die Schleusen öffnen oder zusetzen oder überhaupt die Ent- oder Bewässerungs-Anlagen eigenmächtig verändern, bei Vermeidung einer vom Vorsteher festzusetzenden Ordnungsstrafe bis zu 30 Mark für jeden Kontraventionsfall.

Der Wiesenwärter muß den Anordnungen des Vorstehers pünktlich Folge leisten und kann von demselben mit Verweis oder mit Ordnungsstrafe bis zu (3) Mark bestraft werden.

§ 17.

Der gemeinsamen Beschlußfassung der Genossen unterliegen:

1. Die Wahl der Vorstandsmitglieder und deren Stellvertreter;
2. die Festsetzung der dem Vorsteher zu gewährenden Entschädigung;
3. die Wahl der Schiedsrichter und deren Stellvertreter;
4. die Abänderung des Statuts.

§ 18.

Die erste zur Bestellung des Vorstandes erforderliche Generalversammlung beruft die Aufsichtsbehörde, welche auch zu den in dieser Versammlung erforderlichen Abstimmungen eine vorläufige Stimmliste nach den Flächenangaben des Grundstücksregisters des Genossenschaftsgebietes aufzustellen hat.

Die weiteren Generalversammlungen sind in den gesetzlich vorgeschriebenen Fällen (§ 60 des Gesetzes vom 1. April 1879), mindestens aber alle fünf Jahre durch den Vorsteher zusammenzuberufen.

Die Einladung erfolgt unter Angabe der Gegenstände der Verhandlung durch ein öffentlich bekannt zu machendes Ausschreiben der Genossenschaft und außerdem durch ortsübliche Bekanntmachung in denjenigen Gemeinden, deren Bezirk dem Genossenschaftsgebiet ganz oder theilweise angehört.

Zwischen der Einladung und der Versammlung muß ein Zwischenraum von mindestens 2 Wochen liegen.

Die Versammlung ist ohne Rücksicht auf die Zahl der Erschienenen beschlußfähig.

Der Vorsteher führt den Vorsitz.

Die Generalversammlung kann auch von der Aufsichtsbehörde zusammenberufen werden. In diesem Falle führt sie, beziehungsweise der von ihr ernannte Kommissar den Vorsitz.

§ 19.

Die Streitigkeiten, welche zwischen Mitgliedern der Genossenschaft über das Eigenthum an Grundstücken, über die Zuständigkeit oder den Umfang von Grundgerechtigkeiten oder anderen Nutzungsrechten oder über besondere, auf speziellen Rechtstiteln beruhende Rechte und Verbindlichkeiten der Parteien entstehen, gehören zur Entscheidung der ordentlichen Gerichte.

Dagegen werden alle anderen Beschwerden, welche die gemeinsamen Angelegenheiten der Genossenschaft oder die vorgebliche Beeinträchtigung einzelner Genossen in ihren durch das Statut begründeten Rechten betreffen, von dem Vorsteher untersucht und entschieden, soweit nicht nach Maßgabe dieses Statuts oder nach gesetzlicher Vorschrift eine andere Instanz zur Entscheidung berufen ist.

Gegen die Entscheidung des Vorstehers steht, sofern es sich nicht um eine der ausschließlichen Zuständigkeiten anderer Behörden unterliegende Angelegenheit handelt, jedem Theile die Anrufung der Entscheidung eines Schiedsgerichts frei, welche binnen 2 Wochen, von der Bekanntmachung des Bescheides an gerechnet, bei dem Vorsteher angemeldet werden muß. Die Kosten des Verfahrens sind dem unterliegenden Theile aufzuerlegen.

Das Schiedsgericht besteht aus einem Vorsitzenden, welchen die Aufsichtsbehörde ernennt, und aus (zwei) Beisitzern. Die Letzteren werden nebst zwei Stellvertretern von der Generalversammlung nach Maßgabe der Vorschriften dieses Statuts gewählt. Wählbar ist jeder, der in der Gemeinde seines Wohnorts zu den öffentlichen Gemeindeämtern wählbar und nicht Mitglied der Genossenschaft ist.

Wird ein Schiedsrichter mit Erfolg abgelehnt, so ist der Ersatzmann aus den gewählten Stellvertretern oder erforderlichen Falles aus den wählbaren Personen durch die Aufsichtsbehörde zu bestimmen.

§ 20.

Die von der Genossenschaft ausgehenden Bekanntmachungen sind unter der Bezeichnung: Meliorationsgenossenschaft (Wiesengenossenschaft, Ent- und Bewässerungsgenossenschaft 2c.) zu N. N. zu erlassen und vom Vorsteher zu unterzeichnen.

Die für die Oeffentlichkeit bestimmten Bekanntmachungen der Genossenschaft werden in (das Amtsblatt der Regierung zu X., das Kreisblatt zu X., die N. N.-Zeitung) aufgenommen.

§ 21.

Soweit die Aufnahme neuer Genossen nicht auf einer, dem § 69 des Gesetzes vom 1. April 1879 entsprechenden rechtlichen Verpflichtung beruht, kann sie auch als ein Akt der Vereinbarung auf den Antrag des Aufzunehmenden durch einen, der Zustimmung der Aufsichtsbehörde bedürftigen Vorstandsbeschluß erfolgen.

Anlage b.

Instruction

zur Anwendung des revidirten Normal-Statuts für Ent- und Bewässerungs-Genossenschaften.

Vom 7. Januar 1886.

Zur Einleitung.

In Folge der durch das Verwaltungs-Organisations-Gesetz vom 30. Juli 1883 und das Zuständigkeits-Gesetz vom 1. August 1883 eingetretenen Veränderungen, und aus der seit längerer Zeit bei der Prüfung der Statut-

Entwürfe gesammelten Erfahrung hat sich das Bedürfniß einer Umarbeitung des durch Verfügung vom 6. Dezember 1881 zur Nachachtung empfohlenen Normal-Statuts geltend gemacht.

An Stelle desselben ist fortan das dieser Instruction beigegebene revidirte Normal-Statut zur Anwendung zu bringen.

Soweit nicht der Zweck des Meliorations-Unternehmens oder andere zwingende Gründe besonders zu motivirende Abänderungen des Normal-Statuts bedingen, wie sich unten in den Bemerkungen zu einzelnen Paragraphen angedeutet findet, ist der Wortlaut des Normal-Statuts möglichst unverändert beizubehalten.

Um diese Abänderungen in hervortretender Weise erkennbar zu machen und der Central-Verwaltung die mühevolle und zeitraubende Prüfung der aus allen Provinzen fortgesetzt in großer Zahl eingehenden Statut-Entwürfe zu erleichtern, sind fortan für die hier zur Genehmigung vorzulegenden Statut-Entwürfe nur auf gebrochenem Bogen durch Druck oder anderen mechanischen Umdruck vervielfältigte Statut-Formulare in Gebrauch zu nehmen und Abänderungen oder Ergänzungen des Textes am Rande auf die freie Seite des Bogens einzutragen.

In dem Text des revidirten Statuts sind alle hinweisenden Bezugnahmen auf andere Paragraphen des Statuts fortgelassen, um Irrungen zu vermeiden, wenn die Paragraphen-Zahlen eine Aenderung erfahren, und die gleichmäßige Berichtigung der in den Text aufgenommenen Hinweisungen übersehen wird.

Das revidirte Normal-Statut geht von der Voraussetzung eines der landesherrlichen Genehmigung bedürftigen Statuts aus, kommt aber mit Hinweglassung der Einleitungsform in gleicher Weise auch bei den nur der ministeriellen Genehmigung bedürftigen Genossenschafts-Statuten zur Anwendung.

Zu §. 1 des Normal-Statuts.

Die Unterlagen des Statuts, Meliorationsplan, Karten, Register, sind nach den Andeutungen des Normal-Statuts genau zu bezeichnen und nach wie vor mit den üblichen Revisions- und Beglaubigungsvermerken der Revisions-Instanz zu versehen.

Die Begrenzungslinie des Meliorationsgebiets muß leicht und zweifellos erkennbar sein und in dem zu bezeichnenden Farbenstriche deutlich hervortreten.

Bezüglich der Sr. Majestät zur landesherrlichen Genehmigung zu unterbreitenden Statute wird daran erinnert, daß in allen Fällen, in welchen das Genossenschaftsgebiet in mehreren Sektionen kartirt ist, aber wo sich die beglaubigte Karte wegen ihres großen Formats oder wegen ihrer durch starke Abnutzung entstandenen Beschädigung und Unsauberkeit nicht dazu eignet, Sr. Majestät vorgelegt zu werden, eine saubere Uebersichtskarte verkleinerten Maßstabes beizufügen ist. Einer geometrischen Genauigkeit bedarf dieselbe nicht, vielmehr genügt ein übersichtliches Bild mit den wesentlichsten, die Situation und die Meliorationsaufgaben klarstellenden Punkten innerhalb der erkennbaren Begrenzung des Genossenschaftsgebietes.

Einer näheren Bezeichnung der die Aufsicht führenden Behörde bedarf es im Statut nicht, da diese und der Kreis ihrer Zuständigkeit aus den §§. 154 und 155 des Gesetzes über die allgemeine Landesverwaltung vom 30. Juli 1883 (Gesetz-Sammlung S. 195) und den §§. 94 und 163 des Zuständigkeitsgesetzes vom 1. August 1883 (Gesetz-Sammlung S. 237), sowie aus den §§. 97 und 98 des Gesetzes, betreffend die Bildung von Wassergenossenschaften vom 1. April 1879 (Gesetz-Sammlung S. 297) erhellt.

Zu §. 2 des Normal-Statuts.

Die in vielen früheren Fällen gebrauchte Bezeichnung: „Die Genossenschaft hat ihren Sitz am Wohnorte des jedesmaligen Vorstehers“ ist ferner unstatthaft; das Statut muß vielmehr einen bestimmten Ort, nach welchem sich zugleich der genossenschaftliche Gerichtsstand kennzeichnet, angeben.

Zu §. 3 des Normal-Statuts.

Wenn die Genossen auch diese wirthschaftlichen Umgestaltungen als einen Theil des Meliorationsplans auf gemeinschaftliche Kosten auszuführen wünschen, so ist eine Bestimmung darüber in das Statut aufzunehmen.

Handelt es sich dagegen um wirthschaftliche Einrichtungen, welche nach dem Zwecke des Meliorationsunternehmens füglich nicht vorkommen können, wie z. B. bei einer Drainage-Genossenschaft der Umbau und die Besamung von Wiesen, so sind die hierauf bezüglichen Worte zu streichen, und zwar hier sowohl, wie in den lediglich für Wiesen-Meliorationen vorgesehenen Bestimmungen in §. 14 b, §. 14 e und §. 16 des Normal-Statuts.

Zu §. 6 und 7 des Normal-Statuts.

Nach §. 66 des Genossenschaftsgesetzes vom 1. April 1879 kann von den Genossen durch eine Vereinbarung, welche als solche der ausdrücklichen Zustimmung aller Betheiligten bedarf, auch ein anderer Maßstab für die Vertheilung der Genossenschaftslasten festgesetzt werden. Als solcher wird sich für diejenigen Genossenschaftsbezirke, in welchen die Verhältnisse der einzelnen Grundstücke nicht wesentlich von einander abweichen, der Flächeninhalt der betheiligten Grundstücke empfehlen. In diesem Falle sind die §§. 6 und 7 folgendermaßen zu fassen:

§. 6. „Die Genossenschaftslasten werden von den „Genossen nach Maßgabe des Flächenraumes „der betheiligten Grundstücke aufgebracht.

§. 7. „Die hiernach festzustellenden Beitragslisten „sind von dem Vorstande anzufertigen, und „nach vorgängiger öffentlicher Bekanntmachung „der Auslegung vier Wochen lang in der „Wohnung des Vorstehers zur Einsicht der „Genossen auszulegen. Anträge auf Berichtigung „der Beitragslisten sind an keine Frist ge„bunden."

Fehlt es an einer solchen einstimmigen Vereinbarung und erscheint gleichwohl die Vertheilung der Lasten nach dem Flächenraume als Vortheilsmaßstab zweckmäßig, so kann er zwar zu Gunsten derer, die damit einverstanden sind, zur Anwendung gebracht werden, indessen ist den nicht damit einverstandenen Genossen die Möglichkeit offen zu halten, eine Festsetzung der Höhe ihres Beitrags dem wirklichen Vortheile ihrer Grundstücke entsprechend zu verlangen. In solchem Falle sind die §§. 6 und 7 zu fassen, wie folgt:

§. 6. „Das Verhältniß, in welchem die einzelnen „Genossen zu den Genossenschaftslasten beizu„tragen haben, richtet sich nach dem für die ein„zelnen Genossen aus den Genossenschafts„anlagen erwachsenden Vortheil.

„Dieser Vortheil entspricht zur Zeit dem „Flächeninhalte der der Genossenschaft ange„hörigen Grundstücke. Es werden daher die „Genossenschaftslasten nach Maßgabe des „Flächenraumes der betheiligten Grundstücke „aufgebracht.

§. 7. „Die hiernach festzustellenden Beitragslisten sind „von dem Vorstande anzufertigen und nach vor„gängiger öffentlicher Bekanntmachung der Aus„legung vier Wochen lang in der Wohnung „des Vorstehers zur Einsicht der Genossen „auszulegen.

„Jedem Genossen steht es frei, mit der Be„hauptung, daß die aus dem Genossenschafts„unternehmen erwachsenden Vortheile nicht allen „Grundstücken in gleichem Maße zu Gute „kommen, zu verlangen, daß die Höhe seines „Beitrages dem wirklichen Vortheile seiner „Grundstücke entsprechend festgesetzt werde.

„Solche Anträge sind bei dem Vorstande „anzubringen, gegen dessen Entscheidung binnen „zwei Wochen Berufung an die Aufsichtsbe„hörde zulässig ist. Letztere entscheidet darüber „endgiltig, kann aber vor der Entscheidung „ihrer, beziehungsweise eines Commissarius, „unter Leitung durch Sachverständige, welche sie „ernannt, im Beisein des Antragstellers und „eines Vorstands-Vertreters eine Untersuchung „eintreten lassen. Sind beide Theile mit dem „Gutachten der Sachverständigen einverstanden, „so wird die Höhe des Beitrages danach fest„gestellt. Wird eine Entscheidung erforderlich, „so trägt der unterliegende Theil die Kosten. „Anträge auf Berichtigung der Beitragslisten „sind an keine Frist gebunden."

Zu §. 11 des Normal-Statuts.

Nach Befinden kann das Stimmverhältniß auch nach Höhe der zu leistenden Beiträge bemessen werden. In den vorstehend zu §. 6 und 7 erörterten Fällen ist entweder die Beitragshöhe oder an Stelle der reducirten

Normalfläche die Flächenangabe des Vermessungsregisters zum Grunde zu legen.

Nach §. 48 des Gesetzes vom 1. April 1879 darf jedoch kein Genosse mehr als $^2/_5$ aller Stimmen auf sich vereinigen.

Zu §. 12 des Normal-Statuts.

Es bedarf einer besonderen zusätzlichen Bestimmung, wenn die Wahl des Vorstehers auch auf eine andere, der Genossenschaft nicht angehörige Persönlichkeit gerichtet werden kann.

Ebenso sind besondere zusätzliche Bestimmungen einzuschalten, wenn es sich (was namentlich bei größeren Genossenschaften und einer größeren Zahl von Repräsentanten in Frage kommen kann) empfiehlt, die Funktionszeit der Repräsentanten nicht für alle gleichzeitig enden zu lassen, sondern das Ausscheiden mit einem Wahlturnus zu verbinden.

Zu §. 17 des Normal-Statuts.

Um die Functionen der Generalversammlung möglichst einzuschränken, kann die Festsetzung der dem Genossenschaftsvorsteher nach §. 12 des Normal-Statuts zu gewährenden Entschädigung auch einer von der Genehmigung der Aufsichtsbehörde abhängig zu machenden Beschlußnahme der Genossenschaftsrepräsentanten überlassen werden.

Der Absatz 3 des §. 12 ist danach zu ändern und die Nr. 2 in §. 17 zu streichen.

Zu §. 19 des Normal-Statuts.

Es ist mehrseitig beantragt, die Wahl der Schiedsrichter nicht der Generalversammlung, sondern dem Vorstande aufzutragen. Abgesehen von dem Parteistandpunkte, welchen der Vorstand in schiedsrichterlichen Streitigkeiten einnimmt, kann ein Bedürfniß der beantragten Aenderung nicht anerkannt werden, wenn das Schiedsgericht nicht von Fall zu Fall, sondern bei der periodischen Berufung der Generalversammlung für die nächsten 5 Jahre (§. 18 Absatz 2) konstituirt wird.

Anlage 24.

Kreis:

Gemeinde:

Flur:

Theilnehmer-Verzeichniß [1]

für

(Name der Genossenschaft)

Aufgestellt

(Ort und Tag der Aufstellung)

durch (Name und Wohnort des Kulturtechnikers)

---

[1]) S. 261 bildet die erste, S. 262 die zweite, S. 263 die dritte, S. 264 die vorletzte und S. 265 die letzte Seite des Formulars.

Laufende Nummer.	Der Eigenthümer: Namen. (in alphabetischer Reihenfolge)	Der Eigenthümer: Wohnort.	Bezeichnung der Parzellen: Flur.	Bezeichnung der Parzellen: Nummer des Katasters.	Flächengröße: Im Einzelnen. ha | a | qm	Flächengröße: Ueberhaupt. ha | a | qm	Katastral-Reinertrag: Im Einzelnen. Mrk. | Pf.	Katastral-Reinertrag: Ueberhaupt. Mrk. | Pf.
1	2	3	4	5	6	7	8	9
					Summa		Summa	
			Seite:					

Seite: ______

Ergebniß der Abstimmung über die Genossenschaftsbildung															Bemerkungen.
nach dem Flächenraum									nach dem Reinertrage						
a. der Nichterschienenen oder Nichtabstimmenden.			b. der Zustimmenden.			c. der Widersprechenden.			a. der Nichterschienenen oder Nichtabstimmenden.		b. der Zustimmenden.		c. der Widersprechenden.		
ha	a	qm	ha	a	qm	ha	a	qm	Mrk.	Pf.	Mrk.	Pf.	Mrk.	Pf.	
10			11			12			13		14		15		

Die Größe des Meliorationsgebiets beträgt mithin nach vorstehender Zusammenstellung ha ....
in Worten: ....

(Ort und Tag der Aufstellung)

(Name des Kulturtechnikers)

Das vorstehende Verzeichniß ist auf Identität der Parzellen und der Eigenthümer mit dem Grundbuch verglichen worden. Die zwischen dem Grundbuch und dem Verzeichniß sich ergebenden Verschiedenheiten sind in dem ersteren mit rother Tinte nachgetragen.

(Ort und Tag)

(L. S.) Königliches Amtsgericht

(Name) [1])

---

[1]) Diese Bescheinigung fällt fort, bezw. wird durch eine andere ersetzt, wo keine Grundbücher vorhanden sind.

Zusammenstellung der Abstimmungsergebnisse															Seite.
nach dem Flächenraum									nach dem Reinertrage						
a. der Nichterschienenen oder Nichtabstimmenden.			b. der Zustimmenden.			c. der Widersprechenden.			a. der Nichterschienenen oder Nichtabstimmenden.		b. der Zustimmenden.		c. der Widersprechenden.		
ha	a	qm	ha	a	qm	ha	a	qm	Mrk.	Pf.	Mrk.	Pf.	Mrk.	Pf.	

Beglaubigt

(Ort und Tag der Abstimmungsverhandlung)

Der Kommissar

(Name)

Anlage 25.

Umlauf.[1])

Vorladung.

Nachdem ich durch Erlaß des Ober-(Regierungs-) präsidenten vom ....
zum Kommissar für die Leitung des Verfahrens über die Bildung einer öffentlichen Wassergenossenschaft in ....

....

ernannt worden bin, habe ich zur Erklärung über den Plan und über das Statut, sowie zur Wahl von Bevollmächtigten

auf den .... 188..... mittags ..... Uhr
in ....
zu ....

Termin anberaumt, zu welchem die Betheiligten
unter der Verwarnung, daß die Nichterscheinenden oder Nichtabstimmenden demjenigen zustimmend angesehen werden sollen, wofür die Mehrheit der abgegebenen Stimmen sich erklärt
hiermit vorgeladen werden.

Beglaubigte Abschrift dieser Vorladung ist zur Einsicht der Betheiligten bei dem Gemeindevorsteher zu .... niedergelegt.

Der Kommissar

---

[1]) S. 266 bildet die erste, S. 267 die zweite, S. 268 die vorletzte und S. 269 die letzte Seite des Formulars.

Zustellungs-Urkunde.

Eine beglaubigte Abschrift des vorstehenden, den unten genannten Personen zuzustellenden Umlaufs habe ich bei dem Gemeinde-Vorsteher zu .... niedergelegt, auch auf derselben vermerkt, daß die Zustellung am .... 188.... erfolgt ist.

Die Personen, welchen auf Anordnung des vorstehend genannten Kommissars zuzustellen war und, soweit nicht ein Anderes zu dem betreffenden Namen von mir vermerkt worden, auch in ihrem Wohnort persönlich zugestellt worden ist, sind die Nachfolgenden:

1.	2.	3.	4.	5.
Laufende Nummer des Theilnehmerverzeichnisses.	Familienname und Zuname der Personen, an welche zuzustellen war.	Wohnort.	Zustellungsvermerke bezüglich der Fälle, in welchen die Zustellung an den Adressaten nicht erfolgen konnte.	Tag der erfolgten Zustellung.

1. Laufende Nummer des Theilnehmerverzeichnisses.	2. Familienname und Zuname der Personen, an welche zuzustellen war.	3. Wohnort.	4. Zustellungsvermerke bezüglich der Fälle, in welchen die Zustellung an den Adressaten nicht erfolgen konnte.	5. Tag der erfolgten Zustellung.

Daß die Zustellung von mir überall so, wie vorstehend angegeben, erfolgt ist, bescheinige ich hierdurch pflichtgemäß.

den .... 188.....

Der zustellende Beamte

Anweisung für die zustellenden Beamten.

1. Die Vorladung ist denjenigen Personen, welchen zuzustellen ist (Adressaten), zur Kenntnißnahme vorzulegen oder vorzulesen.

2. Die Zustellung hat durch einen Beamten und an einem Werktage zu geschehen.

3. Die Zustellung kann an jedem Orte erfolgen, wo Adressat angetroffen wird. Hat letzterer an diesem Orte eine Wohnung oder ein Geschäftslokal, so ist die außerhalb der Wohnung oder des Geschäftslokals an ihn erfolgte Zustellung nur dann gültig, wenn die Annahme nicht verweigert worden ist.

4. Wird Adressat in seiner Wohnung nicht angetroffen, so kann die Zustellung in der Wohnung an einen der zur Familie gehörenden erwachsenen Hausgenossen oder an eine in der Familie dienende Person erfolgen. Wird eine solche Person nicht angetroffen, so kann die Zustellung an den in demselben Hause wohnenden Hauswirth oder Vermiether erfolgen, wenn diese dazu bereit sind. In allen diesen Fällen muß der Person, welcher zugestellt wird, eine schriftliche Anzeige über die in der vorstehenden Zustellungsurkunde erwähnte Niederlegung des Umlaufs gegeben werden und ist solches unter Angabe des Grundes in Spalte 4 zu vermerken.

5. Die Zustellungen erfolgen für handlungsunfähige Personen an die gesetzlichen Vertreter (z. B. Vormünder) derselben. Bei Behörden, Gemeinden und Corporationen, sowie bei Personen-Vereinen genügt die Zustellung an die Vorsteher.

Bei mehreren gesetzlichen Vertretern, sowie bei mehreren Vorstehern, genügt die Zustellung an einen derselben.

6. Die anliegende beglaubigte Abschrift ist beim Gemeindevorsteher niederzulegen.

Anlage 26.

Wir Wilhelm,
von Gottes Gnaden König von Preußen — —

verordnen auf Grund des § 65 des Gesetzes, betreffend die Bildung von Wassergenossenschaften, vom 1. April 1879 nach Anhörung der Betheiligten, was folgt:

§ 1.

Nachdem die Eigenthümer der in der Gemarkung B., Kreis M., am rechten Ufer der N. belegenen Wiesengrundstücke auf Grund privater Verständigung eine Entwässerung und Bewässerung ihrer Wiesen mit Wasser des Bärenbachs nach einem Plane des Wiesenbaumeisters R. zu H. ausgeführt haben, werden die Eigenthümer dieser Wiesen, um die dauernde Unterhaltung dieser Anlagen sicher zu stellen, hiermit zu einer öffentlichen Wassergenossenschaft vereinigt.

Der Umfang der Genossenschaft ergiebt sich aus den vom Kataster-Controleur H. unter dem 29. November 1876 und 17. Februar 1878 aufgestellten und zur Verhandlung vom 8. Juni 1885 beglaubigten Plänen und dem vom Bürgermeister zu B. unter dem 28. März 1885 aufgestellten, gleichfalls zur Verhandlung vom 8. Juni 1885 beglaubigten Kataster-Auszug.

Zweck der Genossenschaft ist die dauernde Unterhaltung der nach dem Meliorationsplan des Wiesenbaumeisters R. zu H. vom 16. November 1874 bezw. 1. Februar 1877 ausgeführten Ent- und Bewässerungs-Anlagen.

Sollten sich im Laufe der Zeit Aenderungen dieser Meliorationsanlagen als erforderlich herausstellen, so können solche vom Genossenschaftsausschusse beschlossen werden. Der Beschluß — —.

Anlage 27.

(Ort und Tag) ....

Gutachten

über das Vorhandensein der gesetzlichen Voraussetzungen für die Anwendung des Beitrittszwanges gegen widersprechende Eigenthümer i. S., betr. die Bildung einer öffentlichen Wassergenossenschaft zu ....

In dem am ....
in ....
stattgehabten Termin zur Erklärung über die Bildung einer öffentlichen Wassergenossenschaft zu ....
haben die in dem untenstehenden Verzeichnisse Reihe 1 und 2 aufgeführten Eigenthümer der Reihe 3 und 4 genauer bezeichneten Grundstücke widersprochen. In der Reihe 5 sind diejenigen Grundflächen ihrer Größe nach bezeichnet, welche nach der diesseitigen Auffassung zu einer zweckmäßigen Ausführung des Unternehmens nothwendig sind, zugleich eine erhöhte Ertragsfähigkeit in Aussicht stellen, und auch nicht in ihrer etwaigen besonderen Benutzungsart für den Eigenthümer von größerem Vortheile sind — vergl. §. 65 des Gesetzes betreffend die Bildung von Wassergenossenschaften vom 1. April 1879.

Zur Begründung dieser Annahme wird geltend gemacht:

1. Die Ausführung des Unternehmens kann zweckmäßig nur bei Ausdehnung desselben auf die oben genauer beschriebenen Grundflächen erfolgen, weil ....

2. Die fraglichen Grundflächen stellen eine erhöhte Ertragsfähigkeit in Aussicht, weil ....
3. Die in ....
bestehende besondere Benutzungsart der Grundstücke ....
ist für den Eigenthümer nicht von größerem Vortheile, weil ....
oder
3. Eine besondere Nutzungsart der Grundstücke hat bislang nicht stattgefunden; es kann demnach aus diesem Umstande auch kein besonderer Grund zu einem erfolgreichen Widerspruch hergeleitet werden.

1.	2.	3.	4.	5.
Lfde. Nummer des Theilnehmer-Verzeichnisses.	Name und Wohnort des Eigenthümers.	Flur- und Kataster-Nummer.	Größe des Grundstücks nach dem Kataster.	Größe der Grundfläche, bezüglich welcher Beitrittszwang geübt werden muß und kann.
P. N. Es sind sämmtliche Widersprechende aufzuführen.				P. N. Bei denjenigen Grundstücken, bezüglich welcher kein Zwang geübt werden soll, ist ein entsprechender Vermerk, etwa wie 0,0000 zu machen.

(Ort und Tag) ....

(Name des Kulturtechnikers)

Beglaubigt

(Ort und Tag) ....

Der Kommissar
(Name)

Anlage 28.

Verhandelt zu X. den 1. März 1886.

In dem zur Verhandlung über die Bildung einer öffentlichen Wassergenossenschaft zu X., insbesondere zur Erklärung über den — von dem Kreiswiesenbaumeister Z. zu O. unterm 20. December 1885 aufgestellten und von dem Meliorationsbauinspektor Q. zu U. unterm 2. Januar 1886 revidirten — Meliorationsplan und über das Genossenschaftsstatut, sowie auch zur Wahl von Bevollmächtigten auf heute anberaumten Termine, waren die in den Reihen Nr. 11 und 12 des Theilnehmerverzeichnisses vom 20. December 1885 aufgeführten Betheiligten erschienen.

Von dem unterzeichneten Kommissar wurde zunächst festgestellt, daß die Vorladung der Betheiligten überall nach Maßgabe der gesetzlichen Vorschriften bewirkt worden ist.

Hierauf wurde das ganze Unternehmen

unter Vorlegung des oben genannten Meliorationsplans, einschließlich des unterm 15. Februar 1886 abgeschlossenen Uebereinkommens mit dem Müller O. zu H., und unter Bezugnahme auf die einschlägigen gesetzlichen Vorschriften, insbesondere auf diejenigen über die Bildung der Genossenschaft, über das in seinem Entwurf bekanntgegebene Statut, über die Voraussetzung für die Anwendung des Beitrittszwanges gegen Widersprechende (§ 65 des Gesetzes, betreffend die Bildung von Wassergenossenschaften vom 1. April 1879), und endlich über etwaige Anträge auf Erstattung von Kosten (§ 85 a. a. O.)

den Anwesenden erläutert,

sodann auch mitgetheilt, daß auf Antrag der Königlichen Regierung zu C. die Provinzialverwaltung zu den Ausführungskosten im Gesammtbetrage von 6000 Mark eine Summe von 1000 Mark à fonds perdu und eine solche von 3000 Mark als Darlehn — die ersten 3 Jahre unverzinslich, die folgenden zu $2\frac{1}{2}\%$ Zinsen und 1% Amortisation — bewilligt habe,

und endlich zu Erklärungen über das Einverständniß mit dem Unternehmen oder zu etwaigen Einwendungen gegen dasselbe aufgefordert.

I. Von G. Nr. 7 des Theilnehmerverzeichnisses wurde gegen den Meliorationsplan geltend gemacht, daß derselbe die Interessen der Besitzer der Wiesen im unteren Thale insofern nicht genügend berücksichtige, als den in Frage kommenden Grundstücken nur das Abfallwasser zur Berieselung zugeführt werde, während die Grundstücke des oberen Thals das bessere Rieselwasser, namentlich auch das Dorfwasser, erhielten. Es wurde vorgeschlagen und beantragt, daß auch dem unteren Thale von diesem besseren Wasser ein Theil vermittelst eines besonderen Zuleiters zugeführt werde, auch die Bildung von zwei Unterabtheilungen des ganzen Meliorationssystems empfohlen, deren örtliche Trennung von dem vorhin genannten Gesichtspunkte aus bewirkt werden müsse.

Diesen Ausführungen schlossen sich die nachfolgenden Betheiligten an:

H. Nr. 15 des Theilnehmerverzeichnisses
U. Nr. 50 " " "
K. Nr. 20 " " "
R. Nr. 42 " " "
O. Nr. 32 " " "
M. Nr. 26 " " "
F. Nr. 6 " " "
T. Nr. 43 " " "
J. Nr. 17 " " " und
C. Nr. 3 " " "

Der zur Verhandlung zugezogene Kreiswiesenbaumeister Z. wurde zu einer gutachtlichen Aeußerung über die vorstehenden Vorschläge zur Abänderung des Meliorationsplans aufgefordert. Das Ergebniß seines eingehenden Vortrags über die vorliegende Frage ging dahin, daß nunmehr die Widersprechenden, H., U., K. und R., die technische Unmöglichkeit der Ausführung der Vorschläge des G. anerkannten und mit den übrige Anwesenden den Meliorationsplan, wie er sich unter Berücksichtigung der Revisionsbemerkungen des oben genannten Meliorationsbauinspektors gestaltet, ausdrücklich genehmigten, während G. sowohl als auch O., M., F., T., J. und C. bei ihren Anträgen verblieben und dem Meliorationsplan widersprachen, die zuletzt genannten 6 Betheiligten zugleich mit der ausdrücklichen Erklärung ihres prinzipiellen Widerspruchs gegen jede Genossenschaftsbildung.

Da auf Grund des Theilnehmerverzeichnisses konstatirt wurde, daß die 7 Widersprechenden nur einen Katastralreinertrag von 11,50 Mark, die Zustimmenden jedoch einen solchen von 34,50 Mark vertraten, so konnte eine Mehrheit für die Genehmigung des vorgelegten Meliorationsplans nicht zweifelhaft erscheinen, und wurde den Anwesenden eine dem entsprechende Eröffnung gemacht.

II. Von den unter Nr. I am Schlusse zuletzt namentlich genannten 6 Betheiligten wurde der prinzipielle Widerspruch gegen jede Genossenschaftsbildung lediglich mit der Behauptung begründet, daß ein derartiges Rechtsinstitut für die hiesigen Verhältnisse nicht passe und sie, die Wiesenbesitzer, nicht willens seien, sich der bisherigen freien Verfügung über ihre Grundstücke bezüglich der Bewässerung und Heuwerbung zu begeben. Da der Versuch des unterzeichneten Kommissars, die Widersprechenden von den Vortheilen einer genossenschaftlichen Regelung, insbesondere gerade der von ihnen hervorgehobenen wirthschaftlichen Maßnahmen zu überzeugen, sich als ein verfehlter erwies, so wurde auf Grund einer Prüfung des Theilnehmerverzeichnisses festgestellt, daß die Widersprechenden nur 15 ha mit einem Katastralreinertrage von 11 Mark vertraten, während der Grundbesitz der Zustimmenden, einschließlich desjenigen des G., welcher sich der Abstimmung enthielt, 62 ha mit 35 Mark Reinertrag betrug. Es wurde dem entsprechend den Anwesenden eröffnet, daß die gesetzliche Mehrheit zweifellos auf Seiten der Zustimmenden vorhanden sei.

Der Wiesenbaumeister Z. wurde darauf zu einer gutachtlichen Aeußerung über die Frage veranlaßt:

1. ob das Unternehmen ohne Zuziehung der im Eigenthum der Widersprechenden befindlichen Grundfläche zweckmäßig ausgeführt werden könne, und im Verneinungsfalle
2. ob für die Grundstücke der Widersprechenden eine erhöhte Ertragsfähigkeit nicht in Aussicht gestellt werde, oder ob deren besondere Benutzungsart für den Eigenthümer von größeren Vortheile sei, als die durch das Unternehmen beabsichtigte Verbesserung.

Das Gutachten ging dahin, daß die Frage zu Nr. 1 ohne Zweifel bezüglich sämmtlicher Grundstücke des O. und des T., sowie auch bezüglich der dem M. gehörigen Grundstücke Flur 1 Nr. 1 und 7 verneint werden müsse, weil diese ihrer Länge nach sich quer durch die ganze Thalbreite hinziehenden Grundstücke durch den Hauptzuleiter und das neu zu bildende Bachbett durchschnitten würden, und eine Abänderung des Plans mit Rücksicht auf die ohnehin geringe Breite des Wiesenthals unzweckmäßig, sogar unmöglich sei. Dahingegen trug der Gutachter kein Bedenken, sich bezüglich der Grundstücke des M. Flur 4 Nr. 16, 17 und 26 dahin zu erklären, daß deren Lage am äußersten Rande des Meliorationsgebiets eine Ausschließung von letzterem ohne irgend welche Beschwer für die Ausführung des Meliorationsprojekts gestatte. Wegen der Grundstücke der übrigen Widersprechenden glaubte sich der Gutachter eine genauere

Prüfung vorbehalten zu müssen, und stellte die Einreichung einer schriftlichen Aeußerung über das Resultat derselben, welche zugleich eine Beantwortung der Frage zu Nr. 2 enthalten solle, innerhalb 8 Tagen in bestimmte Aussicht.

Die Betheiligten wurden darauf zur Abstimmung über die Anwendung des Beitrittszwanges veranlaßt, bei welcher Gelegenheit die Widersprechenden J. und C. das Terminslokal verließen. Das Resultat der Abstimmung ging dahin, daß die Zustimmenden mit einer Mehrheit von insgesammt 38 Mark zu 8 Mark Katastralreinertrag, wobei der von dem J. und dem C. vertretene Katastralreinertrag in Höhe von 3 Mark zu Gunsten der Mehrheit gezählt worden ist, gegen die Widersprechenden O., F., T., J., C. und M., bei letzteren bezüglich der Grundstücke Flur 11 Nr. 1 und 7 der Beitrittszwang für den Fall verlangt werde, daß das in Aussicht gestellte schriftliche Gutachten der oben gestellten Fragen zu Nr. 1 und 2 im verneinenden Sinne beantwortet würde. Dahingegen wurde einstimmig die Freilassung der dem M. gehörigen Grundstücke Flur 4 Nr. 16, 17 und 26 beschlossen.

III. Der Statutentwurf wurde in der vorgelegten Form ebenfalls von allen Anwesenden mit Ausnahme der oben gedachten 6 prinzipiellen Gegner der Genossenschaftsbildung ausdrücklich gutgeheißen.

IV. Sodann wurde unter Bezugnahme auf die oben gedachte Mittheilung über die Unterstützungen seitens der Provinzialverwaltung die Frage nach der Aufbringung der Ausführungskosten den Anwesenden zur Beschlußfassung vorgelegt.

Die sämmtlichen Anwesenden — auch die 6 prinzipiellen Gegner der Genossenschaftsbildung für den Fall ihres erzwungenen Beitritts — erklärten, daß sie die Bewilligungen der Provinzialverwaltung mit gebührenden Dank annähmen und im Uebrigen die Kosten im jedesmaligen Bedarfsfalle durch Umlagen nach dem durch das Statut festgesetzten Beitragsverhältniß aufgebracht werden sollten.

V. Zum Schluß wurden die Anwesenden aufgefordert, Bevollmächtigte zu wählen.

Die mehr gedachten 6 prinzipiellen Gegner der Genossenschaftsbildung lehnten jede weitere Verhandlung ab.

Von den zustimmenden Betheiligten wurden

A. Nr. 1 des Theilnehmerverzeichnisses,
D. Nr. 264 " " " und
B. Nr. 2 " " "

zu Bevollmächtigten gewählt, nachdem der Inhalt der Vollmacht dahin festgestellt worden war, daß bei dem schwebenden Genossenschaftsbildungsverfahren die genannten Personen befugt sein sollten, ihre Auftraggeber in jeder Beziehung zu vertreten, und zwar namentlich bei etwa noch nothwendig werdenden Verhandlungen und Beschlußfassungen über Aenderungen des Meliorationsplans und des Statuts, insofern solche bezüglich des ersteren nicht eine Erhöhung des bisherigen Kostenanschlags um 15 % enthalten werden.

Beglaubigt

Der Kommissar

S.

Königlicher Landrath.

Register.

Die eingeklammerten Zahlen bezeichnen die Anlagen.

A.

B.

C.

D.

E.

F.

G.

H.

J.

K.*)

*) Siehe auch unter C.

L.

M.

N.

O.

P.

R.

S.

T.

U.

V.

W.

Z.

O. Pätz'sche Buchdruckerei (Otto Hauthal) in Naumburg a/S

FSC
www.fsc.org
MIX
Papier | Fördert
gute Waldnutzung
FSC® C083411

Kolibri 360 GmbH
Ferdinand-Jühlke-Straße 7
99095 Erfurt, Deutschland
produktsicherheit@kolibri360.de